华侨航空史话

方雄普 著

中国华侨出版社
·北京·

图书在版编目（CIP）数据

华侨航空史话 / 方雄普著. -- 北京：中国华侨出
版社，2024.1
ISBN 978-7-5113-8894-0

Ⅰ.①华…　Ⅱ.①方…　Ⅲ.①民用航空—史料—中国
Ⅳ.①F562.9②D693.73

中国版本图书馆 CIP 数据核字（2022）第 163204 号

华侨航空史话

著　　者：方雄普
责任编辑：高文喆　桑梦娟
封面设计：胡椒书衣
经　　销：新华书店
开　　本：710毫米×1000毫米　1/16 开　　印张：19.75　　字数：260 千字
印　　刷：北京天正元印务有限公司
版　　次：2024 年 1 月第 1 版
印　　次：2024 年 1 月第 1 次印刷
书　　号：ISBN 978-7-5113-8894-0
定　　价：59.80元

中国华侨出版社　　北京市朝阳区西坝河东里77号楼底商5号　　邮编：100028
编辑部：（010）64443056-8013　　传　真：（010）64439708
网　　址：www.oveaschin.com　　E-mail：oveaschin@sina.com

如发现印装质量问题，影响阅读，请与印刷厂联系调换。

華僑航空史論

原北京航空学院党委副书记、广东江门五邑大学名誉校长周天行同志，1991年初版时题写的书名

中国第一个飞机设计师、制造家、
飞行家——冯如

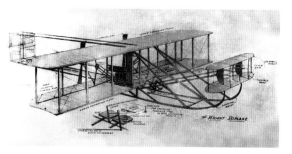

冯如设计飞机时参考了莱特兄弟制造的双翼飞机

冯如学习飞行无线电技术

冯如在美国广东制造机械公司工作的情形

冯如在奥克兰工厂内设计、制造飞机的
工作情形

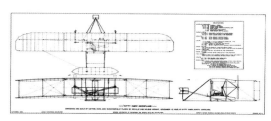

"冯如一号"设计图

"冯如一号"结构图

"冯如一号"。冯如试飞升高 4.5 米，飞行约 800 米

美国其他报纸报道，冯如为中华龙插上了翅膀

1911年8月，冯如回到广州，出任广东军政府飞机队队长。图为冯如与助手合影

冯如在广州飞机场改进飞机的情形

冯如在广州改进的"冯如二号"飞机

冯如多次在广州、台山进行飞行表演

1912年8月25日，冯如在广州燕塘飞行表演飞机升空时的情形

冯如飞机坠机处纪念碑

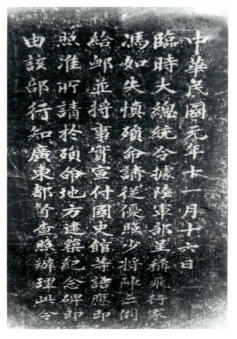

1912年11月16日，褒奖冯如的临时大总统令

1912年，广东军政府在黄花岗建立的冯如墓

冯如助手：司徒璧如（广东开平籍）

冯如助手：谭根（广东台山籍）

中国航空之父——冯如

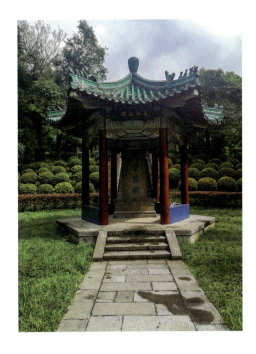

南京紫金山航空烈士公墓里的孙中山
"航空救国"碑亭

孙中山勉励海外侨胞的题词

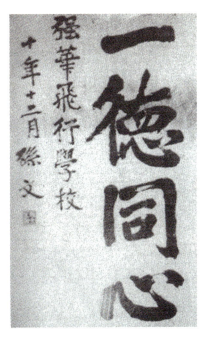

1921年，孙中山鼓励加拿大航校多为国
培养航空人才

91 岁的老兵陈锦棠享受着自己的晚年生活（摄于 2014 年）

1157 通信团陈锦棠的战友绝大多数为华侨

1944 年夏天，陈锦棠（左一）在湖北恩施机场工作期间，曾两次拜访被蒋介石囚禁在恩施的抗日名将叶挺将军。他还曾和几位战友一起请叶挺将军吃饭，以表达对叶挺将军的敬仰之情。有一天，他和另外两位战友在路上遇见叶挺将军的小女儿叶扬眉，他们都很喜欢这个小女孩，便在当地的照相馆合影。至今回忆起来，老人仍对叶扬眉充满爱护、惋惜之情（叶扬眉在 1946 年从重庆回延安的飞机坠毁事件中与父亲叶挺将军一起遇难）

1157 通信团的陈锦棠

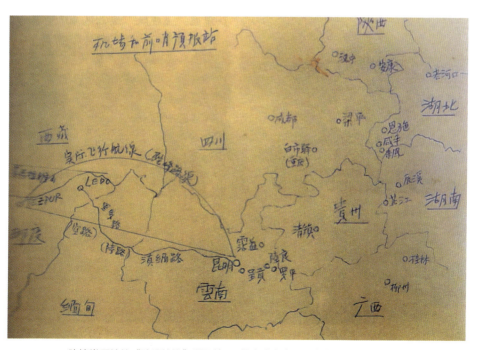

陈锦棠手绘的"驼峰航线"以及第 14 航空队在中国西南各地通信站示意图

美国华侨飞行员陈瑞钿（祖籍广东台山），1932 年，回国参加了中国空军（这期学员共 17 人，后来有 9 人回国服役）。1937 年 8 月 14 日，在南京句容空战中，他和其他华侨飞行员与日本"王牌"轰炸机队作战，击落日机 6 架，取得开战以来的空前大捷。因此，国民政府将"8·14"定为"中国空军日"

105 岁的陈文宽老人晚年在旧金山湾区居住（摄于 2019 年）

美国华侨飞行员陈文宽，1913 年出生于广东台山，9 岁随亲人赴美。中学毕业进入寇蒂斯莱特航空学校学习，1933 年回国加入中国航空公司任机师。抗战期间，多次冒险飞越敌占区执行战斗任务。勘测开辟了著名的"驼峰航线"，并数百次飞越"驼峰航线"，是第一个飞越"驼峰航线"的中国机长，也是中国航空公司最资深的"驼峰"飞行员

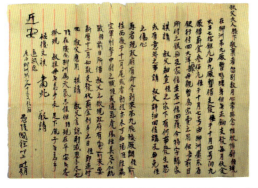

黄国铨给叔叔黄文平的信，信中提到他参加"飞虎队"前的军衔晋升和调动情况

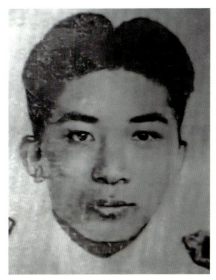

加拿大华侨飞行员黄鸿赞（祖籍广东台山），1938 年回国参战，任昆明航空第 17 厂厂长，在受命赴美购置新战机途中遇敌军突袭而牺牲

美国华侨飞行员黄新瑞，出生于广东台山，幼年随父赴美。1934 年，回国参加广东空军，1937 年，参与了"八一三"上海空战。1941年 3 月 14 日，在成都空战中牺牲，被誉为"空中虎将"

黄毓全（1904—1932），出生于美国，祖籍广东台山，1926年与其兄黄毓沛回国，任中央空军第六中队分队长。1932年2月5日，在上海空域与日机搏斗中牺牲，是中国抗战期间空战殉国的第一位飞行员

黄毓全纪念碑碑文

黄毓全纪念碑

加拿大华侨飞行员马邦基（左）、马绍基（右）兄弟（祖籍广东台山），是飞虎队里众多华侨飞行员中的两名普通飞行员。他们不顾危险数十次飞越"驼峰航线"，为中国战场运送战略物资，数次遇险。1945年，中国抗战胜利后，兄弟俩返回了加拿大

钟康（广东新会籍），加拿大强华航校秘书兼业务经理

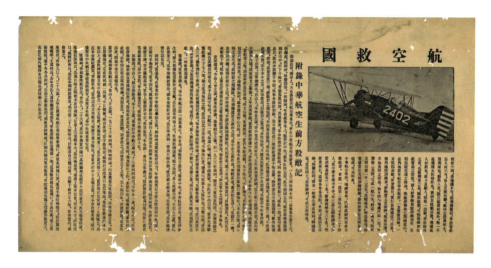

中华航空生前方杀敌记

美洲航空毕业学生

美国华侨轰炸机机长雷泉吉（中），在欧洲战场执行任务中牺牲

李月英，美国华裔，祖籍广东台山，1913年出生在美国俄勒冈州波特兰市，参加过美洲华侨航空学校学习，曾回国意欲参加空军，因不收女性而未能如愿，返回美国。1942年，美国成立陆军航空运输部妇女驳运中队，李月英因飞行技术好而被批入伍，成为美军首位女飞行员，多次执行美国到英国的飞行运输任务。1944年牺牲

李月英在教官指导下进行飞行操作训练的情形

美国华侨飞行员陈炳靖（祖籍广东台山）1943
年驾机升空作战前的留影

美国华裔空军中尉 Fred Gong（前排中），
二战时在地中海战区服役，担任一架 B17 空中
堡垒的首席投弹员，他曾获得杰出飞行勋章，
并前后四次获得航空勋章

熊为，美国华侨飞行员，多次深入德国执行轰
炸任务

朱美娇，美国华裔女飞行员，祖籍广东台山，1923年出生于加利福尼亚州伯克利市。1942年参加陆军航空运输部妇女驳运中队，出色地完成了各项飞行任务

1991年，部分广东台山籍美国"飞虎队"老兵回台山省亲

台山"飞虎队"纪念碑文

台山"飞虎队"纪念亭

"飞虎队"队标

台山"飞虎队"纪念亭内

张瑞芬为抗战募捐举行飞行表演时与华侨合影　　　美国洛杉矶张瑞芬纪念牌

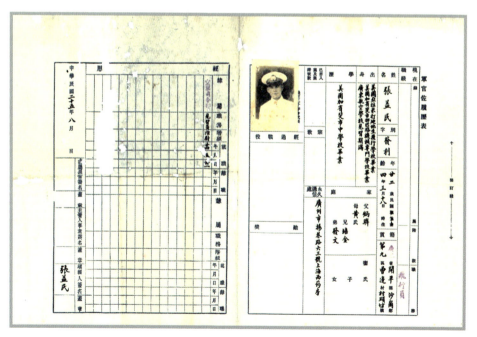

张益民（1915—1937），出生于美国，祖籍广东开平，1934年返国参加中国空军。1937年11月，在西北空域一次战斗中，为保护战友而牺牲

张益民

张益民坠机现场

南京抗日航空烈士公墓

南京抗日航空烈士公墓

南京抗日航空烈士纪念碑

南京抗日航空烈士纪念碑

序[*]

中国航空史研究会副理事长　关中人

"华侨是革命之母"，孙中山先生这句名言，早已家喻户晓。但华侨是中国人驾机飞上蓝天的先驱和"航空救国"的先锋，却鲜为人知。

近二三十年来，关于华侨航空，尽管海内外人士已写了好多忆述文章，某些史书中也有论及，但众说纷纭，且至今尚无一本专著，这不能不说是华侨史和航空史研究领域的一个缺憾。有鉴于此，中国华侨历史学会的方雄普同志抱病写了这本《华侨航空史话》，填补了这个空白。这无疑对普及华侨航空史知识，推动华侨航空史研究，促进海内外学术交流，弘扬爱国主义精神，有着积极意义。

《华侨航空史话》是作者继《海外赤子——华侨》（合写）和《美国华裔名人剪影》之后，又一本有关华侨的著作。本书专讲华侨航空救国的英勇事迹，由于作者对华侨饱含深情，并善于驾驭史实，深入浅出，娓娓道来，引人入胜，相信读者是能够从中得到启迪的。

本书的成书过程十分感人，可以说，它是作者用拼命精神写出来的。

前年冬季，作者给我寄来一份"写作提纲"，并说："我自不量力，想写本十余万字的《华侨航空史话》。自己对这方面没有专门深入研究，只是将别人的成果加以吸收，用浅白的文字表达出来，说明一个问题：这就是华

---

* 该文是《华侨航空史话》初版（中国华侨出版社，1991年）的《序》。

侨在中国近代航空发展中的先驱作用，并为祖国的抗日战争作出过不少贡献，仅此而已。"可不久，他就因双肺重度纤维化和肺泡穿孔入了医院。我力劝他安心治病，但几天后他就从医院来信说："《华侨航空史话》，我决定搞下去，如无意外，争取用一年的时间大体完工。之所以这样做，既不是想换些稿费得点利，也不是要流芳百世得个名。学术著作的出版很不景气，如果要名要利，现在就不干这个了。"是什么力量使他这样干呢？我想，大概就是华侨航空救国的忠勇行为和他们大无畏的献身精神吧！

还要指出的是，由于作者的努力，这本"史话"不但可读性强，而且史料价值也较高。它吸收了海峡两岸以及国外在这方面研究的最新成果，并翻阅了存放在中国第二历史档案馆内、过去未曾被人引用过的有关华侨捐资献机的珍贵资料，从而使本书的内容既翔实可靠，又丰富多彩。

作者意识到："历史不是随意打扮的少女，也不是任人可以这样也可以那样搓揉的泥团。"因此，"写史著书，真有履薄冰、走钢丝的感觉"。在撰写过程中，作者更是一丝不苟，独立思考，不拾人牙慧。他提出了许多鲜为人注意的疑难问题，并不厌其详地列出各种不同说法，逐一加以分析、比较和考证，由此可见治学态度的认真。

日本学者山本俊夫在《中国早期进口的飞机》一文中曾说："在被称为大国的国家中，没有一个国家像现在的中国对其航空史如此难以收集。这是因为旧中国长期没有一个统一的中央政府，加上内战频繁，许多资料都已失散。"当然，由于条件所限，《华侨航空史话》的错漏在所难免，但我相信，只要有海内外航空前辈和史学工作者的共同努力，华侨航空这一课题一定还会写出更系统更完美的著作来。

《华侨航空史话》现在由中国华侨出版公司出版了，这是华侨史界和航空史界一件令人高兴的事情，是值得庆贺的。

1990 年 2 月 5 日

目 录

第一章

航空溯源

一、中国古代航空知识的形成和发展

　　碧空万里，广阔无垠。能在这个领域中自由自在地飞翔，这是我们的祖先世世代代所梦寐以求的。

文人笔下的梦幻

　　航空的理想始于生活。古时候，人们早出晚归，为生计四处奔忙，深感跋涉之苦，因而十分羡慕天上的浮云、空中的飞禽。在古代神话《山海经》中，就有过飞虫、飞鱼、飞蛇、飞鼠，以及天女、天马、天犬等记载。

　　飞天的愿望，一旦经过诗人用浪漫主义彩笔描画之后，就显得更加神奇了。屈原在《离骚》中幻想自己乘坐用美玉、象牙做成的车子在天空飞行，朝发齐国夕至楚国，真是随心所欲，气度非凡。传说鹏是由一种名叫鲲的大鱼变成的鸟，它背长几千里，展翅飞翔的时候，其翼若垂天之云。唐代诗人李白曾写《大鹏赋》言志，还在《上李邕》一诗中，给后人留下过"大鹏一日同风起，扶摇直上九万里"的佳句。

　　至于嫦娥奔月，这个动人的神话在我国早已家喻户晓。4000多年前，有个弯弓搭箭射落9个太阳的部落首领——后羿，他的妻子嫦娥由于偷吃了长生不老药，结果身体变轻，双脚腾云，飞到月宫上去了。远古时代的中国人，不仅有了飞天的想法，甚至还有登上月球，征服宇宙的念头。

当然，所有这些，在那个时代只是一种空想而已。

现代飞行器的始祖

司马迁在《史记·五帝本纪》中说："使舜上涂廪，瞽叟从下纵火焚廪。舜乃以两笠自杆而下，得不死。"这里叙述的是一个十分有趣的故事。有一天，舜被拘禁在一个很高的谷仓顶上，当舜将要被大火烧死的时候，他急中生智，抓住两顶草帽从上面跳下来，因而得以脱险。我们如果把舜称为最早使用降落伞的人，这也许并不过分。

空气是有浮力和动力的，我们的祖先不仅发现了这个秘密，还对此加以利用，制作了风筝、木鸟、孔明灯、竹蜻蜓、火箭等器械。这些在中国的古籍中不难寻觅。

风筝又称"纸鸢"或"纸鹞"，在中国至少有2000多年的历史了。相传发明风筝的人是帮助刘邦夺得天下的大将韩信。有人说，韩信把楚霸王项羽围在垓下，他制作了一个大风筝，让张良坐在上面，升上天空后高唱楚歌，起到瓦解敌军的作用。唐代赵昕所著《息灯鹞文》中所谓"我闻淮阴巧制，事启汉邦。楚歌云上，或云子房"，说的便是这件事。又有人说，韩信制作风筝是为了测量距离，以便挖通地道攻入敌垒。宋代高承曾作《事物纪原》，他说："高祖之征陈豨也，信谋从中起，故作纸鸢。放之以量未央宫之远近，欲以穿地隧入宫中也。"两种说法虽有出入，但都指出风筝的研制最初与用兵打仗有关。据学者考证，到了唐代以后，风筝的用途才从军用逐渐转到游戏、娱乐，并从帝王、富豪大户人家流入民间。

木鸟也叫木鸢，这是用木头或竹子做的能飞的器械。到底是谁首先发明了木鸟？有人说是墨子，不过，大多数人说是鲁国的著名巧匠鲁班。唐代张鷟在《朝野佥载》中称，鲁班"尝作木鸢，乘之而飞六国"。当然，

"飞六国"未必可信，但可以肯定的是，早在春秋战国时期，有的能工巧匠已经懂得仿生学，他们从飞鸟中得到启示而开始研制木鸟。东汉杰出的科学家张衡，虽因创制地动仪而闻名于世，但他对飞行之术也颇有造诣。宋代李昉等人编纂的《太平御览》中说："张衡尝作木鸟，假以羽翮，腹中施机，能飞数里。"显然，这种"腹中施机"的木鸟不同于用线牵引的风筝，大概与今天的航模飞机已经有点儿相似了。

孔明灯又叫松脂灯。相传五代的时候，有位叫莘七娘的妇女随丈夫到福建打仗。为了发出联络信号，她用竹子和纸片做了一盏大灯，下面放置燃烧着的松脂，灯靠热空气升空，使对方一目了然。有人说，这是世界上最早的热气球。

竹蜻蜓是一种儿童玩具，它的出现可能有两千年的历史了。一根细竹棒上穿着一个切削成扭曲形状的竹片或木片，两手使劲一搓，竹片旋转，竹蜻蜓就会升空。明朝的时候，这种被称为"中国陀螺"的玩具还传到了欧洲。有人说，这是今天直升机的鼻祖。

史书上较早出现"火箭"这个名词的有晋代陈寿编的《三国志》。不过，这本书中记述魏蜀战争时所使用的火箭，只是带着引火的油脂或松香的普通箭而已。

火药发源于汉代术士的炼丹，到了宋代始有真正的火药生产，随之而来的也就出现了利用火药的武器。火药的利用大体经历过三个阶段：第一，向前喷火，例如火枪，这是射击性管形火器的开端；第二，向上喷火，例如"花"或花筒，这是日后礼花的前身；第三，向后或向下喷火，这就是靠喷火推进而升空的火箭。大约在南宋末年，这种无需用弓发射，而靠火药筒喷火的反助力前进的火箭就已经问世。明代茅元仪所写的《武备志》中介绍过多种样式的飞火箭。有一种叫"火龙出水"的飞火箭，外面有一个较大的筒子，当它被第一批火箭推送到一定距离之后，又会引燃藏在筒

内的第二批火箭。这样经过两次推送，发射的距离自然就会增加许多。专家们认为，在原理上，这已经是一种二级火箭了。

试图飞天的勇士

我们的祖先不仅制作过不少小型巧妙的飞行器械，而且有人还做过飞天的尝试。对此，中外一些书籍中亦曾有过记载。

东汉班固所写的《前汉书·王莽传》中说，王莽为了和匈奴打仗，曾张榜网罗天下有特异功能的人，当时应征的前后有千余之多。其中有一个人说自己会飞，而且能够"一日千里，可窥匈奴"。王莽听后十分高兴，并对他进行考核。这个人"取大鸟翮为两翼，头与身皆著毛，通环引纽，飞数百步堕"。尽管他言过其实，达不到"一日千里"，但毕竟借助人工做的两只大翅膀的作用，飞了数百步。最后，王莽"赐以车马"，嘉奖了他一番。中国有的航空史学者对这位插翅飞天的"异能之士"评价甚高，把他称为"近代滑翔运动的创始人"。

在外国，幻想插翅飞天的也是大有人在。13世纪，俄国的达尼尔·查多赤尼克在一份手稿中写道，当时有人用绸子做成翅膀从教堂的屋顶上飞了下来。1503年，意大利学者丹蒂在佩鲁贾试图用自制的翼飞行。4年后，有一位叫约翰·达米安的意大利人又在欧洲滑翔，他从苏格兰的斯特林城堡墙上跳下来，结果坠地摔断了大腿骨。这位飞行勇士的双翼是用鸡毛做的，他说假如用鹰毛做的话，也许能够飞起来。欧洲人做滑翔的试验，显然比中国人要晚1000多年。

20世纪50年代，英国学者H.瑟姆曾写过一本名叫《火箭和喷气飞机》的书。书中说，大约在公元1500年的时候，中国有个研究火箭的官员兼学者叫作Wan Hoo，他坐在一把椅子上做了一个试验，椅子两边的扶手上捆着两个大风筝，椅子下面并排放着 47 枚火箭，想借助风筝的拉力和火箭的推力将自己送入太空，但火箭点燃后，他却粉身碎骨了。中国有学者研究过这个故事，他们认为 Wan Hoo 可能不是人名，这个译音为"万户"的，可能是明朝一种武职的官名。尽管在中国的古籍中，一时还找不到有关这位"万户"的记载，但外国人对此却深信不疑。1970 年的第 14 届国际天文学联合会曾作出过一个决定，批准月球背面环形山的命名选用了 5 位中国人的名字，其中就有"万户"。因为他们认为，尽管"万户"粉身碎骨了，但他是世界上想利用火箭作为运载工具的第一人。

现在一提及航空和航天，人们很自然就想到降落伞、热气球、直升机、滑翔机、火箭等，其实这些器械的雏形，在中国的历史上已全部出现过了，而且出现的年代比西方各国还早。中华民族曾对人类的文明进步作出过巨大的贡献，就古代航空知识的形成和发展来说，不也是这样的吗？

二、西方近代航空的崛起

英国的李约瑟博士是研究中国古代科技发展史的权威。他在《中国科学技术史》的序言中说，从公元 3 世纪至 15 世纪这 1000 多年中，在学科的发现、技术的发明方面，中国往往遥遥领先，而令西方望尘莫及。无疑，这是一个科学的结论。

然而 15 世纪以后，中国超过同时代欧洲的这种局面已经不复存在了。

明末清初之际，中国社会的资本主义萌芽被压在封建主义这块板结、坚硬的土层之下，自己没有足够的力量破土而出。而在此之前，资本主义的曙光已经照亮了西方不少国家的夜空。随着资本主义秩序的确立，英、法、美等国的科学技术突飞猛进。相比之下，中国大大落后了。鸦片战争之后，又由于中国沦为半殖民地半封建社会，这种差距越来越大。航空事业就是一个明显的例证。

从口袋升空说起

西方也曾有人像中国王莽时代的那位"异能之士"，幻想插翅飞天，不过这段时间很短。1680 年，意大利人波莱里发表了《动物的飞行》，指出人类想靠自己的体力作灵巧的飞行是绝对不可能的。于是，他们就另辟蹊径了。

烟火能沿着烟筒向上散出，这是一个司空见惯的现象。1782 年 11 月间，在法国的阿维尼翁，造纸工人约瑟夫·蒙特哥菲尔面对壁炉，从中悟出一个道理，这就是空气受热后体积膨胀、重量减轻。于是，他用丝绸做了一个口袋，在下面点火加热后，口袋鼓起并且飞起来顶到了天花板。约瑟夫·蒙特哥菲尔高兴万分，随后不久，他与在昂诺内的弟弟艾蒂安·蒙特哥菲尔一起，开始用麻布和纸张为面料，制作了一个大型的热气球。

1783年3月19日，法国国王路易十六和王后玛丽·安托瓦内特在凡尔赛观看了蒙特哥菲尔兄弟用热气球进行的飞行表演。热气球直径75英尺，下面吊着的大笼子里，放着一只绵羊、一只公鸡和一只鸭子。这次气球用8分钟飘行1.5英里。为了嘉奖这项发明，国王向这两兄弟授予圣米歇尔勋章。此后，人们习惯性地把热气球称为"蒙特哥菲尔气球"。

好奇的路易十六并不满足于动物上天，他出了一个点子，准备让几位死囚乘坐气球，并说如果成功了，他们就可以恢复自由。有一个叫作德·罗齐尔的人说，飞天是件十分荣耀的事情，怎么能够让给犯人去做呢？于是他自告奋勇，于1783年10月15日乘坐气球，在离地面85英尺的空中飘了4分半钟。同年的11月21日，他又与一名叫马尔基·达尔朗德的乘客，在巴黎的上空乘坐气球，做了一次25分钟的飞行。这是人类最早的升空自由飞行。

第一架飞机的问世

热气球的发明及人乘坐热气球飞行的成功，开创了人类航空的新时代。1783年，法国人夏尔和罗伯特乘一只氢气球升空，当然这比热气球又进了一步。英国的乔治·凯利博士被人称作"空气动力之父"，1799年，他首次设计出初具现代飞机外形特征的飞行器；1849年，他又让一位男孩在滑翔机上进行系留牵引飞行。飞艇是具有动力装置的气球。1852年，法国人

吉法尔乘世界第一艘飞艇在巴黎飞行成功。在经历过氢气球、滑翔机、飞艇这些发展阶段之后，动力飞机终于问世了。不过这件事情是发生在美洲而不是在欧洲。

世界各国公认的第一架带动力的飞机，是由美国的威尔伯·莱特和奥维尔·莱特兄弟研制出来的。莱特兄弟出生在俄亥俄州的代顿，父亲是一名牧师。这两位年青人并没有受过高等教育，由于开了一个自行车修理和制造作坊，因而掌握了五金制作技术和积累了一定的从事航空研究的资金。从1900年至1902年，莱特兄弟制造了一架双翼风筝式的滑翔飞机，并且经过了近千次飞行试验。与此同时，他们还设计制造出较大的动力装置，即一台重77公斤，具有12马力的活塞发动机。把这台发动机安装在飞机上，用链条带动两个推进式的螺旋桨，这样飞机就能飞起来了。

1903年夏天，莱特兄弟制作出第一架带有动力的飞机，并取名"飞行者"1号。这一年的12月17日，他们在北卡罗来纳州基蒂霍克的海滨进行试验飞行。这一天早晨，先由弟弟奥维尔·莱特驾驶机长6.5米，翼展12.3米，全机重280公斤的飞机进行飞行，结果在12秒内飞行36.5米。在同一天内，飞机又进行了3次飞行，其中成绩最好的是哥哥威尔伯·莱特，他在59秒内驾驶飞机飞行了260米。尽管飞行的距离不足300米，飞行的时间不到1分钟，但是第一架装有动力的飞机升空成功，它在世界航空史上留下了一块历史的丰碑。

莱特兄弟

莱特兄弟制造的飞机

返回代顿后，莱特兄弟随即对飞机进行改进。1904 年 5 月，他们制造出"飞行者" 2 号，并进行过 105 次的试飞，使飞机性能有了较大提高，美中不足的是急转弯时操纵不灵。这一年的冬天，他们又制造出"飞行者" 3 号，此时的飞机已经能够倾斜、转弯，并能不费力地做圆圈和 8 字飞行。1905 年 10 月 5 日，由哥哥威尔伯·莱特驾驶"飞行者" 3 号进行了一次最长时间的飞行，结果在 38 分钟内，飞行的距离为 38.6 公里。显然，此时的飞机已经具有实用的价值了。

日新月异的发展

动力飞机问世之后，西方的航空事业更是日新月异。我们不妨将 1903 年至 1913 年这 10 年间，世界航空的主要大事简述如下。

法国的科尼尔于 1906 年，利用一个功率不到 2 马力的老式发动机做出了一架直升飞机的样机，并于 1907 年 8 月，制造了全尺寸的直升飞机。1907 年 11 月 13 日，这架飞机顺利升空，尽管高度只有 0.3 米，但它是世

界上的第一架直升飞机。

1909年7月25日，法国人布莱里奥驾驶着单翼机从法国加来附近起飞，用36分钟飞抵英国的多佛尔，首次用飞机横渡英吉利海峡成功，因而获得了1万英镑的奖金。人们对布莱里奥刮目相看，倒不是他那笔为数可观的奖金，而是由于他的成功飞行，使人们对飞机的实用性产生了兴趣。

第一次国际飞行竞赛大会是在法国的理姆斯举行的，这次大会从1909年8月22日至29日，历时8天。美国的柯蒂斯驾机每小时飞76公里，夺得了飞行速度的冠军。在飞行距离方面，法国的法曼以180公里的成绩名列前茅。

1910年3月8日，法国的道罗男爵夫人获得了一张飞机驾驶证书，成为世界第一位女飞行员。

出生在马赛的亨利·法布尔，从1909年就开始进行水上飞机的研制工作。1910年3月28日，他在马赛附近的拉梅德港海面上，驾驶着水上飞机，以每小时60公里的速度做了一次成功的飞行。

1910年8月27日，加拿大工程师麦克迪驾驶双翼机在美国纽约州上空，首次进行机上和地面之间的无线电通信联系获得成功。由于无线电通信联络这一难题得到解决，这就为飞机的远距离飞行和从事其他作业开辟了道路。

亨利·科安达是世界第一架喷气推进飞机的制造者。这位出生在布加勒斯特的罗马尼亚人，在1910年10月将自己研制的新式飞机在巴黎的展览会上展出，立即引起了很大的轰动。因为喷气式飞机的问世，使飞机的飞行高度和飞行速度都有了很大的提高。

1911年2月18日，法国飞行员派开驾驶着一架双翼机，从印度的阿拉哈巴德将当地积压的6500封信件空运到8公里以外的乃尼中转站，这是世界首次正式的空邮飞行。在这一年的7月4日，英国飞行员巴伯驾驶单翼机，把一箱钨丝灯从英国的肖勒姆市空运到霍拉市，这是最早的航空货运记载。

1911 年，意大利与土耳其爆发了战争。10 月 23 日，意军皮亚扎上尉驾驶单翼机对阿齐齐亚等地区的土耳其军阵地进行侦察。11 月 1 日，加沃蒂少尉又向土耳其军阵地投掷了一个 2 公斤的炸弹，给敌人以威慑。此后，飞机引起了军事家的注意。

1913 年 8 月 27 日，俄国的陆军中尉涅斯切洛夫驾驶单翼机，在基辅完成了世界首次空中筋斗的特技飞行。在同年的 9 月 21 日，法国的飞行员佩古驾机在法国的布克上空持续倒飞，令人赞叹不已。

以上，从飞机的种类来看，直升机、单翼机、双翼机、水上机、喷气机均已齐备；从飞行的技巧来看，有远距离飞行和特技飞行；从驾驶员来看，既有男性也有女性；从飞机的应用来看，已从表演发展到民用和军用。10 年当中，西方的航空事业确是突飞猛进。

西方近代航空的崛起，是从 18 世纪后期对热气球的研制开始的。其实在此 1900 多年前，中国人已经懂得热气球升空的道理了。汉武帝时淮南王刘安的门客曾编《淮南万毕术》，后来被收入《太平御览》之中。《淮南万毕术》曾有"艾火令鸡子飞"的记载。这里所说会飞的鸡子，是钻一小孔，将鸡蛋内的蛋黄蛋白取出，在点燃艾火之后，空鸡蛋壳会随风飞起。五代时出现的孔明灯，就是根据这个道理研制出来的。

在航空方面，西方的节奏快得惊人，而东方的进展却慢得可怕。1782 年，法国的约瑟夫·蒙特哥菲尔做了一个升空的口袋，一年之后，人便能乘热气球升空，即使到了动力飞机的问世，也只用了 121 年的时间。与此相比，从汉代至清代，2000 多年过去了，孔明灯在中国人的手里还只是一种民间玩具。因此，振兴中华，在航空事业上尽快缩小中国与西方先进国家的差距，就成了海内外中华儿女所关心的一个热门话题。

三、清末民初的美国华侨

　　最早驾机飞上蓝天的男女中国人也均为美国的华侨。有的史学家喜欢用"嚆矢"这个词来比喻华侨和一些留学生在中国近现代很多科技领域中所起到的先行作用。国内与国外的同胞同为炎黄子孙，但为什么远在太平洋彼岸的华侨能够首先发出"嚆矢"，为中国近代航空的发展作出突出贡献呢？要回答这个问题，需要对美国的华侨作一个简要的分析。

　　中国人侨居国外的历史可以追溯到秦汉，不过直至鸦片战争以前，从总体来说，还是人数不多、分布不广、资金亦有限。鸦片战争以后，中国沦为半殖民地半封建社会，大批破产的农民无以为生，这时国外殖民主义者在开发本国和殖民地过程中急需大批廉价的劳力，所以便形成了前所未有的出国高潮。

　　据国内侨史学者估计，宋代经济重心南移至明代海禁开放的300多年中，华侨仅有几万人；从明代海禁开放至鸦片战争的300年中，也只有数十万人。鸦片战争以后的情形就不同了，海外华侨的人数为：1879年300万人，1899年400万人，1905年760万人，1921年860万人，至第二次世界大战爆发前夕已近1000万人了。再从分布来看，早期的华侨大多集中在东南亚的一些交通要道，鸦片战争以后，随着契约华工的出现，华侨已经扩展到美洲、澳洲、非洲和欧洲。可以说，今天华侨、华人遍布世界的格局，大体在清末民初就已经形成了。

华侨资本和华侨人才，是在中国走向衰落和西方走向发展时期发展起来的。在中国近代航空事业发展的初期，起到"嚆矢"作用的大多是美国的华侨。美国华侨之所以能够扮演这样的角色并不是偶然的，是因为他们具备三个条件。

1. 人数激增，生活条件日益改善

尽管在 18 世纪下半叶已有少数中国人漂洋过海到达太平洋彼岸，但大批华工涌向美国，还是在 1848 年加利福尼亚州发现金矿以后。据美国国会的统计，1853 年，入美的华工只有 42 人，然而从那时候起至 1873 年的 20 年中，先后到美的中国人有 135399 人。当然，这些人有的在那里定居，也有的后来回国。不过从 1880 年至 1920 年这 40 年中，在美国的华侨最少的年份也保持在 6.1 万余人，一般在 7 万~8 万人，最多的 1890 年，甚至达到 10.7 万余人。

华工在赴美的船上

初到美国的华工大多在金矿或铁路上做工，他们每天的工资只有两三美元，微薄的收入仅能糊口

修铁路的华工

而已。19世纪70年代，美国西部的采金活动基本结束，1869年，横贯美国东西部的太平洋铁路也已建成，这样华工便逐渐转移到工商各业，他们的经济生活有了较大的改善，其中有些甚至发家致富，积累了一定的资金。早在1903年，梁启超在《新大陆游记》中就已经有过详细的记载了。他说，美国"南部渔业，则皆华人为资本主"。华侨在加利福尼亚州中经营农业的不少，他们"大率赁地而耕，华人自为资本主，赁地而佣数人至数十人"。至于"制靴、卷烟、织帚三业，惟旧金山有之，他处无有。此三业前此极盛，资本主亦华人，华商以此致富者不少"。被称为"杂碎"的华人餐馆业，"现纽约市将三百余家，波士顿、费城等市各数十家，芝加哥市有一家，而投资本十万金者，陈设皆用华式，门如市焉"。近代航空不是飘放纸做的风筝，没有一定的资金是无法开展的。美国华侨生活水平的提高以及华人资本的形成，为他们从事航空和其他爱国事业打下了物质基础。

2. 爱国热情十分高涨

早期美国华侨的聚居地三藩市习惯被称作旧金山，这是因为那里盛产黄金而得名。很多人以为，旧金山是天堂，遍地黄金，俯拾皆是。这显然是一种误解。美国不少政界人物最讲究的就是实用，当矿山、铁路、沼泽地需要大批苦力的时候，就有人把

挖金矿的华工

中国人称作"庄重的，温和的，勤劳与令人可敬"的"老大哥"，并把移民的大门敞开着。1868年，旨在鼓励中国人移美的《蒲安臣条约》就是这样

应运而生的。那时候，每年赴美的华工常在 1 万 ~3 万人。然而这样的"蜜月时期"只有二三十年的光景。当金矿挖净、铁路铺成、沼泽地变成良田，加利福尼亚州出现暂时劳力过剩的时候，于是又有人出来污蔑华工"面孔冷淡""吸食鸦片""会传染麻风病"，并高喊"中国人必须滚出去"的口号。1882 年，美国国会首先通过了停止华工入境并不准他们归化为美国公民的《排华法案》。以后，排华事件不断发生。中国人的乡土、宗族、社稷观念很强，被生活所迫背井离乡的华侨，在海外又寄人篱下，倍受欺凌，这种艰难的处境，使得他们爱国思乡的感情更为浓烈。

一般认为，历史上华侨爱国爱乡的高潮曾经出现过三次，这就是辛亥革命、抗日战争和新中国成立初期。在华侨第一次爱国爱乡的高潮中，美国华侨起到了中坚和核心的作用，这与孙中山先生在美国从事革命活动关系很大。1894 年，孙中山先生在檀香山建立了兴中会，提出了"驱除鞑虏、恢复中华、创立合众政府"的资产阶级革命纲领和"振兴中华"这个鼓舞人心的口号。早期的兴中会会员大多为美国的华侨。辛亥革命爆发前，革命派与保皇派之间围绕着要不要推翻帝制和要不要实行共和等问题，曾经展开过两场大的论战，而美国当时是论战的主战场之一。这两场论战，前一次为同盟会的成立奠定了思想基础，后一次则为辛亥革命的爆发鸣锣开道。1911 年 7 月间，孙中山先生在旧金山发起成立美洲洪门筹饷局，并着手在美国数十个城市中开展募饷活动，为国内的武装斗争提供资金。所有这些，把大多数的美国华侨都卷入到推翻帝制建立共和的洪流之中了。

3. 不少有志青年，已经接触到美国的航空技术

初到海外的华工大多赤手空拳，目不识丁，这与国内的同胞并没有什么两样。然而到了海外之后，特别是到了经过产业革命的西方国家，在他

们面前展现的是一个全新的世界。1878年，12岁的孙中山先生从香港乘船到檀香山，后来他在自传中说，第一次到海外，"始见轮舟之奇，沧海之阔。自是有慕西学之心，穷天地之想"。孙中山先生的这种感触，是许多华侨都曾有过的。

尽管欧洲一些国家在气球、飞艇、滑翔机等制作方面开展较早，但第一架带动力的飞机是美国人发明的。美国科学技术相当发达，他们在航空方面的许多项目上在世界占领先地位。华侨生活在这样一个天地里，许多有志的青年不仅对航空产生了浓厚的兴趣，而且有条件接触到飞机的制造和驾驶技术。

上面说到的三个条件在海外其他一些地区也有，但都不及美国那样集中和突出。因此，美国的华侨社会能够成为孕育中国近代航空事业的一张重要的温床，就不足为怪了。

四、孙中山对中国早期航空事业的贡献

孙中山先生是我国近代航空事业的奠基人。由于自幼在檀香山接受西方教育，并长期在海外从事革命活动，所以这位革命先行者不仅很早就指出了发展航空的意义和前景，而且在革命实践中，依靠华侨的力量，为研制飞机、培养人才，建立革命航空队做了许多有益的尝试。

孙中山先生

1981 年，由中华书局出版的《孙中山全集》共有 11 卷，里面涉及航空的书信、电文、命令、讲话有将近 40 处之多。孙中山先生在航空方面的理论和实践，对中国早期航空事业的建立和发展，产生过重大的影响。

积极倡导发展近代航空业

1912 年，中华民国成立。当时身为临时大总统的孙中山先生日理万机，十分繁忙。在工作之余，他动手设计了一张准备作为民国启用的新邮票，邮票的主要图案是一架飞行中的双翼飞机。可惜后来由于局势动荡，这张邮票未能发行，取而代之的是一张别人设计的帆船邮票。孙中山先生

设计飞机图案邮票并非心血来潮，而是出于他对航空重要性的深透见解。

美国莱特兄弟成功研制世界第一架飞机是 1903 年，其后数年，仍有许多人士对这空中"怪物"不感兴趣，但此时的孙中山先生就敏锐地觉察到飞机的重要性，并把它与中国的革命联系到一起了。

咸马里是美国的一位军事研究家，孙中山先生与他有过许多交往，他们曾一起探讨过世界军事的发展和中国革命等问题。1910 年 11 月初，孙中山在马来亚槟榔屿召开秘密会议，为第二年的广州起义作谋划，在接到咸马里从美国寄来的书刊和信件之后，他于当月 7 日，写了一封回信，其中谈到了飞机。孙中山先生说：

> 至于你对飞机在战争中用途的见解，我已一再拜读，至为赞佩。你的所有论证均极正确。我完全同意你在第一部分的论述，但在第二部分"作为侦察手段"一节中，你忽略一事：飞机和飞船（可操纵气球）能作极好的摄影，有助于指挥官准确判断敌情。譬如在辽阳和沈阳战役中，俄国指挥官以为日军人数多于己方，但实际上日军人数要比他所设想的少三分之一。日军战线延伸达一百里以上，使俄军的系留气球无法发现。假如俄军当时使用可操纵气球或飞机进行摄影，即可立即发现漫长战线上日军的数量。

由此可见，孙中山对许多战例及飞机的功能是相当了解的。

1911 年的 1 月至 11 月，孙中山先生在美国和加拿大鼓动革命和募集革命军饷，随后经欧洲于年底到香港地区再转上海。在此期间，他曾在 3 封致革命党人的信件中谈到了飞机。尽管是寥寥数语，但颇有见地。

第一封信是 5 月 31 日写给李绮庵的，信中说："飞船习练一事，为吾党人才中之不可无，其为用自有不能预计之处，不独暗杀已也。兄既有志此道，则宜努力图之。"李绮庵为同盟会会员，早年在美学习工程，对飞机的研制和飞行颇有兴趣。后来他在这一年的年底，按照孙中山的意见，和余夔等人从美国运载 6 架飞机回国，组成华侨革命飞机队，参加革命。

孙中山先生第二封有关飞机的信件是 9 月 14 日复萧汉卫函，函中赞成革命党人研习飞机，并指出"飞机一物，自是大有利于行军"。这句话我们可以理解为空运奇兵和空对地的战斗。

第三封是写给旅美同志的，未注明日期，估计是 12 月。信中说："阮伦兄等谋设飞船队，极合现时之用，务期协力助成，以为国家出力。"显然，此时的孙中山已不仅仅停留在赞成、鼓励革命党人研习飞行，而是要组建飞机队了。

上述 3 封信中所说的"宜努力图之"和"务期协力助成"都是积极倡导的意思。在中华民国成立之前，对飞机的用途以及它在革命中的地位有如此深刻认识的人，恐怕在中国不容易找到第二位了。

组建革命飞机队

在航空方面，孙中山先生不仅有过人的目光，而且勇于实践。清末民初，尽管孙中山曾在日本、美国等地指示革命党人注意培养人才、购置飞机，甚至在辛亥革命和讨袁斗争中，还有华侨组织飞机队回国，但由于条件限制，他还不可能真正着手革命航空队的建设。护法运动后，孙中山先生曾三次回广东主持革命政府，这时由于讨伐军阀的实际需要和有不少华侨航空人才返粤，才使得他组建革命航空队和发展航空事业的构想逐步变成现实。

孙中山先生第一次回广东主持革命政府，在航空方面的大胆尝试是设立航空处，着手组建航空队。

1917 年 6 月，张勋复辟。7 月，孙中山从上海南下，在广州成立护法军政府，并于是年 9 月 10 日就任中华民国军政府海陆军大元帅。10 月间，护法战争爆发。孙中山计划各路大军会师武汉，大举北伐。为配合这一军事行动，他于 1918 年年初在大元帅府下设立航空处，处长是祖籍广东鹤山

的美国归侨机械专家李一谔，副处长张惠长，飞行员有陈庆云、蔡司度等。他们都是华侨。当时航空处有旧飞机两架。

不少参加护法的人，各怀心事。西南军阀控制湘、川两省后，很快与直系军阀妥协，而在广东的桂系军阀又排斥孙中山，孙中山先生被迫于1918年5月离粤返沪，这样护法运动便宣告失败了。尽管孙中山离开了广州，但他对组建航空队依然十分关心。1919年2月18日，孙中山自上海复函林森，请他就近告知杨仙逸、张惠长赴汕头襄助粤军建立航空队；4月19日，在得知杨、张二人已由汕头抵达漳州后，他又致函杨仙逸，希望他们发挥自己"对于飞机学问，研究素深"的优点，"力展所长，羽翼粤军，树功前敌"。1919年6月，援闽粤军在福建的漳州成立航空队，队长为陈应权，实际总指挥是杨仙逸，队员有蔡司度、叶少毅、李光辉等人，前后拥有飞机6架。后来飞机队随粤军回师广东，杨仙逸、张惠长、陈庆云等人于1920年9月26日驾机轰炸桂系军阀莫荣新在广州的都督府。大元帅府的航空处和援闽粤军航空队，实际是中国早期革命空军的雏形。

孙中山先生第二次回广东主持革命政府，在航空方面的功绩是设立航空局，并组织飞机队随军北伐。

在赶走桂系军阀后，孙中山于1920年11月28日从上海抵达广州，第二天即重组军政府，宣布继续护法。就在这一天，在广州大沙头设立直属大元帅府的航空局，局长朱卓文，下设两个飞机队，第一队队长张惠长，有水上飞机5架；第二队队长陈应权，有陆上飞机4架。1921年4月7日，国会非常会议参众两院联合会在广州举行，孙中山被选为大总统。1922年2月，航空局改组，局长仍为朱卓文，张惠长任副局长兼第一队队长，陈庆云任第二队队长。1922年5月4日，孙中山以大元帅名义声讨徐世昌，下令北伐。两天后，北伐军在总司令李烈军指挥下，分三路进攻江西，张惠长、陈庆云率飞机队进驻韶关及赣南，随师北伐，谱写革命空军参战的新篇章。

孙中山先生第三次回广东主持革命政府，在航空方面的新建树是建立飞机装配厂，为中国的航空工业铺下了一块基石。

正当北伐节节胜利的时候，广东发生了陈炯明的叛变。1922年8月9日，孙中山乘军舰离穗赴沪，第二次护法运动失败。后来在讨贼军的夹攻下，陈炯明从广州退至惠州，孙中山于1923年2月返回广州，并重新成立大元帅府，就任海陆军大元帅，第三次在广东建立革命军政府。

1923年，在中国航空发展史上是值得书写的一年。这一年3月，已担任航空局长的杨仙逸着手改组航空局，随其从美国回国的黄光锐、林伟成分别被任命为第一、二飞机队队长，当时拥有陆上飞机6架和水上飞机2架。3月间，杨仙逸在广州大沙头的航空修理厂开始制造飞机，至6月，便制造成功一架双翼飞机，并于8月12日进行试飞。

试飞是在大沙头机场进行的，那天孙中山先生和夫人宋庆龄兴致勃勃地前往观看。飞机只有两个舱位，除了飞行员外，还可以坐一个人。试飞开始，宋庆龄征得孙中山先生的同意，还勇敢地登上机舱。根据当年参与装配飞机的机械员邝景祥多年后的回忆录音，新机试飞存在很大风险。随后，宋庆龄听从机场人员的劝阻走下飞机，由黄光锐一人驾驶升空。黄光锐驾机试飞成功之后，孙中山先生还在机前与宋庆龄合影留念，以宋庆龄留学时英文名字的译音，为飞机命名"洛士文"号，并亲笔题写了"航空救国"的题词。这就是今天在多家博物馆常见孙中山先生关于"航空救国"题词的来历。

另据李文光、赵荣芳先生合著的《香山天将》一书，这次大沙头机场之行，孙中山先生还

孙中山先生题写的"航空救国"

书赠航空局局长杨仙逸一张条幅。条幅四个字为"志在冲天"，前书"仙逸飞行家嘱"，后为"孙文"的签名。1981年，杨仙逸先生的儿子杨添霭先生，特地把这珍藏了近60年的条幅从美国带回中国，赠送广东省人民政府。这张条幅，由时任广东省委书记任仲夷和省长刘田夫接收，现被广东省博物馆收藏。

据有关人士的不完全统计，从1910年至1922年12月，中国发生严重飞行事故16起，损失飞机16架，死亡25人，其中飞行员14人。在当时飞机安全性还比较差的情况下，孙中山先生毅然携夫人前往观看试飞，并题词勉励，这对发展民族工业是一个极大的鼓舞。

孙中山与宋庆龄在"洛士文"号飞机前的合影

在广东期间，孙中山先生对航空方面还有过其他一些指示和命令。1923年8月，他曾给航空局下过两道命令，一道是根据东江水涨的情报，将两架陆机装成水机以备赶赴前线；第二道命令是要前敌的飞行员听从许崇智的具体指挥。1924年9月18日，他又令航空局调拨军用飞机4架赴韶关听候调遣。这些属于具体的军事指令，可见在东征和北伐中，孙中山是十分注重发挥航空队的作用的。

航空局长杨仙逸在东征遇难后，孙中山于 1923 年 9 月 27 日以大元帅名义签发命令，追赠杨仙逸为陆军中将，以表彰他"技术湛深，志行纯洁，尽瘁国事，懋著勋劳"。在讨伐袁世凯期间曾任华侨义勇团团长兼飞机队队长的夏重民在广州遇害后，1924 年 2 月 16 日，孙中山颁布命令，追赠他为陆军少将并加中将衔。对为航空而献身的人给予如此高规格的荣誉，说明孙中山先生对航空的重视。

20 世纪 20 年代至 30 年代，像北平、辽宁、山西、云南、福建等省市也曾有过规模大小不一的航空队、航空学校或航空修配厂，但大多是由新旧军阀所掌握。在孙中山先生关怀下发展起来的广东革命航空队、航空工业以及 1924 年创办的广东航空学校与此不同，由于它具有鲜明的民主革命性质，因而在中国近代航空史上占有重要地位。

给后人留下的宏伟蓝图

作为一位领导时代潮流的伟大历史人物，孙中山先生对中国近代航空的贡献，还表现在给后人留下了一张宏伟的建设蓝图。

孙中山先生积数年研究心得，很早曾拟写《建国计划》一书，希望中国经过大规模的建设，以便走上富强的道路。然而后来由于局势动荡，这个计划未能实行。在民国建立 10 年之际，孙中山先生又旧念重提，并于 1921 年 7 月 8 日，在广州给廖仲恺写了一封长信，告诉他自己已拟好了《10 年国防计划》这部书稿的目录，以便征求意见。书稿目录共有 63 个要点，其中关于航空建设的有 9 项，归纳起来包括下列内容：

一是，建设新的航空港。

二是，制订航空建设计划。

三是，举行全国空军攻防战术演习。

四是，向列强定制飞机，以便进行仿制。

五是，聘请外国航空教练来华，训练空军。

六是，使空军建制标准化。

七是，发展航空制造工业。

八是，训练一支立于不败之地的空军。

九是，研究列强在远东地区空军力量与中国防空的关系。

显然，在这个计划里，有关民用和军用航空的战略研究、人才培养、飞机制造、机场设施、空军建设等一系列问题都涉及了。在列出纲目之后，孙中山先生还说："予鉴察世界大势及本国国情，而中国欲为世界一等大强国，及免重受各国兵力侵略，则须努力实行扩张军备建设也。若国民与政府一心一德实行之，则中国富强，如反掌之易也。"可惜在拟就这个纲目之后，孙中山先生就入桂督师，准备第一次北伐，因而著书的打算就只好搁置一旁了。

孙中山先生对中国的未来充满自信。1924年3月2日，孙中山先生在广州国立高等师范学校礼堂的一次讲演中曾说：

> 恢复我们一切国粹之后，还要去学欧美之所长，然后才可以和欧美并驾齐驱。如果不学外国的长处，我们仍要落后。我们要学外国到底难不难呢？中国人向来以为外国的机器很难，是不易学的。不知道外国所视为最难的是飞上天，他们最新发明的飞机，现在我们天天看见大沙头的飞机飞上天，飞上天的技师是不是中国人呢？中国人飞上天都可以学得到，其余还有什么难事学不到呢？因为几千年以来，中国人有了很好的根底和文化，所以去学外国人，无论什么事都可以学得到。

在讲完上述这番话一年之后，孙中山先生就因病与世长辞了。在包括航空在内的科学技术领域中，凡是外国人能够办得到的，中国人也一定能够办得到，这位革命先行者的教诲至今仍然激励着我们。

第二章

研制飞机

一、飞艇设计师谢缵泰

飞艇并非指今天在水上航行的气垫船或水上飞机，而是介乎气球与飞机之间的空中飞行物。气球的研制成功，无疑为人类的航空事业开辟了一条新途径，但圆形的气球随风飘荡，不仅速度很慢，而且也难以操纵。所以从 19 世纪开始，不少西方国家对飞艇的兴趣越来越浓。

世界上第一艘飞艇是法国的亨利·吉法德研制的。这艘飞艇直径 12 米，长 44 米，上面安装了一台 3 马力的发动机，带动一副三叶螺旋桨。1852 年 9 月 24 日，吉法德驾驶飞艇从巴黎的马戏场起飞，以每小时 8 公里的速度飞行 28 公里，最后降落在德拉普。吉法德的软式飞艇，实际上是一只安上了动力装置的长形气球。

西方的气球知识，大约在 19 世纪中叶以后就传入中国。据 1887 年 9 月间出版的《益闻录》，1887 年春，天津的武备学堂从外国买到两只气球，作为教学之用。不久，该学堂的教习孙筱槎、参军姚石荃以及天津知县卢本斋共同参照外国的办法，制作了一个球体 7 尺、外涂油漆，内充氢气的气球试放。是年 9 月 22 日，他们还将制作的三只小号气球和一只大号气球拿到天津督署门前的广场演放。那天直隶总督李鸿章也饶有兴致地前往观看。其中大号气球用一根绳子拴着，升空高达数十丈。这是至今所见到的有关中国自制氢气球的最早和最详细的记录。显然，这种气球是不带动力

装置的。在中国，第一个研究带动力装置气球，并设计出飞艇图纸的是澳大利亚华侨谢缵泰。

谢缵泰

谢缵泰，字圣安，一字重安，号康如，祖籍广东省开平县塘口潭边园（现潭溪乡），1872 年 5 月 16 日出生在澳大利亚的悉尼。父亲谢日昌，1866 年离开家乡到海外谋生，后来在悉尼开了一家"泰益号"商行，经营进出口商品。母亲郭氏是第一个到达澳大利亚的中国妇女。

悉尼，是淘金时期华侨赴澳大利亚的聚居地。尽管谢日昌经营致富，但他的日子也不好过。19 世纪 50 年代后，白人种族主义在澳大利亚蔓延，排华的骚乱时有发生。所以抱有反清复明思想，曾加入洪门组织的谢日昌，经常用华夏的兴衰史来教育自己的儿子。在悉尼，谢缵泰就读于格兰富顿中学。12 岁的时候，他曾对父亲许下诺言，长大后一定要返回祖国，以便尽自己的能力，驱除鞑虏，复兴中华。

1887 年 5 月，16 岁的谢缵泰随母亲以及姐妹、弟弟 5 人，乘海轮离开悉尼回到香港。在香港，他进入皇仁书院读书，由于英文根底深厚，数学成绩甚佳，因而颇受师长赏识。皇仁书院毕业后，谢缵泰先在港府华民政务司做事，继而在职工事务局供职。工作之余，他常结交有志之士，讨论国计民生，并潜心研究科学技术，有过不少的发明创造。

1896 年，谢缵泰发明了一种名叫"蔽日胄"的新式帽子。这种帽子十分实用，能很好保护肩、背和头颈。英国陆军部根据谢缵泰提供的图纸，生产了大批这样的帽子作为军需用品，后来英军在埃及作战时派上了用场。

　　至于对飞艇的研究，早在 1894 年的时候，谢缵泰就已经成竹在胸了。本来，他很愿意将自己的研究成果贡献国家，以便造福社会。之所以迟迟没有这样做，是因为清朝政府对待科学技术的态度，正如当时的《中国邮报》所说的那样："始之无教育，继之无辅助，终之无保护。"再好的工艺落在那些官僚的手中，大多一笑置之，有的发明者甚至还被讥为癫狂。有鉴于此，1899 年，谢缵泰积多年的研究心得，绘制了一张设计飞艇的详细图纸，并附上一张结构说明书，邮寄给当时英国著名的发明家墨克西先生。

　　谢缵泰究竟有没有依照自己的设计图纸制作飞艇，后人说法不一。有人说他制作了并且获得成功，但看来材料不足。光绪三十四年（1908 年）《东方杂志》第 5 卷第 7 期上，发表了一篇题为"华人之新发明家"的文章。文中说谢缵泰的飞艇"工大费绌，不能躬自试验"。此外，谢缵泰于1924 年用英文写的长篇回忆录《中华民国革命秘史》发表在香港的《南华早报》上，其中提到曾将飞艇设计图纸寄给墨克西。后来他们虽有多次的书信往来，但都未言及飞艇的制作，因为当时墨克西的兴趣在飞机而不在飞艇上。由此可见，谢缵泰没有制作过飞艇。尽管如此，但从有关的报刊介绍谢氏飞艇的图纸及结构说明来看，谢缵泰的设计确有独到之处。

　　谢氏飞艇上面用英文写着"CHINA"的字样，这艘称为"中国"号的飞艇，从整体来看，分上下两部分。上部是巨型雪茄形气球，下部是铝制艇体，气球主要起浮标作用，艇体则具有升降、前进、后退的功能。战争时期，气球还可以用铝壳包裹，避免被炮弹击破。艇体的推行器是三个用

"中国"号飞艇的设计图纸

马达发动的螺旋桨，它们分别安装在艇首、艇尾和艇面上，因而推行的力量很大。至于驾艇升降和转弯，不用舵和挠桨一类，而是采用钢翅。钢翅藏在艇内，启动开关之后，即可外张艇的两侧。据说，时速可以达到97~150公里。显然，这种铝壳雪茄形，装有推行装置并有两翅的快速飞艇，已经与近代的飞机很接近了。难怪墨克西先生接到谢缵泰寄去的图纸及说明书之后，很快复函，对他大胆的构思和合理的设计深表敬佩。当时世界上不少画刊都曾刊登过这个设计方案。当然，今天有的专家经过科学的论证，说谢缵泰的设计不符合当时的材料、技术要求，只是一个不合实际的设想而已。

谢缵泰不仅是一位颇有才华的飞艇设计师，也是一位忧国忧民，不断追求光明的革命志士。早在皇仁书院读书时，他便与杨衢云等人在香港组织以开通民智为宗旨的辅仁文社。1895年2月21日，兴中会总部在香港成立，谢缵泰即宣誓入会。随后不久，孙中山计划用3000名精兵袭取广州，于当年重阳节发动广州起义。谢缵泰在香港参加了由孙中山先生主持的起义策划会议，并负责对外交涉等事宜。后来，由于军机泄露，起义流产，陆皓东被捕牺牲，孙中山、杨衢云流亡海外，谢缵泰则留在香港处理善后。

在香港时，谢缵泰曾组织辅仁文社。面对列强入侵，中华被瓜分豆剖的民族危机，他心急如焚。1898年，他在《辅仁文社社刊》上，画了一幅名叫《时局全图》的画。画的背景是一幅中国地图，地图上的野兽代表俄

杂志上的《时局全图》

国、英国、法国、美国、日本、德国这些要瓜分中国的列强。在画的左上方，还有他自己写的这样一首诗：

> 沉沉酣睡我中华，那知爱国即爱家；
>
> 国民知醒宜今醒，莫待土分裂似瓜。

这幅画和诗，后来被多家报刊转载，影响很大。谢缵泰还在香港英文《南华早报》长期从事报业，他鼓吹革命，并著书 20 余种，其中有《日俄战纪》《中华民国革命秘史》等。

1937 年 4 月 1 日，谢缵泰病逝于香港湾仔轩尼诗道的住宅里，终年66 岁。谢缵泰生前曾对人说，我希望将来把自己设计的飞艇制造出来。然而这位爱国的发明家，因受时代的局限，最终也未能实现这一诺言。

二、飞艇制造家余焜和

清朝末年，差不多与谢缵泰同时研制飞艇的还有一位华侨，这就是余焜和。谢缵泰的名气较大，冯自由在《革命逸史》中曾有专文介绍，相比之下，知道余焜和的人就极少了。

美国华侨余焜和，字植卿，祖籍广东省开平县，生卒年不详。青少年时期他好学上进，特别对各种机械十分感兴趣。1894 年甲午中日战争爆发，第二年，清政府与日本签订了割让辽东半岛、台湾及澎湖列岛，赔偿军饷2 万两，开放沙市、重庆、杭州、苏州为通商口岸的《马关条约》。此后，中国面临被世界列强肢解和瓜分的严重危机。余焜和与许多爱国志士一样，为民族的前途而担忧。为抵御外侮，雪洗国耻，余焜和选择了实业救国的道路。他认为，在各种器械之中，对富国强兵能发挥较大作用的，莫过于飞艇了。于是，他对飞艇潜心研究，并颇有心得。

余焜和在美国研制飞艇，目的是要在祖国发展航空事业。1905 年 11月，清政府派端方、载泽等五大臣到外国考察政治，说是为将来实现立宪作准备。他们先到日本，然后分两路到美国和英、法、德、俄等国。余焜和满腔热情，携带制造飞艇的方法以及发展中国飞艇事业的意见书前往求见赴美考察的清政府大臣，希望有关部门能采纳他的建议。清政府的预备立宪并非真的要行新政和发展实业，其目的只是缓和矛盾，以便维持旧的国体。所以后来，余焜和的建议也就没有下文了。

1907年8月，余焜和回国，他确实等得有点儿着急了。这次回国，他径直向有关的衙门力陈发展航空的重要意义，要求批准给予生产飞艇的专利，并准备将在美国的商业收盘，集资回国设厂制造飞艇。1907年8月29日，广州的《农工商报》发表了一篇题为"广东创造飞船之伟人"的文章，对余焜和的行踪及其打算作了报道。文章的结尾，附有记者的一番议论：

> 飞舟极利害之物也，日后愈制愈精，想能夺火车之利，其利益于商贾者甚多。战阵上自高空掷下炸弹，虽有铜墙铁壁，终归无用，防不胜防。比古人所谓腾云驾雾者，利害更为过之。将来世界必有云端战斗者，其奇险不知如何！广东人能造此奇物，未尝不为战阵之一助，我当局未知何以玉成之也。

文中所讲的"飞船""飞舟"实际上是指称作飞艇的悬浮飞行器。应该说，这段百余字的短文对这种空中飞行物的发展方向及其在商业和军事上的用途已经说得很透彻了。这位记者未必去过美国，上述的这番议论，实际上是余焜和的思想。

1907年，距离溥仪退位只有三四年的光景，尽管清政府的农工商部有奖励实业的条例，但此时大大小小的官僚们已经没有人能静下心来听取海外同胞关于发展飞艇的计划了。最后没有办法，余焜和只好带着失望的心情离开祖国。1910年年初，他在美国制成飞艇一艘并且获得试飞成功，这艘飞艇长一丈三尺，宽五尺，上面悬着一个大气球。气球是用绸布制造的，外表涂上黑漆，里面充满氢气。这无疑是中国人制造的第一艘飞艇。

从现有的资料来看，清代和民国时期，中国人在国内没有制造过飞艇。1913年，武汉南湖曾有一艘飞艇和一座飞艇库，不过这是武昌都督府从日本买来的山田式飞艇。这艘飞艇在准备演放时，因为刮起大风，气囊破裂，

不能起飞，最后连飞艇库也倒塌了，此后就没有了下文。由于飞艇是连接气球和飞机之间的一座桥梁，所以许多国家在发展航空事业的过程中，大体都要经过这一个阶段。如果说中国在这方面有一段空白的话，那么这段空白是由谢缵泰和余焜和来填补的。

三、中国的始创飞行大家冯如

1903 年，莱特兄弟发明了世界上第一架飞机。在此后的第 6 年，美国华侨冯如研制飞机并试飞成功。他是第一位驾机飞上蓝天的中国人，因而被称为"中国的始创飞行大家"。

少年离家

冯如，字九如，号鼎三，于 1884 年 1 月 12 日出生在广东省恩平县牛江区莲塘乡杏圃村的一个贫苦农民家庭。父亲冯业绘，前后养育过 5 个儿子，除了最小的冯如之外，其余都没有长大成人就因病夭折了。

少年时期，冯如是在家乡度过的。他虽然 8 岁才入私塾读书，但聪颖过群，不仅因品学兼优倍受老师器重，而且常常在课余用火柴盒、竹片等物，制作出精巧的轮船模型。有一次，冯如还制作了一只大型风筝，风筝的两翼各挂着一个小木桶。这样，风筝借着风力，将两只小木桶带上了百米高空。由此可见，冯如从小喜爱航空，并显露出非凡的才华。

冯如

杏圃村是一个闭塞、贫瘠的村落。冯如有一位亲戚在美国旧金山做小商贩，他早就想把冯如带到那里去了，但冯如的父母舍不得年幼的儿子离乡远行。不过冯如有自己的追求，他对父母说："大丈夫四海为家，株守乡隅，这不是我的志愿。"

1895 年，12 岁的冯如离别故园，踏上了赴美的旅途。在旧金山，冯如在一个耶稣教会的附属机构中干杂务。他日作营生，夜习西文，刻苦地坚持自学。1899 年，冯如奉父母之命回国，与恩平县岗坪乡竹林村的女子梁三菊结婚。这时他年仅 16 岁。第二年，冯如再度赴美，在纽约的一家工厂里谋得了一份工作。

19 世纪下半叶，美国的各种工艺已经相当发达了。由于在旧金山自学了英文，后来又在纽约的工厂里掌握了不少技艺，冯如的视野顿时开阔了很多。冯如在机械和电学方面颇有心得，他曾发明过打桩机和抽水机。1908 年，他还自制了无线电报机，成功地在奥克兰市与千里之外的西雅图、洛杉矶、波特兰等市通报。所有这些，都为他日后研制飞机奠定了基础。

研制飞机

清政府于 1909 年，才派留学生厉汝燕到英国学习飞行，并于 1911 年春，花 4 万两白银从英国厂家买回一架飞机运回北京。这是当时中国关于飞行的最早记录。然而在此之前，美国华侨已经在美国研制飞机，并驾机升空了。

1903 年，美国莱特兄弟驾机试飞成功。1904 年，中国境内爆发了日俄争夺中国东北的战争。前者使人激奋，后者令人痛心，这两件事给冯如很大的刺激。《民国第一飞行家冯如君墓志铭》中记录了冯如对人讲过的一段话。他说："是岂足以救国者！吾闻军用利器莫飞机若。誓必身为之倡，成一绝艺，以归飨祖国。苟无成，毋宁死！"冯如抱着"苟无成，毋宁死"的决心献身航空事业，他的目的是"成一绝艺，以归飨祖国"。

"冯如一号"飞机

　　1906年，冯如从纽约回到旧金山。同盟会在日本东京成立前后，美国华侨的爱国热情日趋高涨。以"壮国体、挽利权"为宗旨，冯如提出了研制飞机的倡议，并向当地华侨黄杞、张南、谭耀能三人筹集到1000多美元的款项。1907年9月，冯如在旧金山东面奥克兰市东9街359号租了一间房屋，定名为"广东制造机器工厂"，开始研制飞机的工作。当时做他助手的华侨青年，有台山县的朱竹泉、朱兆槐和开平县的司徒璧如等人。第二年4月，冯如制出了第一架飞机，但试飞没有成功。1909年2月，他驾着改装后的飞机试飞，可惜飞机只飞了几丈高就摔下来了。

　　接二连三的失败之后，股东们已经失去了信心，他们不愿继续投资，把钱扔到这个无底洞中去。在此同时，冯如还接到父母催他回国相聚的家信。但这些并没有动摇冯如的决心，他说："飞机不成，誓不回国。"冯如平日将各种各样的飞机结构图样剪贴成册，在进行分析比较之后，选定了

威尔伯·莱特式作为自己设计飞机的蓝本，同时又找出欠妥之处加以改进。经过一番努力，冯如终于敲开了成功之门。

1909 年 9 月 21 日，冯如驾驶着由自己设计和制造的飞机在奥克兰上空试飞。这次飞行高度为 15 英尺，航程为 2640 英尺。1903 年，莱特兄弟首次试飞的航程为 852 英尺。显然，冯如这次试飞的成绩比莱特兄弟当年的成绩要好得多。难怪是年 9 月 23 日美国的《加利福尼亚美国人民报》上发表了一篇题为"中国人的航空技术超过西方"的文章，文中除了报道这次试飞的经过之外，还盛赞中国人的才华。尽管在这次试飞中，当飞机飞行 2640 英尺后，由于桨轴裂缝而使飞机下坠，但 26 岁的冯如以自己百折不挠的精神揭开了中国航空史的第一页。

燕塘遇难

冯如试飞后，当地华侨欢欣鼓舞。为了发展航空事业，1909 年 10 月，奥克兰的广东制造机器工厂扩充为广东制造机器公司，黄梓材被推为公司经理，冯如出任机械师，第 1 期股金近 6000 美元，这是中国人办的第一家飞机制造公司。

在谈论世界近代航空史时，人们对格伦·寇蒂斯是很熟识的。1904 年，这位曾在纽约附近从事机器脚踏车生产的小人物，制造出能用于飞机的、性能很好的发动机。1908 年，他成功地制造出一架双翼推进式飞机——"三月臭虫"号，并获得第一个美国科学奖。1909 年，他又驾驶经过改装的 A 型飞机参加在法国兰斯举行的第一次国际航空比赛，并以每小时 75.2 公里的成绩，获得环绕固定中心坐标塔进行飞行的环速冠军。一时间，寇蒂斯的飞机在世界，尤其在美国获得了很大的声誉。寇蒂斯的成功给冯如很大影响。

　　早期冯如制作的飞机是以莱特式飞机为蓝本的，但后来随着科技发展的进步，他充分注意学习别人先进的设计。1910年7月，冯如又制造出一架性能更好的飞机。这架飞机是以寇蒂斯A型双翼机为蓝本加以改进的。有的材料说，冯如于1911年1月间，驾驶这架飞机在奥克兰上空做过多次飞行，并且飞出了航程20英里、时速65英里、高度700英尺的好成绩。这在当时的美国华侨社会中引起了很大反响。

　　冯如名扬海外，美国有关人士曾拟以重金聘请他为飞机技术教练。然而此时，他的心早已飞到阔别多年的祖国。

　　1911年2月22日，广东制造机器公司改名为广东飞行器公司，同年3月22日，冯如与助手朱竹泉、朱兆槐、司徒璧如等人携带制造飞机的机器以及两架自制的飞机于回国途中抵达中国香港地区。当时的两广总督张鸣岐曾派军舰前往迎接，将22箱的机器和飞机部件运回广州，而冯如则先回故里探望亲友。随后不久，风云变幻，由于发生了黄花岗起义和武昌起义，所以未能很快举办飞行表演。

　　1911年11月9日，广东光复。不久，冯如参加了广东革命军，被任命为广东革命军飞机长，助手朱竹泉为飞机次长，朱兆槐、司徒璧如为飞行员。本来他们想组成飞行队参加北伐，后因清政府接受议和，战事暂息，未能如愿。

　　冯如带回国的飞机是两架双翼机，其中一架双翼机，翼展29.5英尺，弦长4.5英尺，汽油发动机为30马力，另一架的发动机则为75马力。为了开通民智，唤起国人对航空事业的重视，经广东革命军政府批准，冯如于1912年8月25日在广州市郊的燕塘操场进行飞行表演。

　　1912年《东方杂志》第9卷第5号中曾发表过一篇题为"中国飞行家冯如君行状"的文章，较为详细地记录了这次飞行。文中说，冯如驾机，"先由燕塘墟飞起，凌虚而上，高约120尺，东南行约5里，飞机灵活，

旋转自如，观者塞途，鼓掌声不绝"。寥寥数语，把冯如的果敢、国人的喜悦说得清清楚楚。然而当飞机继续升空翱翔的时候，冯如用力过猛，双足浮动，操作失灵，瞬间飞机急剧坠地，他头、胸、臀部等处受重伤。那天偏巧是星期天，陆军医生因事外出，尽管冯如被送往医院，但终因抢救不及时而殉职。

"我死了以后，你们不要因此而失去进取之心。要知道，失败是成功的必经之路。"这就是29岁的中国航空先驱冯如在弥留之际，对他身边的助手所说的一句话。

长留人间

第一位在中国进行飞行表演的是一位外国人。1911年5月6日，法国的环龙在上海的泥城桥赛马场一带，驾驶一架50马力的法曼式双翼机做飞行表演，升空后不幸机毁人亡。后来人们为了纪念这位飞行家，在上海的法国租界内，将一条马路命名为环龙路（即现在南昌路），并在法国公园（后改名复兴公园）为他建了一座纪念碑。

冯如不仅是中国第一位飞机设计师、飞行师，而且也是为航空事业而献身的第一位中国人。对他的英年早逝，人们更是寄托无限的哀思。

1912年9月24日，广东各界人士聚集在冯如坠机处举行隆重的追悼会。冯如的遗体后来被安葬在广州黄花岗七十二烈士墓的左侧。碑塔正面篆刻着"中国始创飞行大家冯如君之墓"，左右两侧刻着"民国第一飞行家冯如君墓志铭"，背后则是民国元年（1912年）11月16日颁发的"临时大总统令"。"临时大总统令"中批准了陆军部的呈报，要求陆军部和广东都督对冯如"从优照少将阵亡例给恤，并将事实宣付国史馆"。

孙中山先生对冯如曾给予很高的评价。1924年4月26日，这位革命先行者在广州国立高等师范学校礼堂的一次有关"三民主义"的演讲中专门讲到了冯如,可惜航空史研究工作者没有注意到这段文字。这个演讲被收入中华书局所编的《孙中山全集》第9卷之中,我们不妨将有关段落抄录如下:

> 比方最新发明大机器,是飞天的机器,也是一种很危险的东西,最初发明的时候不知道死了多少人。像从前广东的冯如,他是什么人呢?就是制造飞机的人,就是驾驶飞机跌死的人。在从前发明飞机的时候,没有人知道用这个机器去飞,所以制造飞机的人又要做飞机师。最初做飞机师的人,一来由于管理这种机器的方法不周密,二来由于向来没有经验,不知道怎么来用这种机器。所以飞到天空之中,常常跌到地下,死了很多人。因为死了很多的人,所以普通人便不敢去坐飞机。现在管理这种机器的方法很周密,许多人都知道飞到了天空之中,像鸟雀一样,来往上下,非常方便,非常的安全。所以就是普通人都敢去坐飞机。因为普通人都敢去坐这种机器,所以近来便把它用作交通的机器。

由此可见,孙中山先生是把冯如视作航空的先驱人物,冯如的突出贡献就在于他为中国近代的航空踩出了一条道路。

1981年,广东省有关部门拨出专款,重修了黄花岗的冯如墓。1983年,广东省恩平县人民政府作出决定,将冯如故居列为该县首批文物重点保护单位,同时在这一年的12月15日举办了"中国第一位飞行家冯如诞生100周年"的纪念活动。为表彰先贤、启迪后人,中国人民解放军空军决定赠送恩平县人民1架退役的战斗机。1986年1月30日,1600余人在恩城镇鳌峰山顶的冯如纪念馆前参加了隆重的交接飞机仪式。冯如的故乡牛江区现在改为牛江镇。牛江镇新辟的人民公园内有一座设计独特的冯如亭。坐落在牛江镇的冯如中学也是近年新建的。1985年,当筹建冯如中学的消息传开后,海内外恩平籍乡亲很快就筹集了近百万元的资金。在已建好的

中国航空博物馆广场的冯如雕像

冯如中学门前，人们还建立了一座冯如全身铜像。

北京昌平小汤山镇的中国航空博物馆，是亚洲最大和排世界前五名的航空专业博物馆。目前，这里收藏各种类型的飞机300余架和近万件航空文物，它全面展示了中国航空事业发展的历史。

走进中国航空博物馆广场，"中国航空之父冯如"的雕塑铜像格外引人注目。在陈列不同时代各种类型的飞机展厅中，头一架就是按大小比例复制的"冯如2号"飞机。人们用这种方式来纪念这位中国航空的先驱。

冯如活在人们心中，他的业绩永远激励着后人。

四、冯如的助手司徒璧如

广东的台山、开平、恩平、新会四县过去长期俗称"四邑"。至于增加鹤山县由江门市管辖，因而被称为"江门五邑"，那是 20 世纪 80 年代初的事了。早期美洲的华侨，十之八九为"四邑"人。冯如祖籍恩平，他在制作飞机的时候，有朱竹泉、朱兆槐和司徒璧如三位主要的助手，他们也都是"四邑"人。可以说，中国第一架飞机就是"四邑"的华侨设计、制作并驾驶飞上蓝天的。

冯如的三位助手，人们对同为台山县平岗乡大明塘村的兄弟朱竹泉、朱兆槐知之不多。关于司徒璧如，由于司徒璧如的次子司徒武伟曾根据家谱写过一篇简短的追记文章，给我们留下了一点儿有价值的资料。

设计和制作飞机是需要掌握相当的科技知识的，可最早接触这一领域的华侨，都不是科班出身的专门人才。冯如在国内读的是《三字经》《孟子》和《论语》这些旧学，到了美国之后，虽说是"日作营生、夜习西文"，但充其量也只是自学而已。冯如的助手也是如此。

司徒璧如，名德恩，字俊球，别字司徒璧，于 1884 年 10 月 1 日出生在广东开平县赤坎镇西头咀塘基头村的一个农民家庭。父亲司徒文烈，先后育有五子二女，璧如在兄弟之中排行老末。

清朝末年，"四邑"地区经济落后，械斗不断，民不聊生。司徒璧如生

活在一个以农为业的多口之家，由于清贫困苦，他在乡间仅读过两年的私塾。1902年5月，为了给自己和家人谋条生路，18岁的璧如便在亲戚的资助下，告别家园，远走美国的旧金山。不过，他在那里受雇于一家杂货店，终日忙碌但也只是打扫卫生、搬搬运运一类的杂务。司徒璧如颇有志气，不甘这样消磨自己的一生，工作之余，他刻苦自学，并结识了冯如，终于在航空事业上有所建树。

1907年9月至1909年9月，冯如用两年的时间与6名华侨青年一道，终于研制成功第一架飞机，这6名华侨青年之中就有司徒璧如。1911年1月，冯如与朱竹泉、朱兆槐、司徒璧如携带着他们在美研制的两架飞机回国，途经日本时受到各界人士的热烈欢迎，因为当时的日本还没有人能够研制飞机。1911年11月，光复后的广东军政府成立了飞机队，当时冯如被任命为队长，朱竹泉为副队长，司徒璧如和朱兆槐则为飞行员。

广东军政府只有两架飞机，1912年8月25日，冯如在广州郊区燕塘作表演时失事，坠毁了一架。剩下的另一架因没有派上用场，后来由司徒璧如拆散运回开平家中，抗战期间散失了。

司徒璧如不仅参加过飞机的研制工作，而且也曾在家乡兴办现代化的通信设施。

由于在国内发展航空事业举步艰难，司徒璧如便于1913年重返美国。1916年，他在美国新墨西哥州的老卜埠和一位祖籍鹤山的好友合资开办了一家什货公司。经多年努力，有了一些积蓄。他于1927年10月由美回国，与家人团聚。为了改变家乡交通不便，信息不灵的落后面貌，1929年，司徒璧如与美国华侨司徒植共同发起成立"开平灵通电话公司"，并担任公司的首任经理。灵通公司总局设在赤坎镇，分局设在长沙镇，它不仅沟通了赤坎、长沙与开平水口、苍城、塘口诸镇的讯息，而且接驳了台山、恩平等县的电信线路。在此期间，司徒璧如还投资赤坎至县城三埠的公路建设，并热心公益，在家乡办"博爱医院"，方便贫苦农民就医。

叶落归根是老一代华侨的理想。尽管司徒璧如前后 4 次赴美，在那里度过了 36 个春秋，但到了花甲之年他依然愿意返回故里。1947 年 7 月，他回到故乡开平，1955 年赴香港定居，1964 年 5 月 7 日病逝，终年 80 岁。

五、广东飞行器公司

中国人设厂制造飞机，从现有的材料来看，无论在海外或国内，没有哪一家工厂比广东飞行器公司更早的了。

广东飞行器公司，最先不叫"飞行器公司"，同时也不办在广东。它的诞生要从冯如在美国研习飞机说起。

广东飞行器公司创办时叫广东制造机器工厂，不过它不是制造一般的机器，而是制造飞机的。1906年，冯如从纽约回到旧金山，在"壮国体、挽利权"思想的驱使下，他要设厂研制飞机。虽然赞同者甚众，但真正动手兴办的人却不多，原因是研制飞机在美国仅有几年的历史，大家对这一新生事物，心里没有底。在黄杞、张南、谭耀能3人的支持合作下，冯如筹集了大约1000美元的资金，于1907年9月，在旧金山附近的奥克兰市租借东9街359号的一座房子做厂房，创办了广东制造机器工厂。此后，在冯如的主持下，开展飞机的研制工作。当时，冯如在技术上的助手有朱竹泉、朱兆槐和司徒璧如3人。广东制造机器工厂创办时开拔费1000美元，全体员工仅有7人，真可谓是白手起家的了。

经过两年的努力，1909年秋天，冯如终于制成了一架可以载人的动力飞机，并在这一年的9月21日试飞成功。

为了制造更多更好的飞机，1909年10月，广东制造机器工厂扩充为广东制造机器公司，他们还以试办飞船的名义，在旧金山公开招股。许多华侨闻讯后，踊跃认购。从 1909 年 11 月 13 日至 1910 年 2 月 19 日，共有 67 名华侨入股，第 1 期的股金 5875 美元。初期研制的飞机是十分简陋的，因此并不需要很大的开支。尽管 5000 多美元算不得是一笔雄厚的资金，但比起初办时的 1000 多美元来说，已经增加了 5 倍。无疑，这是一个鼓舞人心的消息。1910 年 3 月 7 日，股东们召开会议，结果，华侨黄梓材、刘一枝被推为负责经营管理的正、副总经理，而冯如则担任总机器师，以后他便把主要的精力放在技术指导方面了。

1911 年 2 月 21 日，广东制造机器公司更名为广东飞行器公司，正式并明确地把制作飞机的牌子亮出来了。随后不久，冯如携带制造飞机的机器和两架自制的飞机启程回国，并于是年 4 月初到达广州。这样，广东飞行器公司也随之迁回国内，在广州市郊的燕塘设立新的厂房并制作飞机。

关于设在燕塘的广东飞行器公司。广州博物馆的黄汉纲在《冯如研究》一书和《广东近代航空大事记》文中认为，辛亥革命大爆发不久，冯如在广东军政府支持下，利用从美国带回来的自制零部件，再加上在广州收集到的其他材料，曾在 1912 年 3 月制成一架飞机，并运至台山试飞。这是国内第一家民办飞机制造企业。

1912 年 8 月 25 日，冯如驾机表演，不幸飞机失事身亡，使公司失去了主心骨。加之后来战事频繁，广东飞行器公司也就没有音信了。

1911 年 2 月 21 日，《广东飞行器公司征信录》出版，它记录了冯如在美国从事航空的活动以及公司经营的情况，这是一份珍贵的历史资料。

六、一条关于图强飞机公司的史料

图强飞机公司是早年华侨在海外创办的一家公司，在一些美国华侨史或散见在报刊上的文章中，我们偶尔还可以看到有关的记载，但可惜都极其简略。略的仅有一两句话，详的也不过几十个字而已。

广州工程师学会的何展先生，新中国成立前曾在中国空军中任机械长。近年他向人们提供了一份当年发起组织图强飞机公司时，对外张贴的文告。文告的题目是《组织图强飞机有限公司缘起》，除正文外，还有创办人、赞成人、临时职员、临时董事等项，后被收入《航空工业史料》第1辑之中。

为什么要创办图强飞机有限公司，正文部分作了交代，我们不妨全文抄录如下：

> 自武装演进，日出而日新。于海底则有潜艇，空中则有飞机，军中之利器，咸以此称最焉。而航运之自由，战斗之便利，则潜艇又不如飞机。以故，世界列强对于飞行学之研究，飞行家之培植，飞行事业之发展，着着进行不遗余力。或由政府拨款立学而制造之，设站而部署之；或由有志之士，专门名家而爱国商民，集资纠合公司相助为理。循营业之涂，助军国之计，直接以握利权，即间接以利军用，而可惊可愕之飞行事业遂成今日之伟观。独是，由前之说，非仗强有力之政府不能；由后之说，则有志者事竟成耳。吾国军用之朽窳已无可讳，而飞行之军用尤属缺乏，政府复无力及此。丁此武装和平之时期，果将何以为国？蔡

君司渡、陈君应权，心焉忧之。独备资斧，亲赴美国力活飞行学校 RED WOOD CITY SCHOOL OF AVIATION，苦心孤诣，以成专门之学。凡放机、造机、与夫关于航空术种种妙用，无不悉参其微，学理既精，经验尤富。近则思本所学以饷国人，作育多材，展布飞行事业，以储救国利器。傥所谓有志之士非耶？同人不敏，实嘉二子之志，因发起而纠合公司，集款购机，以树其基，徐图扩张，而大其用，期使吾国军界、营业界并开一新纪元，福群利国，胥有赖焉。我爱国之侨胞，其亦有乐于此欤。

正文开头以海底的潜艇和空中的飞机作比较，飞机航运自由，战斗便利，在交通运输和国防建设上占有重要地位。接着，在分析了世界列强发展航空的途径以及中国的现状之后，阐明了自办航空的宗旨。在"吾国军用之朽窳已无可讳，而飞行之军用尤属缺乏，政府复无力及此"的情况下，华侨集资购机，兴办飞机公司，唯一的目的是"期使吾国军界、营业界并开一新纪元"，以达到"福群利国"。这些掷地有声的语言真是感人至深。我们把这段文字看作是华侨发展航空的一份宣言书并不过分。

接着，文告还交代了签名办公司的人员名单和临时机构。

赞成人是一个有数十人的大名单，头一位是中国驻旧金山领事谭学徐，此外还有肇庆会馆主席关仕廉、中华会馆总董关定波、阳和会馆主席刘景三、合和会馆主席邓耀琳、人和会馆主席陈秉鉴、和平总会会长黄国流、中国驻休仑领事梅伯显、《中西报》主笔邓翼芸，以及辛亥革命时期鼓吹革命颇有影响的李是男以及热心航空的李培芬等。真是侨胞各界，面面俱到。

创办人有：陈树苹、蔡司渡、杨仙逸、周嫚等。临时职员名单如下：

正总理：陈树苹（屋仑东和）

副总理：蔡湘荃（前任宁阳会馆主席）

总飞机师：蔡司渡（美国力活雪地飞行学校毕业生）

副飞机师：陈应权（美国力活雪地飞行学校毕业生）

制造飞机师：周嬹（美国多体度省大学机械工程学士）

司库员：蔡杰焯（大埠穗源公司）

龚显裔（大埠太平洋公司）

中文书记：刘涤寰（中国交通洋行书记）

黄子聪（中华学校校长）

西文书记：良杰（美国矿科硕士）

司数员：陈观光（大埠同安和）

核数员：蔡铭奕（大埠友丰酒房）

陈秉初（屋仑东和）

至于图强飞机公司创办的时间和地点，刘伯骥在其《美国华侨史》中说，公司于 1919 年 8 月 20 日在旧金山附近的红木城举行成立典礼。从上述的文告来看，图强飞机公司确实是办在旧金山附近，因为所开列的名单中，绝大部分为美国大陆侨界要人。

图强飞机公司到底有没有制造过飞机？有人说曾制造过两架水陆两用机，后在 1919 年由杨仙逸带回福州；有人则说只买过两架飞机作学员学习飞行之用。对于这些，因为没有确切的材料，不好论定。但这份有关图强飞机公司的文告，一来为该公司办在旧金山附近提供了一个旁证，二来使我们从中看到当年华侨热心办航空的初衷，无疑是一份难得的文物资料。

七、巴玉藻与中国第一家飞机制造厂

中国本土的航空工业，首先是从海军搞起来的。1918 年 2 月，在福州的马尾船政局（即今天马尾造船厂前身）设立了海军飞机工程处，这是我国第一家正规的飞机制造厂。第二年的 8 月，该工程处便造出了我国第一架水上飞机，这与早年留学欧美，并曾在美国航空工业部门任职的巴玉藻有密切的关系。巴玉藻是中国航空工程事业的奠基人之一。

从航海到航空

巴玉藻，字蕴华，祖籍内蒙古克什克腾旗，1892 年 7 月 17 日出生于江苏镇江。这位蒙古族的后代早年就读于江南水师学堂，1909 年 8 月，随赴欧洲考察海军的清政府海军大臣到了英国。在那里，他先在朴茨茅斯海军基地学习军舰制造，继而于 1910 年入阿摩斯庄学院机械工程系学习，并于1914 年取得学士学位。

在英国留学期间，巴玉藻对飞机产生了兴趣。1909 年，法国的布莱里奥驾驶单翼飞机第一次横渡英吉利海

巴玉藻

峡，成功地完成了从法国至英国的飞行，这在欧洲引起了轰动。在攻读海军工程之余，巴玉藻不仅阅读了不少有关飞机的书刊，而且还在 1912 年的暑期，自掏腰包花了两英镑，随飞行家波特在温德梅湖上做过一次难忘的飞行。

袁世凯任大总统后，加紧投靠日本，美国为了牵制日本，做了不少工作，其中之一就是提出愿意帮助中国培养飞行人才。袁世凯将此事交海军总长刘冠雄筹办。刘冠雄将在海外订购的一艘军舰变卖作为经费，于 1915 年，派官员赴美考察飞机和潜艇的制作技术，同时又电令留英学生监督施沛生带领包括巴玉藻在内的 12 名学生转到美国学习。

到了美国之后，巴玉藻与过去留学英国的王助、王孝丰先在寇蒂斯莱特航空学校学习，继而考入麻省理工学院，并于 1916 年 6 月获该院的航空工程硕士学位。由于巴玉藻聪明好学，在航空工程方面有较深造诣，他不仅成为美国自动机工程学会会员，而且毕业后马上被聘为寇蒂斯公司的飞机设计师和詹诺鲁飞机工厂的总工程师。好友王助也被波音飞机厂聘为总工程师。巴玉藻和王助由学习航海到学习航空，并在美国著名的大学和飞机制造厂家从事研究工作，这为他们日后回国创办飞机制造厂奠定了基础。

第一架水上飞机的诞生

中国第一架水上飞机模型

早期中国人制作飞机，在海外的有冯如等人，在国内的有刘佐成、李宝峻。刘佐成、李宝峻均为福建人，早年在日本留学时就曾制作飞机，可是找不到试飞场地。1910年9月，他们回国，在北京南苑设厂棚，由清朝军咨府拨款，以法国法曼式飞机为蓝本，试制了两架飞机。其中一架在1911年6月27日试飞，可惜发动机损坏，飞机坠落，没有成功。

1917年11月，巴玉藻和王助等人谢绝美国厂家的重金挽留，怀着发展中国航空工业的壮志，从美国回到北京。随即，他们向海军总长刘冠雄建议筹建飞机制造厂。刘冠雄答应拨5万银圆做办厂经费。在考察过天津大沽口、上海高昌庙等地之后，最后将厂址设在地段最宽、机械设备最好的马尾船政局。1918年2月，隶属福州马尾船政局的海军飞机工程处成立，主任是巴玉藻，副主任有王助、王孝丰、曾贻经，这是中国第一个正规的飞机制造厂。当时有机械工、钳工、油漆工、木工和学徒工近百人。尽管后来刘冠雄并未如数拨款，但由于飞机制造厂是"借腹产子"，以马尾船政局为依托的，也就勉强开工了。

中国的航空工业是在十分艰苦的条件下起步的。制造飞机的钢、铝等金属材料，由于当时中国不能生产，只能从外国进口。海军飞机工程处是由造船厂改建的，也就是说，用简陋的造船设备去营造要求比较精密的飞机，其中的困难可想而知。早期飞机主体多为木质，当时欧美通行采用优质的白银枫、胡桃木等材料，这些如果从外国购买，成本高而且运输也成问题。经过许多试验，巴玉藻最后选定用福建产的杉木、樟木、白栗木和白梨木代替。杉木做机身、机翼、机桴等部件的骨架十分理想，白栗木韧性好，适合做机桴和机身的龙骨和其他弯曲部分，而樟木、白梨木由于纹细、质坚，用作框架的加强角片最为合适。至于发动机，则是买美国和英国的产品。经过几个月的努力，我国第一架水上飞机终于在1919年8月造出来了。这架飞机为双翼双桴水上教练机，功率为100马力，总重量953公斤，最大时速120公里。

巴玉藻先后设计了甲、乙、丙、丁、戊、己等6种样式的飞机，其中

甲、乙型为初级教练机，丙、丁型为轰炸机，戊型为侦察机，己型为高级教练机。这些飞机的设计都很科学，例如丁型的长途轰炸机——1928 年 7 月制成的"海鹰"号，这种飞机配有 360 马力的发动机，最大时速为 180 公里，最大飞行高度为 3800 米。机内有炸弹舱、炮手舱，携炸弹 8 颗，装有机枪、火炮各一门，投放炸弹用机械操作。此外，飞机还可以发射鱼雷。平时，这种轰炸机还可以改装成有 4 个座位的客机，真是平战结合，军民两用。从 1919 年 2 月至 1929 年 6 月，巴玉藻主持制造了 12 架飞机。巴玉藻去世后，由曾贻经等人根据他生前的设计，又制造了 3 架飞机，这样，前后一共制造了 15 架飞机。

巴玉藻主持设计制作的飞机具有较高的水平。1929 年 6 月，在杭州的西湖举办了博览会。在此期间，海军飞机工程处生产的水上飞机曾与外国同类飞机停泊在西湖水面上供人参观。两个月之后，外国飞机的木桴由于油漆脱落，木板渗水，里面已经开始变朽，而中国的水上飞机的木桴，因为修造时在杉木框架上先上两道桐油，再涂一遍生漆，最后还加了一层推光漆，不仅外表光洁如初，而且里面没有一点儿渗水。精良的工艺受到了中外人士的称赞。1930 年 6 月，根据巴玉藻生前的设计制作出来的"江鸿"号，是一架双翼双桴的高级水上教练机，这架 165 马力、最大时速为 175 公里的飞机曾从马尾飞至汉口，经受了长途飞行的考验。由此可见，这些飞机与当时外国同类飞机相比没有什么大的差别，在某些方面甚至还略胜一筹。

水上机库

1918 年，北洋政府海军部在福州马尾设立了一所飞潜学校。这一年的 4 月，就任海军飞机工程处主任不久的巴玉藻，还兼任这所学校飞机制造专班的教官。他编写教材，并亲自向学员讲授有关课程。飞机制造专班只办了一期，1923年毕业的学员有17名，这是我国自己培养的第一批高级航空工程的专门人才。

在福州马尾的这段时间，巴玉藻除了培养人才，设计并主持水上飞机的研制工作外，还有一件值得称道的事情，这就是他与王助一道，共同设计了世界上第一个水上机库。

顾名思义，水上飞机是在水上起飞和降落的，这样就需要建造一个机棚，并架设滑水道，以便供它驻泊。不然，飞机就会受到风雨的侵袭。为了解决这一难题，巴玉藻与王助设计了水上机库。水上机库于1922年8月10日在上海江南造船厂制成，机库高8.1米，长21.5米，宽10.8米，平时吃水0.86米。这个机库用拖轮运送，由于不是固定的，可随飞机调防，因此十分方便。水上机库设计的巧妙还在于它装有离心式水泵。机库地板下面是空心的船舱，当水泵将水注入船舱，机库下沉，机库里的飞机便浮在水上，这时把飞机推到机库外的水面时，飞机就能起飞了。当水泵将水抽出船舱，机库浮起，机库里的飞机便停在没有水的木板上，这时维修起来就十分方便。这个在世界上属首创的水上机库曾运到长江上使用，实践证明效果很好。

发人深思的讲演

1928年8月，国际航空展览会在柏林举行，巴玉藻作为中国代表，前往参观并对欧洲一些先进国家的航空设施进行了考察。布衣淡饭、生活俭朴的巴玉藻，学习刻苦，天赋过人，他本来不懂德文，赴德前才开始学习，然而数月后，他竟能用德文作笔记，令许多人惊叹不已。在这次参观和考察的过程中，巴玉藻发表了《发展飞机制造工业之我见》的演讲，并给后

人留下了一份珍贵的演讲手稿。在这份讲演手稿中，巴玉藻叙述了自己学习飞行和从事飞机制造的经过，并对中外的飞机制造业进行了一番比较。他说：

"我这二十几天在 IEA（即万国航空展览会）所看的各国的木质飞机，实在没有什么比我们强的地方，也没有一种制造方法我们不曾在杂志上看见过，并且讨论过他们的优劣，所以我敢说在质的方面（我们）是成功（的）。他们占便宜的地方是他们采办材料比我们容易，所以做得比我们快。他们三五年的发展就可抵的上我们十余年的工作，而且最占便宜的地方，是他们的飞行家比我们国内的多，并且知识比较的高，富于尝试性，对于制造家有相当的信仰心。"

巴玉藻以为，中国人的能力无须怀疑，只要我们创造一定的条件并注意克服自己的不足，要赶上世界科技的先进水平是完全可以的。

最后，巴玉藻还一针见血地批评了那种认为中国事事不如人的民族自卑观，他说："我这 10 年中也见过好几个外国的飞行家，他们若没有特别的关系都肯承认我们的飞机的优点，并且也曾飞过我们的飞机，中国人反而很少，这是我们最痛心的事情。"

在这次参观考察结束后，巴玉藻在国内即开始着手研制一种新式飞机，然而由于积劳成疾，此时死神已经向他逼近了。1929 年 6 月 9 日，巴玉藻在马尾的工作室绘制新机草图，突然腰疼并高烧不退，后经医治无效，不幸于是年 6 月 30 日病逝，年仅 37 岁。巴玉藻为发展中国的航空工业鞠躬尽瘁，死而后已。上面提到的演讲手稿，就是英年早逝的航空工程专家留给后人值得深思的一段话语。

八、杰出的航空工程专家王助

王助与巴玉藻一样，堪称为"中国早期杰出的航空工程专家"。

波音公司的第一位工程师

现在人们一提起航空工业，自然就会想到波音飞机公司，因为这家总部设在华盛顿州西雅图市的公司，是美国三大飞机制造公司之一，它所生产的波音客机已经家喻户晓。可许多人并不知道，波音公司的第一位工程师却是一位华侨。

波音公司创办人叫威廉·爱德华·波音。这位早年曾就读于耶鲁大学的高才生，最先在西雅图办起来的不是飞机公司，而是一家木材加工厂。1914 年夏天，在一次偶然的聚会中，波音结识了海军军官康拉德·韦斯特维尔特，由于志同道合，他们两人从 1915 年开始制作水上飞机，并于1916 年 6 月获得试飞成功。事隔 1 个月之后，他们便合办了太平洋航空产品公司，后于 1917 年 4 月 26 日，正式改名为波音飞机公司。

由于西雅图湖泊多，所以波音公司初期试制和生产的都是清一色的水上飞机。波音与韦斯特维尔特制作的那两架水上飞机，曾经向海军推销，但由于升空后有倾斜的毛病而被拒绝，后来听说这两架飞机卖到新西兰去了。为了制作性能更好的飞机，韦斯特维尔特就将他在麻省理工学院的同

学王助请到了西雅图担任工程师。

王助，字禹明，河北省南宫县人，1893年出生于北京。早年曾就读于烟台海军学校，1909年与巴玉藻等人一道，被清政府选派去英国学习。1915年，毕业于德兰姆大学机械科，同年转派美国，后进入麻省理工学院学习航空工程。1917年，以《不同汽缸配合的空气阻力》这篇出色的论文，获得航空工程硕士学位。

王助

麻省理工学院是美国一所著名的高等学府。根据1931年出版的《美国麻省理工学院中国同学名录》，早在1877年就有中国学生在那里学习了，至1930年在该校注册的中国学生共有991人，其中毕业的381人，而毕业于航空工程的仅有13人。由此可见，王助真可称得上是百里挑一的人才了。

波音公司创办初期只有20多人，是名副其实的一家小作坊。1917年4月，美国宣布参加第一次世界大战，在此稍后，韦斯特维尔特奉命随海军执行公务，因此在波音公司主持设计等技术业务主要就是靠王助了。王助也不含糊，他到达西雅图之后，设计了另一种C型水上飞机，几经改进，这种双座、双翼、双桴的水上军用飞机，兼有教练机和巡逻艇的作用，后来美国海军一下子订购50架。这笔大生意为波音公司日后的发展打下了基础。

在种族偏见颇有市场的美国，王助没有得到应有的信任。尽管他设计了C型水上飞机，然而当这种飞机制成运到机场试飞时，美国军方却不允许这位设计师进入试飞基地。于是王助愤然辞职，并于1917年12月踏上了回国的路途。

王助设计的"C型水上飞机"

杭州飞机制造厂的首任监理

　　回国后，王助即投身于中国的航空工业建设。1918年，北洋政府海军部在福州的马尾设立海军飞机工程处，这是中国第一家正规的飞机制造厂，当时工程处主任为巴玉藻，副主任为王助。1928年9月，飞机工程处改为海军制造飞机处，处长仍为巴玉藻，而王助则调任海军总司令部飞机处处长。1929年6月，巴玉藻病故，王助回福州接替巴玉藻的职务。

　　1931年2月，海军制造飞机处迁往上海，合并到江南造船所，这时王助在中美合办的民用航空公司任总工程师。1934年，他又出任中央杭州飞机制造厂的首任监理。

　　坐落在笕桥的中央杭州飞机制造厂于1934年10月建成投产，这是我国第一家引进国外先进生产技术来培养技术人才和发展航空工业的飞机制造厂。建厂初期，投资300万美元，中国占55%，美国占45%，全部机

器设备由美方供应，工厂有年产飞机 60 架的能力，所有产品必须由中国政府购买。合同期为 5 年，期满后，中国在还清美方资金后，将工厂收回自办。在经营管理方面，美方选派总经理一人，掌握经济和技术大权，而中方则选派监理一人，行使监督职能。

中航厂的员工，初办时为 75 人，后来发展到近 2500 人。初办时美方职员 10 人，最多的时候，也不超过 50 人。由此可见，美方毕竟是客卿，主要的工作是由中方去完成的。例如对员工的培训，王助亲自督导，倾注了很多心血，培养了大批的技术骨干。

王助与夫人萨圭申

王助为人正直，办事颇有魄力，工作态度严肃认真。这位在航空方面有很深造诣的专家，平易近人，十分随和。他经常到车间了解情况，及时解决生产和管理上的难题。每年春节除夕，他总要邀请许多青年技术人员到家中吃年夜饭，饭后还和夫人一道，通宵陪大家闲谈娱乐。所以，王助不仅受到美方人士的敬重，而且也深受中方员工的爱戴。

在王助出任中航厂监理期间，正是卢沟桥事变发生前后，当时战局日趋紧迫，生活十分清苦。有一次，王助对前来看望他的青年说："国难当头，我的年岁虽然比你们大些，但也要和你们一样。将来没有饭吃了，即使吃草根、红薯叶也要抗战到底。"为了生产更多飞机，他常常和工人一起，昼夜不停地工作。1937 年 8 月 14 日，日军飞机首次对笕桥实行轰炸，在战火已经烧到了工厂门口的时候，中航厂再也无法进行正常的生产了。这时王助根据航委会的指示，主持召集会议，部署后撤，并于 1937 年 9 月将工厂迁到武汉。

中航厂在武汉只有一年的光景，随着日军逼迫，最后选定云南的垒允为厂址，并在缅甸的仰光、八莫设立装配车间和发动机分厂。1942 年 4 月，日军从缅甸入侵云南，在战乱中，人员走散，机器被毁，这家颇有规模的飞机制造厂便不复存在了。从 1934 年至 1942 年这 8 年中，有的材料说，中央杭州飞机制造厂共修理、装配和制造各式飞机 200~300 架，但据曾在该厂工作过的叶肇坦等人的回忆，中航厂前后共生产各型军用飞机 450 架以上，为空军大修各型严重受损的飞机 150 架以上，其中有 60% 左右是在杭州和武汉完成的。在旧中国，中航厂是装配和生产飞机最多的工厂。1938 年春天，王助被航委会派往莫斯科，商谈中苏航空合作问题，并担任驻苏援华代表团高级顾问一职，此后便离开了中航厂。尽管如此，他为中航厂所作出的贡献是十分突出的。

王助曾对人说，当年他常常是根据明信片上印刷的外国新型飞机来搞设计的，这一方面说明资料的缺乏，另一方面也说明王助有过人的智慧，悟性极强。然而在战火纷飞的年代，神州大地给这位航空工程专家发挥聪明才智的舞台太小了。

1939 年，航空研究所在成都建立，王助任副所长。1941 年，研究所改研究院，他为副院长。在此期间，王助主持设计过研教一式、研教二式教练机和研滑一式滑翔运输机，用竹板材料代替金属材料制作飞机。他能做到的也就是仅此而已，因为当时国内工业基础薄弱，加上敌人的封锁，航空工业器材十分贫乏。

1946 年，王助辞去航空研究院副院长职务，到中国航空公司任主任秘书和顾问等职。1949 年，他随中航公司去往台湾。1965 年，他病逝于台南市，享年 73 岁。王助著有《飞机设计手册》《航空研究院简史》等著作以及一些有关航空的论文和研究报告。

九、林福元和他的飞机制造生涯

　　现在对国内的一般人来说，林福元的名字是陌生的，然而他在海外却有些名气。美国西雅图的太平洋航空博物馆中至今仍保存着有关林福元的展品。因为他不仅与冯如、谭根并列为"中国早期三大华侨飞行家"，而且在美国的航空活动中，也曾经是一位引人注目的人物。早在1913年，林福元即在美国西部进行过多次高空飞行表演，他的精湛技艺给人留下了深刻的印象。

学习飞行的缘由

林福元在寇蒂斯莱特航空学校

　　1890年出生在美国加州奥克兰市的林福元，祖籍是今天广东省开平市赤水镇林屋管理区的回龙里。赤水在珠江三角洲是比较偏僻的山乡，他的父辈是因生活所迫而到海外谋生的。

　　林福元学习和从事航空，与许多人所走的道路不尽相同。戊戌变法失败后，康有为、梁启超亡命海外，他们于1899年在加拿大建立保皇会，并在不少华侨聚居地建立了分会。当时，很多不明真相的华侨入了保皇会，林福元便是其中的一个。在海外，康、梁不仅耍笔杆子，而且抓枪杆子，他们在纽约和旧金山训练维新军干部，并要求符合条件的保皇会员学习航空。林福元于 1911 年进入美国的寇蒂斯莱特航空学校，1913年 3 月毕业。在校期间，他的费用均由美国保皇会机关报《世界日报》提供。1914 年年初，保皇派的头目徐勤回到广东，尽管这时已是民国，光绪已死，溥仪也已经下台，但他仍然力图在广东建立维新军并着手编组维新军的航空队。航空队对外叫世界飞船公司，陈绣大为总经理，飞行员中有林福元和陈桂攀。这一年的 9 月，林福元带着一架飞机由美国经日本回广州，后因故连人带机滞留香港地区。在此期间，他阅读了大量进步书报，深受革命党人的影响，最后转而追随孙中山先生，与保皇会一刀两断了。

　　从 1914 年回国至 1945 年退出航空界的数十年间，林福元一直在广东以及中央的空军作战部队和教育机关中担任要职。早年，他曾任广东航空队副队长和讨莫联军总司令部航空主任，为讨伐军阀龙济光和莫荣新出过力。1931 年 7 月，他出任广东航空学校教育长，因教育有方，深受学员的拥戴；1932 年 7 月，他被任命为广东空军参谋长，曾协助空军司令黄光锐做了大量工　作；1936 年 7 月，他在中央航空委员会第 9 处任处长，随后即在中央空军中从事空中摄影业务。这些在林福元的航空生涯中都是令人难以忘怀的。此外还有一段值得后人记叙的经历，这就是林福元曾先后

1916 年"双十节"，在汕头做飞行表演前的林福元

任三家飞机制造厂的厂长，为发展中国的航空工业做出过贡献。

从事飞机制造

尽管林福元在美国学习的是一般航空原理和飞行技术，但回国后，他在机械方面的专长和实际的组织能力，在工作中慢慢显示出来。1928 年 3 月，林福元担任广东航空学校机务处长；1929 年 6 月，他受聘担任中央陆军军官学校航空班的机械组长。这两个岗位并非闲职，而是专门负责飞机器材的添置和有关维修业务的。他出色的工作受到了同行的称赞。1928 年 11 月，南京政府扩建空军，将原来国民革命军总司令部航空处扩充为由军政部直属的航空署。1930 年，航空署决定在南京的明故宫筹办第一飞机修理厂，这家工厂的第一任厂长就是林福元。1931 年 7 月，林福元重返广东航校任职，虽然在第一飞机修理厂的时间不长，但他毕竟将这家工厂办了起来，为日后的发展奠定了基础。

此后，林福元还相继在广东的两家飞机制造厂工作过，这就是广州东山飞机制造厂和广东韶关飞机制造厂。

1935 年春，林福元任广州东山飞机制造厂厂长。东山飞机制造厂，即 1923 年杨仙逸在广州创办的飞机修理工厂。1927 年北伐结束后，美国归侨工程师梅龙安任这家工厂的厂长。从 1928 年起，该厂所生产的飞机都定名为"羊城"号。林福元到任后，继续开展"羊城"号飞机的研制工作。位于广州的这家飞机制造厂，是当时中国最有成绩的飞机制造厂：7000 多平方米的厂房，分木工、油漆、机器、焊工、发动机、制图等部，从德国和美国进口的机器，全部由中国人操作。有人曾经做过统计，东山飞机制造厂前后共生产"羊城"号飞机 60 多架，这些飞机多为普通的双翼机，按用途来分，有教练机、驱逐机和轰炸机。林福元主持研制的"羊城"号轻型轰炸机，前座装有固定机枪一挺，飞机携 4 枚百磅的炸弹巡航时，时速达 100 英里。这些飞机出厂后都装备了广东空军。

全面抗战爆发后，随着中日空战的升级，中国空军对战斗机的需求量越来越大，因而飞机的制造也就更为迫切。1937 年 8 月，林福元调任广东韶关飞机制造厂厂长。广东韶关飞机制造厂的前身是由广东地方政府引进美国的设备和技术而创建的韶关飞机修理厂。1935 年 8 月，工厂建成，当年年底即开始生产自己设计的复兴式教练机。1936 年 8 月，广东的航空事业统一到南京后，南京政府接管了这个工厂，并将厂名改为韶关飞机制造厂。当时工厂有工人 500 余人，是国内屈指可数的大型飞机制造厂。工厂除了继续生产复兴式教练机外，还仿制霍克三式驱逐机。林福元到任不久，日本飞机开始不断对韶关进行轰炸。林福元领导工程技术人员将工厂设备分散在韶关附近的黎市、沙尾、桂头等地的丛林中，搭起简易厂棚继续进行生产。由于战火迫近，1938 年春，韶关飞机制造厂奉命内迁，林福元随即进行部署。工厂的设备是经香港和越南的海防转运云南的，员工长途跋涉，十分艰苦。经过将近一年的努力，工厂于 1939 年 1 月全部迁到云南昆明的西宗村，厂名从此改为空军第一飞机制造厂。1938 年年底，林福元陪同空军筹款委员会主任陈庆云赴美国募款购机，后来再没有回到航空工业界。他在十分困难的条件下组织飞机生产，并完成转移任务，为能在大后方保存这个重要的飞机制造厂而出了大力。

从 1934 年至 1939 年年初，先后在韶关飞机制造厂担任厂长的有周宝衡、梅龙安和林福元，他们都是从美国回来的华侨。从 1937 年 8 月至 1939 年 4 月，韶关飞机制造厂共生产霍克三式飞机 44 架。这些双翼驱逐机功率达 745 马力，最大时速为 384 公里，在抗日空战中发挥了作用。1935—1941 年，这个工厂自行设计和生产的 20 架复兴式双翼教练机性能也很好，完全比得上当时外国同级的飞机。西安事变后，驻西安的中央空

军第 30 中队分队长卢誉衡等人两次接送周恩来往返西安、延安所驾驶的飞机，就是韶关飞机制造厂生产的"复兴"号飞机。

1939 年年底，从美国募款回国后，林福元曾留居香港。不久香港沦陷，他先在云南的滇缅公路办理军需物资的运输，继而于 1944 年，任中央航空公司高级顾问。抗战胜利后，林福元回到广州，1949 年初定居香港。这位 21 岁学习飞行，大半辈子在航空界服务的专家，晚年却改了行。在香港，林福元受大公洋行的雇用，担任过位于香港新界的马鞍山铁矿矿长。这是一个自 1906 年开采，有矿工 3000 余人的大矿。1962 年，林福元病逝于香港，终年 72 岁。

十、旧金山的"中国飞机制造厂"

关于旧金山的"中国飞机制造厂",广州博物馆的黄汉纲曾撰有短文介绍,后来这篇文章被收入《航空工业史料》第 8 辑之中。

在第二次世界大战中,中美曾是并肩与日作战的盟国,因此许多美国华侨都在美国踊跃报名参军。据美国征兵总局的统计,1936 年在美国的男性华侨为 59803 人,而抗战期间在美国陆军中服役的就有 13311 人。也就是说,每 5 名男性美国华侨当中,就有一名当兵,这个比例是相当高的。此外,还有不少美国华侨参加了美国的海军和空军,他们之中有的还被派往亚洲战区作战。例如,随美国第 14 航空队到中国从事战时空运、通信和汽车交通等业的就有 1000 多人。海外侨胞的爱国热情十分高涨。旧金山的"中国飞机制造厂"就是在这种背景下开办的。

胡声求和周树容是两位在航空方面颇有造诣的工程师,他们倡办飞机制造厂的建议一提出来,便得到了中国航空建设协会美西支会的支持。工厂的注册资金为 25 万元美金,这是通过招股获得的,每股 50 元。由于侨胞和有关方面的积极认购,5000 股很快就销售出去了。当然,要办一家飞机工厂,仅凭这笔资金是不够的,美国政府有关部门为此拨款 44 万美元,这样工厂就办起来了。

工厂的董事会设在旧金山士德顿街 810 号,董事长何少汉,总经理邝

炳舜，负责经营管理业务的副总经理是李扬圣。董事会下设制造厂，厂址在旧金山第 15 街 122 号。厂长是一位美国人，名字叫福特里仁，工程师胡声求担任副厂长，专门分管飞机的生产工作。

1943 年 8 月间，中国飞机制造厂招收了两批青年工人共 150 人，送往美国的道格拉斯飞机制造厂学习有关的技术。1944 年 8 月 7 日，工厂正式投产。当时制造厂接受了美国国防部的一批订货，要生产 A–26 型轰炸机的后机身 500 具。按照当时的生产发展规划，制造厂准备从飞机的配件入手，待积累了相当的资金和技术条件后，再从事整架飞机的生产。1945 年，工厂的员工已增至 500 人。当时工厂不仅有相应的设计室和制造车间，而且还在旧金山的吕宋街 45 号建了员工宿舍。由此可见，工厂已具有一定的规模了。他们先后生产了大批各种飞机的零配件。

1945 年 8 月 15 日，日本政府宣布无条件投降，经过 14 年的奋战，中国人民赢得了抗日战争的最后胜利。由于战事平息，飞机的需求锐减。到了 1946 年 3 月，"中国飞机制造厂"便放弃了军工的生产方向，转而投入收音机的生产了。这家设在海外的名为"中国飞机制造厂"的工厂，尽管仅存在几年的时间，但它为人类的和平事业作出了自己的贡献。

第三章

志在冲天

一、早期飞行家谭根

在飞机问世之后相当长的一段时间里，那些驾机直上云天的人，一直被人们视为了不起的英雄。有些勇敢的飞行员还周游列国，频频参加各种飞行大赛，更是令人惊羡不已。在早期飞行家的队伍中有一位中国人，他就是美国华侨谭根。

谭根，又名谭德根，广东省开平县人，1890年出生。关于身世，有人说他原籍开平县道祥乡，出生于美国旧金山；有人说他是开平县长沙杜澄乡人，少年时因家贫赴美。究竟哪一种说法正确？由于缺乏可靠的第一手资料，我们一时难以判断。倒是谭根的飞行业绩，不少报刊都曾作过报道。

1915年12月15日出版的《新青年》第1卷第4期和1916年2月15日出版的《新青年》第1卷第6期上，先后发表了两篇文章，前者题为"航空事业前途之希望"，后者题为"大飞行家谭根"。这两篇文章都曾较为详细地介绍过谭根。

谭根（左一）在飞机场上

谭根最初在美国的一家工厂工作过两年，继而在奥克兰专科学

校学习机械四载。尽管他醉心飞行，并曾结识飞行家冯如，但很久都无缘与飞机接触。当时美国军队有一位飞行实验家叫狄加，在加州从事飞行实验。经加州一所大学校长的介绍，谭根做了狄加的司机，这才有机会实现自己的抱负。谭根曾任士打飞机公司的机师，后来又进入希敦飞机实验学校深造。

1910年，谭根从希敦飞机实验学校毕业。这一年，有英、法、德、美等国强手参加的万国飞机制造大会在旧金山举行。初出茅庐的谭根，携带自制的水上飞机赴会。这种飞机设计新颖，性能良好。尽管谭根是参加万国飞机制造大会唯一的黄种人，但他竟获首选，因而被称为"东亚飞行第一人"。

1912年，谭根有过两次出色的飞行。第一次在奥克兰，那里的商会为了振兴该埠商业，筹集巨款，举办飞行竞赛。参加这次竞赛的有男飞行家11人，女飞行家1人。2月18日，从纽约赴奥克兰参赛的谭根，驾机凌空，来往自如。那天狂风突起，天气十分恶劣，但他驾机有方，盘旋空际，长达6分钟之久，因而博得观众一片喝彩声。第二次是4月7日，谭根参加了在圣地亚哥举行的美国飞行大赛。那天，正当谭根驾机高升飞入云际的时候，忽然发现汽油用光，但他毫无惧色，从容驾机安全着陆，为此寇蒂斯飞机公司授予他银杯和美国国旗。关于这两次飞行，当时美国旧金山的《少年中国晨报》都曾作过报道。

1913年3月，谭根与人发起组织中华民国飞船公司，公司地址选在旧金山天后庙街2号，但由于有人阻挠，事情未成。稍后，他又设立飞行速成科，亲自授课，专门教练水陆两种飞行术，两个月一期；学习一个单科，只需6周时间。

谭根是美国凌空总会会员和《美西凌空》杂志通信记者，并曾任加州飞机队后备司令官。他不仅在美国颇有名气，而且驾机在檀香山、日本、小吕宋等地作飞行表演。在檀香山，他游历各埠，精彩的表演博得了人们的称赞。1914年在日本东京，他曾会见过孙中山先生，并被孙中山先生委任为中华革命军飞机队长。在小吕宋，他驾驶水上飞机飞过米翁火山。值得一提的是，在谭根赴南洋之前，孙中山先生于1915年2月20日曾致函南洋同志，函中说："谭君为飞行大家，声誉著于世界""不日前往南洋各埠飞演，并拟就南洋演技筹款，开办飞行学校"。接着，孙中山先生在函中指出："飞行机为近世军用之最大利器，谭君既有此志，于国家前途、吾党前途均至有裨益。"他希望南洋同志，待谭君到达时，"尚祈费神招待，并希代为设法开场试演，劝销入场票位，俾得酿集资财，成立学校，作育真才"。后来由于种种原因，谭根筹款办飞行学校的计划还是落了空，但从函中可以看出，孙中山先生曾对他给予很高的评价并寄以希望。

1915年，谭根离美回国。回国后，为了筹款救济两广地区遭受水灾的难民，谭根于1915年，在香港和澳门曾做过多次飞行表演。1915年8月7日在香港的沙田所做的表演，9月13日香港的《中西日报》以"谭根演飞机之特色"为题作了较详细的报道。这天下午3时10分至4时55分，谭根驾水上飞机一共做了5次飞行，香港中西人士前往参观，人山人海，盛极一时。每次谭根都带人上天，最激动人心的是第5次时，香港三喜烟草公司干事洪美英乘坐谭根的飞机在4000尺的高空中飞行了6分钟。洪美英是著名历史学家陈垣教授的儿媳，广东番禺人，1900年出生于香港，先后在广州、法国学医，中华人民共和国成立后曾在杭州妇联工作，被选为杭州市人民代表，1973年病逝。她是国内第一位乘坐飞机上天的中国女性。

1915年7月，广东省当局在广州成立航空学校筹备处，李实为督办，王广龄为会办，谭根任飞行主任。李、王二人均为广东督军龙济光的幕僚。1914年6月，华侨飞行员林福元从美国带一架寇蒂斯式飞机回广东，经过

香港时，被当局以贩卖军火为由予以扣留。这一年的 7 月，华侨飞行员陈桂攀也带同样型号的一架飞机回广东，虽然他闯过香港这一关，但在广州装配试飞时，飞机还未飞起来就出了故障，陈受伤不治身亡。谭根回国，将林福元被扣的飞机从香港取回，同时又将陈桂攀那架受创的飞机修好。航空学校筹备处当时只有这么两架飞机。1915 年年底和 1916 年年初，谭根只是在广州的大沙头利用这两架飞机练习飞行和进行飞行表演，所谓航空学校并没有办起来。

1916 年 5 月 1 日，岑春煊、陆荣廷、梁启超等人在广东肇庆成立两广护国联军司令部，谭根被任命为讨袁军航空队长。航空队实际只有两架飞机。1 个月之后，袁世凯一命归西，广东这支讨袁军航空队也就解散了。

二、环飞欧亚大陆的许启兴

中国人从事国际长途飞行始于 20 世纪 20 年代，当时曾出现过几位知名的飞行家。

第一位成功地完成了国际长途飞行的中国人是陈文麟。陈文麟，福建人，早年毕业于德国的汉堡飞行学校。1929 年 3 月 13 日，他驾驶着在英国爱弗罗公司购买的阿维安式飞机离开英国，途经德国、比利时、法国、希腊、伊朗、印度、遛罗（泰国）、越南等国，航程 3 万里，于 5 月 12 日飞抵中国福建省的厦门。后来，南京政府海军部曾委任陈文麟为厦门海军航空处的处长。

山东济南人孙桐岗，早年也在德国学习飞行。1933 年 6 月 26 日，他驾驶德国克莱姆式单翼飞机，从一个叫作飞斯（Furth）的地方起飞，途经奥地利、匈牙利、捷克、保加利亚、土耳其、阿拉伯、伊朗、印度、缅甸、遛罗（泰国）、越南等国，前后 29 天，飞行 130 小时，航程 2 万多里，于 7 月 24 日到达中国南京。

在陈文麟、孙桐岗之后，有一位华侨飞行家也进行了一次国际长途飞行，他就是许启兴。不同的是，陈、孙二人驾驶的是英国和德国制造的性能较好的飞机，从欧洲向亚洲飞行，而许启兴则驾驶由好友胡劳云装配的单翼双发动机飞机，从亚洲向欧洲飞行，然后又从那里飞回来。

许启兴飞行的路线是：1934年11月，他驾机从印度尼西亚的巴达维亚（即今日的雅加达）起飞，途经新加坡、曼谷、仰光、卡拉奇、查斯克、布什尔、巴格达、阿勒颇、亚达那、伊斯坦布尔、布达佩斯、阿姆斯特丹，最后到达伦敦，单程飞行时间75小时。休整之后，按原路飞回，这次的飞行时间为72小时。

许启兴不仅环飞欧亚大陆，而且还曾驾机飞回祖国。1937年4月29日，许启兴与他的助手陈义岸一道，驾机飞离巴达维亚，途经新加坡等地，于5月5日到达上海的龙华机场。所以当时的华文报刊曾说："华侨在海外者近千万，独驾飞机访问祖国者，君实为第一人。"

1935年12月出版的《航空半月刊》上发表过中国航空协会祝贺许启兴成功地完成欧亚飞行的电文；1937年6月出版的《航空杂志》亦有过"爪哇华侨飞行家许基新自爪哇抵沪"的记载。这些都是许启兴飞行生涯的可靠记录，可惜这些消息和报道过于简略，以至人们对许启兴的身世及后来的行踪知之甚少。

1951年，新加坡南洋报社编辑出版的《南洋年鉴》中有一篇介绍许启兴的传记，尽管这篇传记全文仅有500字左右，而且写得半文半白，但对这位华侨飞行家的一生却有了一个较为完整的交待。

许启兴，又名许基新，祖籍中国福建，出生于印度尼西亚的中爪哇岛，母亲是当地的贵族。少年时期的许启兴，就有着与众不同的禀性，他把书本上的学问看得很轻，更不愿意走"学而优则仕"的路，但却十分注重实践。成年之后，他步入商界，并开办了一个有相当规模的牛肉加工场，数年之后便成为当地的巨商。1924年，印尼著名的医生兼社会活动家柯全寿在巴达维亚办了一所养生院，这是深受贫苦大众欢迎的慈善医院，而养生院的外科手术室就是许启兴出资捐建的。

尽管许启兴是第5代出生于印尼的华侨，然而他对祖先之邦依然有深厚的感情。许启兴不仅善于经商，热心公益，而且对航空也颇感兴趣。在获得了飞行资格之后，他萌发了建立飞机制造厂、发展航空事业的雄愿，并曾驾驶自己设计、请好友装配的飞机漫游欧亚，尔后又飞返中国。当时日本曾有人翻译和编写鼓吹"黄祸论"的书籍，说中国人将行祸天下，如何可怕。他们在书中往往以许启兴为例加以说明。因而许启兴便成了名扬一时的人物。

抗战爆发后，巴达维亚的华侨开设慈善夜市，集资帮助祖国的难民。许启兴主办其事，积极筹款，并组织救护队回国，从事救护伤员工作。鉴于日本在空军方面占有优势，祖国许多同胞惨死于敌机的狂轰滥炸之下，许启兴多方奔走呼号，计划开办一个飞机制造厂。但当 1938 年，事情刚有了眉目之时，他却在巴达维亚的一次防空演习驾机飞行中，不幸发生坠机事故，遇难身亡，年仅 31 岁。当时巴达维亚的华侨在八华学校的篮球场上举行了十分隆重的追悼会。中国的国民政府，荷兰女王、首相以及荷兰驻印尼总督均有唁电表示哀悼。

那篇介绍许启兴生平的传记，在叙述了许启兴的不幸遭遇后说："噫！君之死岂惟侨界之损失，实为中国之大损失也。"这是一句十分贴切的评论，因为许启兴不仅属于印尼的侨胞，而且是属于中国的。

三、谁是第一位驾机上天的中国女性

在世界妇女航空方面，法国是一马当先的。从现有的材料来看，不仅第一位乘坐热气球的妇女、第一位飞机女乘客是法国人，而且第一位女飞行员也是法国人。

1910年3月8日，法国的德·拉罗什夫人成为世界上第一位持有飞机驾驶执照的女飞行员。尽管9年之后，这位空中女斗士因飞行事故遇难，但她的业绩已被载入航空史册。

中国的女性历来不甘人后。就在法国的德·拉罗什夫人学习飞行的几年之后，中国的女性也驾机在蓝天翱翔。可惜由于年深日久和各人掌握的材料不同，至今对此还未有一致的说法。

一个既旧又新的议题

关于中国女性驾机上天，这是一个既旧又新的议题。说它旧，是因为这不是今天才提出来的。1919年11月7日，美国的英文报纸《三藩市号角邮报》就报道过中国女飞行员的消息。从那时算起，至今已有70多年了。说它新，是因为70余年间，国内对这个问题的研究经历过由冷到热的不同阶段，近年又发现了不少新的材料。

1930年，刘佐成先生出版了《中国航空沿革纪略》，这是中国最早的航空史专著。在这本著作中，关于中国的女飞行员，刘先生只提了一下朱慕菲（朱慕飞）。在此稍后，徐同邺先生于 1934 年写了一篇《妇女与航空事业》的文章，发表在《东方杂志》上，但他所介绍的也只是 20 世纪二三十年代学习飞行的权基玉、林鹏侠、王桂芬、李月英、黄桂燕等人。西北工业大学的姜长英教授是研究中国航空史的老专家，他花费数十年心血写成的《中国近代航空史稿》，早在 1965 年就已经有了油印本，不过他在这部专著中谈到中国女飞行员的地方也只是寥寥数语。

1982 年，姜长英教授编写了《中国近代航空史稿》的铅印讲义。第二年，他又倡导并主编了学术期刊《航空史研究》，与国内外同人一道，推动航空史研究向前发展。1982 年 3 月 7 日，广州博物馆的黄汉纲同志发表了《第一个华侨女飞行家》；1985 年 3 月 14 日，谢础同志在《人民日报》上发表了《巾帼凌空豪情在》。这两篇文章把中国女性航空问题推向社会，引起了人们的广泛兴趣。与此同时，广东恩平政协的关中人同志收集了大量的有关资料，不仅写出了不少有新见的论文，而且于 1988 年出版了近 20万字的专著《中国妇女航空钩沉》，为人们提供了许多翔实的史料。这样一来，旧议题又有了新内容。

报刊上的种种说法

谁是中国的第一位女飞行员？据关中人同志收集到的国内外报刊资料，过去至少有 10 余种说法。按报刊或有关专著发表的时间为序，这些女飞行员的名字是卢佐治夫人、欧阳英、爱士德胜、王桂芬、张瑞芬、权基玉、李霞卿、李玉英、朱慕菲、官露丽、杨瑾珣等。上述种种说法之中，流传最广、影响最深的，则要算王桂芬和朱慕菲这两种说法了。

王桂芬，字灿芝，1901 年 10 月 7 日出生在湖南湘潭。她是著名辛亥

革命烈士秋瑾的女儿，曾任上海竞雄女学校长，1928年赴美留学。赴美之初，王桂芬并没有从事航空的念头。后来之所以选择了这门学科，一方面是因为看到美国的航空业相当发达，另一方面是有感于中国实业不兴，国力不强。为了不事虚名，只务实学，以便将来贡献祖国，她毅然进入纽约大学航空科。纽约大学航空科开设的课程有飞机工程、机械用品、航空教育、气象学、驾驶术、无线电等。1930年5月，王桂芬学成回国，当时上海的《申报》以及一些杂志把王桂芬称为"中国第一个女飞行家"，并说她在美国曾获"东方女飞将"的称号。回国后，王桂芬从事航空教育和编译工作，1951年秋离开上海赴香港，1953年由香港转台湾，曾著《秋瑾革命传》，1967年病逝。

朱慕菲，祖籍广东省中山县张家边区西桠乡，广东大元帅府航空局局长朱卓文的女儿。1925年5月《航空月刊》第1期刊登的《中国之女飞行家》中说，朱慕菲现任广东飞行指挥官，并附有朱慕菲的半身照片，这是国内最早关于她的报道。此后，不少著述中均提到了她。1930年，刘佐成在《中国航空沿革纪略》一书中说，1922年10月，朱慕菲在福建时为飞机队飞航员。1983年，肖强、李德标合著的《国父与空军》中说，1922年2月，航空局改组，朱慕菲为飞航员，她曾在美国学习飞行，是中国第一位女飞行员。1987年，姜长英教授在《中国航空史》中说，朱慕菲1922年在美国学会飞行，她与1927年广东航校第2期毕业的李玉英，是我国最早的女飞行员。关于朱慕菲后来的去向，有的说她飞机失事身亡，有的则说下落不明。

关中人于1987年在《航空史研究》第16期上发表了《中国第一位女飞行员新探》，后来他又写了《关于若干妇女航空人物》等文章，对上面两种说法均提出疑问。

关于王桂芬，关中人同志认为她根本不是飞行员，而只是第一位学习航空工程的中国女性。其理由是，第一，纽约大学的航空科不是教学飞行的学校，1931 年 10 月的《航空月刊》上发表了一篇记者专访，王桂芬自己谈到在美国只是"习制造及航空学识二年"；第二，至今未找到王桂芬学飞行的任何具体材料，所以《申报》当年把她说成是"东方女飞将"及"中国第一个女飞行家"是失实的。关于朱慕菲，关中人同志认为，她是朱卓文的女儿，在国内从事过飞行，这是确实的，但查有关资料，朱慕菲不是广东航校第 1 期的学员，至于她在美国已学会飞行的说法还未找到具体材料，她可能是 1921 年在广州学习飞行的。

由此可见，王挂芬和朱慕菲最早驾机上天的说法有不少疑点。关中人认为，即使这两种说法能够成立，但她俩谁都不是中国第一位女飞行员。因为据过去的材料，王桂芬入纽约大学航空科是 1928 年，朱慕菲学习飞行大约是 1921 年至 1922 年，其实在此之前，已经有华侨女性在美国驾机上天了。

1919 年 11 月，著名飞行家谭根奉中国地方政府之命，携夫人赴美检查订购的飞机，当时谭根的内妹卢佐治夫人曾到三藩市迎接谭根夫妇，并陪他们飞赴纽约一起到飞机工厂检查。这一年的 11 月 7 日，美国的英文报《三藩市号角邮报》曾报道了这条消息，并说卢佐治夫人是中国第一位女飞行员。卢佐治夫人，名字叫安娜·彼·卢，约生于 1895 年，籍贯未详，但从谭根是其姐夫来看，可能也是广东开平人。卢佐治夫人在加州大学学习期间，曾随谭根学习飞行，1915 年谭根回国效力，她便改从美国教练学习。可见卢佐治夫人学习飞行的时间至少是 1915 年之前。另外，1919 年 11 月 13 日，美国的中文《世界日报》上又发表了《华女驶飞船之第一人》的文章，介绍华侨女青年欧阳英学习飞行的消息。同是 1919 年的 11 月，同是一个美国，《三藩市号角邮报》说卢佐治夫人是中国第一位女飞行员，而《世界日报》则说欧阳英是"华女驶飞船之第一人"，这是不奇怪的。因为当时并没有人对此事进行考证，不同地区的报刊根据不同材料写成的文章

自然就会有所不同。关中人根据近年从美国挖掘出来的新材料所得的结论是，中国第一位女飞行员不是卢佐治夫人便是欧阳英。的确，从现有的资料看，没有其他的中国女性比她们学习飞行的时间更早的了。

不是结论的结论

尽管近年国内对女性航空问题的研究有了新的进展，但有关资料还显单薄，因而对谁是中国第一位女飞行员这个既旧又新的议题，似乎还未有一致的认识。不过，中国第一位女飞行员必定是一位美国华侨，这倒是可以肯定的。

1952 年，新中国即培养出第一批女飞行员，在这一年的"三八"国际妇女节，她们驾机在首都西郊机场做飞行表演，接受朱德总司令的检阅。从那时候起至 20 世纪 80 年代中期，一共培养出 5 批共 291 名女飞行员。她们驾机飞上蓝天，为祖国的航空事业作出了自己的贡献。但新中国成立前，中国的女飞行员是屈指可数的。

旧中国究竟有多少女飞行员，关中人根据能收集到的资料作了统计，能开出名单的有 19 人，有一定根据的佚名女飞行员 4 人，合计 23 人。详情见下表：

中国近代女飞行员概况表

次序	姓名	学习飞行的地点	学习飞行的时间	籍贯
1	安娜·彼·卢 （卢佐治夫人）	美国三藩市	1915 ？	广东开平？
2	欧阳英 （李培芬夫人）	美国加州列活埠	1919—1920	广东中山
3	朱慕菲	中国广州空军	1921	广东中山
4	权基玉	云南航校	1923—1925	华籍朝鲜人
5	×××	云南航校	1923—1925	？

续表

次序	姓名	学习飞行的地点	学习飞行的时间	籍贯
6	×××	云南航校	1923—1925	?
7	李玉英	广东航校	1925—1927	?
8	宫露丽	美国 Pawtucket	1926—1927	广东中山?
9	鲍会秩夫人	?	1929?	?
10	爱士德胜	美国纽约	1929?	?
11	罗其衡	法国巴黎	1929	四川
12	张瑞芬（杨观宝夫人）	美国洛杉矶	1931	广东恩平
13	×××	美国奥克兰	1931	?
14	林鹏侠	英国伦敦	1931?	福建莆田
15	司徒××	澳洲、广东航校	1931?	广东开平
16	李月英	美国波特兰	1932—1933	广东台山
17	黄桂燕	美国波特兰	1932—1933	广东台山
18	李霞卿（郑白峰夫人）	瑞士日内瓦，美国奥克兰	1934—1935	广东海丰
19	李凤麟	美国波特兰	1934	广东台山
20	Emma IngChung（程天信夫人）	美国檀香山	1934—1935	?
21	杨瑾晅（郭玉麟夫人）	上海中国飞行社	1936—1937	湖南长沙
22	袁明君	法国巴黎	1937	湖南长沙
23	MaggieGee	美国空军	1943	?

表格中的"？"表示情况未详或尚未确定。

从上述材料来看，23人当中，美国华侨占了一半以上。学习飞行时间最早的前两名飞行员是卢佐治夫人、欧阳英，她们是美国华侨。在中国妇女航空方面影响较大的张瑞芬和李霞卿也是美国华侨。

法国的妇女虽然在航空方面当过先锋，但就女飞行员的人数之多和素质之高而言，美国可以称得上是后来居上了。据《美国妇女航空》一书统计，1930 年前后，美国大约有持证的女飞行员 200 人，至 1935 年前后，便增至 700~800 人。在这样的环境影响下，美国华侨女青年学习飞行自然较国内早。由于中国妇女航空发端于美国，因而第一位驾机上天的中国女性肯定是一位美国华侨妇女，也是顺理成章的了。

四、最早遭受空难的巾帼英雄欧阳英

肖强、李德标先生于 1983 年在台湾出版了《国父与空军》一书，书中引用了航空前辈张惠长的一段回忆。张惠长说，他在美国学习飞行的时候，欧阳夫人也在学习飞行，后来这位女士因飞行失事而牺牲。

那么，欧阳夫人是什么样的人，她什么时候学的飞行，后来又在什么地方遭受空难的呢？这个问题引起不少人的兴趣。1986 年，国内研究中国女性航空问题的专家关中人，曾致函美国华人学者麦礼谦先生讨教。

麦礼谦先生虽然长期在伯特尔公司任高级工程师，但他业余广泛收集资料，潜心侨史研究，著有《美国华侨简史》等著作，并参加制作大型美国华人历史图片展览《甘苦沧桑二百年》，对美国华人历史资料十分熟识。麦先生很快给关中人复函，指出欧阳夫人可能是欧阳英，并复印了十分珍贵的有关资料。这样一来，这个谜团终于解开了。

欧阳英，原名欧阳金英，祖籍广东省香山县四区大岭村人，1895 年出生，是美国加州华侨种植家欧阳初的幼女。青少年时期，她与一般文静的女孩不同，喜欢骑马和开汽车，表现出异乎寻常的才干。1915 年，欧阳英高中毕业后便与李培芬先生结婚。准确说来，欧阳夫人应叫李培芬夫人。

至于欧阳英学习飞行的时间，张惠长的回忆是 1916 年，有人经过推论，认为是 1919 年。第一次世界大战结束后，巴黎和会于 1919 年 1 月

18 日在法国巴黎召开。会上，中国代表提出要求废除袁世凯与日本帝国主义签订的"二十一条"卖国条约，收回在大战期间被日本帝国主义乘机夺走的德国在山东的权益陈述书。但是，弱国无外交，这一正当要求遭到了拒绝，于是便爆发了震惊中外的五四运动。1919 年 11 月 13 日，美国的中文报《世界日报》上发表了一篇介绍欧阳英的文章，题目叫《华女驶飞船之第一人》。文中说："该妇称：因山东问题不能解决，故愤学飞船。"由此可见，欧阳英学习飞行是抱着满腔的爱国热情的，她的志愿是学成回国，创办航空学校以壮国体。

欧阳英学习飞行的地方是在列活埠，她在美国教练的指导下，苦心钻研，经过几次练习之后，便能单独驾机上天，因而倍受教练的赏识，称她是难得的人才。那时飞机的性能极不稳定。1920 年 11 月，欧阳英在列活埠附近的一次飞行中，飞机出现了故障，坠机身亡，时年 25 岁。这个不幸的消息，在 1920 年 11 月 6 日美国的《民国公报》上有过报道。

据广东省中山市赵荣芳的实地调查，欧阳英的丈夫李培芬是香山县（今中山市）大环村人，青年时在美国航空学校学习飞行，早年追随孙中山的民主革命，热心家乡建设，曾捐资兴办大环村的一所学校，1918 年在美国患病去世。欧阳英及李培芬的遗骨，后来由他们定居在美国旧金山的儿子李秉文运回中山四区大环村后山安葬。这对热爱飞行的夫妇最后长眠在故国的土地上。

由于缺乏更详细的材料，人们对欧阳英不能有更多的了解，然而根据现有的资料，把这位华侨女飞行员称为"最早遭受空难的巾帼英雄"是合适的。

五、朱卓文与朱慕菲

在中国早期的航空活动中，朱氏父女是两位知名的人物。父亲朱卓文曾任广东大元帅府第一任航空局局长，女儿朱慕菲则是国内第一位女飞行员。

朱卓文，名仕超，1875 年出生在广东省香山县张家边区的西椏村。1896 年，朱卓文与同乡朱会文一道，离开故土到美国的旧金山谋生。旧金山是当时美国华侨进行民主革命活动十分活跃的地方。1910 年，孙中山先生曾在美国不少城市宣传革命和筹集军饷。这一年的 2 月 16 日，他在旧金山组建同盟会的旧金山分会，当时宣誓加盟者十余人，其中就有朱卓文以及后来带领华侨革命飞机团回国的李绮庵。

朱卓文

朱卓文与中国早期航空发生联系主要有两件事情。

辛亥革命爆发不久，美国华侨集资购买 6 架飞机，组织华侨革命飞机团，由李绮庵、余夔等人带领回国参加革命。飞机于 1911 年年底运抵南京，孙中山先生为此还拨地建立机场。1912 年 2 月间，有两架飞机装配完毕，需在南京的小营操场试飞，但却缺少合格的飞行员。这时在总统府担

任庶务科长的朱卓文自告奋勇登机试飞，不过运气不佳，飞机离地不足3尺便坠地了，他因此头部受了轻伤。尽管这是一次失败的飞行，但人们对朱卓文的勇气还是十分敬佩的。

1920年11月，孙中山先生回粤重建护法军政府，在大元帅府下属设立航空局，首任局长就是朱卓文。他在这个岗位上工作了两年，后来被杨仙逸接替。当时航空局管辖着2个飞机队，第一飞机队有水上飞机5架，队长张惠长；第二飞机队有飞机4架，队长陈应权。这些飞机在1922年春夏之间的北伐战争中都派上了用场。朱卓文在任航空局局长期间，还兼任广东兵工厂厂长，制作枪械，为广东革命政权的建设贡献过力量。

孙中山先生与朱卓文交往密切，对他有诸多鼓励。朱卓文母亲逝世时，孙中山曾写过"教子有方"的横匾放在灵堂。孙中山先生还向朱卓文赠送过玉石图章一颗、绒大衣一件和《全英大全》一集。现在这些礼物中，图章已遗失，其余两件则存放在朱氏故居里。

朱慕菲

朱慕菲，朱卓文的二女儿，1897年出生在西樵村。1912年朱卓文由美回国，朱慕菲曾在上海崇德女子学校读书，后来又随父亲回到广州，常常出入大元帅府。

关于朱慕菲学习飞行的地方，有人说在美国，有人说在广东航校，各执一词，相距甚远。这两种说法似乎都经不起推敲。朱卓文是1912年回国的，此时朱慕菲15岁，如果说朱慕菲早在美国时就随父亲学习飞行，这对于一个年纪尚小的女孩来说，可能性不大。广东航校建立于1924年，可1922年前，朱慕菲就已经能驾驶飞机了。从现在的材料来看，朱慕菲可能是在 1920 年至 1922 年之间，在广州学习飞行的。因为此时其父朱卓文在广州任航空局局长，航空局所辖的第一飞机队队长张惠长亦为其香山县同乡，这样，常佩左轮手枪、做事果敢的朱慕菲在父辈的影响和帮助下，进入航空界就顺理成章了。

尽管朱慕菲什么时候在什么地方学习飞行，现在还找不到翔实的记载，但她是中国国内最早的女飞行员，这是不容怀疑的。国内最早提及朱慕菲的是在 1925 年 5 月出版的《航空月刊》第 1 期，该刊的一篇题为"中国之女飞行家"的短文中说："据某方面传来消息，近有朱女士者，为朱兆漠（朱卓文的译音）之女，现充广东飞行指挥官，近因广东战事，该女士驾飞机救其父出险云。"该刊还同时刊出了一张 4 英寸的题为"中国女飞行家朱女士肖像"的免冠半身照片。此外，1930 年刘佐成在《中国航空沿革纪略》一书中说，1922 年 10 月，朱慕菲在福建时即为飞机队飞行员。应该说，这些早年的记载是可信的，这是我们至今所看到的有关国内最早的女飞行员的记载。

另外，据赵荣芳近年在中山县的实地调查，1922 年春，朱慕菲驾驶航空局的一架飞机到达虎门附近的莲花山，因遇大风，强行降落在水上而受了轻伤，被送往香港治疗。后来朱慕菲得了肺病，1932 年 3 月病逝于香港，年仅 35 岁。为纪念女儿，朱卓文曾取回飞机的螺旋桨悬挂在西椏村祖屋的厅堂中。

在中国的航空历史长河中，朱卓文、朱慕菲从事航空事业的时间都不长。他们犹如两颗短暂的流星，然而也给后人留下值得记载的回忆。父女同心，志在蓝天，这个事情说明了当年"航空救国"已深入侨心了。

六、"中国空军之父"杨仙逸

孙中山先生曾有过不少耐人寻味的题词，但有关航空的只有"航空救国"和"志在冲天"等，而这些都与杨仙逸有关。1981年是辛亥革命70周年。这一年，应邀回国参加纪念活动的杨添霭先生，从美国带回了一件1923年孙中山先生书赠给他父亲的条幅。条幅中央是"志在冲天"四个刚劲有力的大字，上款是"仙逸飞行家嘱书"，下款则为"孙文"的签名。现在，这件珍贵的历史文物被收藏在广州博物馆内。

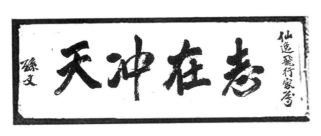

孙中山先生给杨仙逸的题字

看见这一条幅，人们为孙中山先生关心中国的航空事业而赞叹，同时也十分怀念被称为"中国空军之父"的杨仙逸先生。

有志青年

杨仙逸，字学华，号铁庵，祖籍广东省中山县的北台乡。父亲杨著昆，18岁离乡赴美谋生，先在檀香山当蔗园工人，继而开设粮庄，后来又经营蔗园、糖厂，是当地一位华侨殷商。杨仙逸就出生在这样一个家庭。

关于杨仙逸出生的年月，记载不一。1916年，美国颁发给杨仙逸的飞行证件上，登记的出生年代是1893年。这是第一种说法。近年有人曾访问过杨添霭先生，说根据家谱记载，杨仙逸生于1892年。台湾出版的有关小传也说是1892年，不过这是根据1927年广东省政府所撰写的《杨中将仙逸烈士纪念碑文》中有关牺牲时"年三十有二"的记载推算的。这是第二种说法。1988年，中山市人民政府为杨仙逸建立铜像，铜像下面碑文写的是："1891

杨仙逸

年9月6日出生于夏威夷"。这是第三种说法。三种说法各有自己的根据，然而首尾相隔，竟有3年。我们罗列这些，无非是要引起人们的注意，以便通过考证，取得确切的答案。

檀香山虽为弹丸之地，但在19世纪后期，华侨已有2万多人，这是孕育中国民主革命种子的一张温床。1894年，孙中山先生就在这里建立了中国第一个资产阶级民主革命团体兴中会。兴中会的章程明确地指出该会要"联络中外华人""申民志""扶国宗"，最后达到"振兴中华"的目的。此后，"振兴中华"这个响亮的口号，便成为海内外中华儿女为之奋斗献身的共同心声了。

少年时期的杨仙逸曾就读于意贺兰小学。他聪明好学，肯吃苦耐劳，做事果敢，在军事方面的才能渐露。1909年，杨仙逸在夏威夷大学深造。当时檀香山政府曾组织自卫军团，杨仙逸被选为团长，他努力学习军事技术，并以优异的成绩获得美国政府颁发的一等射击手奖章。

孙中山先生曾6次到达檀香山，他在那里居住了5年半之久。在檀香

山时，孙中山先生不仅经常在华侨的集会上演讲，而且也常到杨著昆先生家中做客。杨仙逸对孙中山先生十分敬仰，受他的思想影响很深。1910年，檀香山同盟会支部成立，杨著昆、杨仙逸父子就是当地的第一批同盟会会员。

在夏威夷大学预科毕业后，1915年，杨仙逸到加利福尼亚州的哈里大学攻读机械专业。毕业后，又转入纽约茄弥斯大学航空专科，攻读水陆飞机结构性能及驾驶等技术。经过严格的考核，分别在1916年的10月4日和11月29日，获得万国航空会颁发的陆上和水上飞机飞行证书。在冯如研制飞机的鼓舞和辛亥革命前后爱国浪潮的推动下，美国不少华侨聚居地曾经出现过兴办航空的一股热风。在这期间，杨仙逸还是一名活跃人物。1915年前后，檀香山华侨曾办中华飞船公司，杨著昆是大股东，杨仙逸则为董事。1918年，旧金山华侨创办图强飞机公司，杨仙逸是创办人之一。

从学习飞行技术到参与飞机研制，杨仙逸都有极大的兴趣。从那时候起，这位有志的华侨青年便以发展中国的航空事业为己任了。

组建空军

清朝末年，湖北、直隶、江苏的陆军中都曾成立过气球队。1911年的永平秋操时，南北两支陆军进行对抗演习，每队配有气球一个，进行空中侦察。有人说，这是中国航空用于军事的开端。

自此以后，中国陆续有过一些飞机队，飞机用于军事的消息也出现在报端。1916年，中华革命党华侨义勇军飞机队进驻山东潍县，曾向济南的亲袁世凯军队散发传单、投放炸弹。1917年7月11日，南苑航校校长秦国镛还驾驶着一架从法国购买的飞机参加讨伐搞复辟的张勋"辫子军"。当然，这些在中国航空发展史上值得提及的飞机队，还不能算正式的空军，因为这些航空队存在的时间都不长，相比之下，广东革命空军的组建倒是值得特别书写的篇章。

广东空军的组建，应该从援闽粤军航空队说起。

1917年夏，在美国学习飞行的杨仙逸、叶少毅、吴东华、张惠长、陈庆云、谭南方、陈乾、李光辉等人毕业，他们曾组织过一支航空队，随后相继回国，参加护法运动。关于杨仙逸回国的时间有4种说法，最早的是1916年，最晚的是1919年。不过，据1927年广东省政府的《杨中将仙逸烈士纪念碑文》以及林森的回忆来看，应是1917年为宜。当时孙中山先生派人在广州的大沙头扩建水陆飞机场，并建立航空处，但由于桂系军阀陆荣廷盘踞广东，护法运动很快失败，航空处也就名存实亡了。1918年5月4日，孙中山辞去大元帅职务，不久离粤赴沪。行前，他派陈炯明、许崇智率粤军退驻福建漳州。

援闽粤军航空队是在孙中山先生的关怀下，于1919年在漳州建立的。1月13日，援闽粤军总司令陈炯明上书孙中山，报告粤军发展计划，孙中山立即复函，指出南北和议难成，应该充实军力。2月间，孙中山在致梅培以及林森的复函中，十分赞成发展粤军的航空队，并嘱他们转告杨仙逸、张惠长鼎力相助。杨、张二人奉命到达漳州。4月19日，孙中山先生给杨仙逸写了这样一封信：

> 昨接梅培君来函，藉悉足下已偕张君惠长由汕头抵漳州矣。翘首南天，莫名驰系。足下对于飞机学问，研究素深，务望力展所长，羽翼粤军，树功前敌。方今南北和议，虽继续开会，而政局风云变更靡定，援闽粤军，关系于本党之前途者甚巨，得足下相助为理，定能日有起色也。

字里行间，对杨仙逸等寄予厚望。

援闽粤军航空队于1919年6月间在漳州建立，队员先后有杨仙逸、张惠长、陈庆云、陈应权、李光辉、叶少毅、吴东华等人。虽然有的材料说

队长为陈应权，但实际的总指挥则是杨仙逸。飞机队拥有飞机 4 架，其中两架是从福建海军处获得的水上飞机，另外两架是张惠长、陈庆云从澳门地区买入的美国产的水上飞机。从澳门地区买入的那批飞机原先是澳门电灯厂厂长、法国人利古从美国弄来的。他不仅买了飞机，而且还雇了两名美国飞行员，计划开辟香港、澳门、广州之间的航线，后来因故未被批准。这两名美国飞行员亦随飞机一并归入援闽粤军航空队。应该说，这是中国空军的雏形，因为这支拥有一定数量飞机和优秀飞行员的飞机队，不仅直属军方指挥，而且有明确的革命宗旨和军事任务。

1920 年 8 月 16 日，粤桂战争拉开了序幕。为了驱逐广西军阀的势力，粤军在漳州誓师后，分三路回师广东。杨仙逸率领飞机队在不少市、县上空，散发声讨广西督军谭浩明、广东省省长陈炳焜、广东督军莫荣新以及东江总指挥马济等人罪行的传单。9 月 26 日夜，杨仙逸与两名美国飞行员一起，驾驶一架水上飞机，张惠长单独驾驶一架水上飞机，从虎门要塞的珠江水面上起飞，轰炸莫荣新在广州观音山的行署，投弹 3 枚，击中目标，桂系军阀十分惊恐。这是广州上空最早的一次空对地战斗。在粤军兵临城下和空中轰炸的攻势面前，10 月 27 日，莫荣新放弃广州往北江方面逃跑。11 月 25 日，孙中山先生由上海回到广州重组军政府。轰炸莫荣新官邸，这是援闽粤军航空队的一次出色的军事行动。随后，以这支飞机队为基础发展起来的广东空军，参加了东征、北伐等战役，作出了突出的贡献。

"洛士文"号

"洛士文"号是杨仙逸于 1923 年在广州主持研制的一架以宋庆龄在美留学时用的英文名字译音命名的陆上飞机，这在中国航空工业史上是极有意义的一页。

　　1921 年 5 月 5 日，孙中山先生在广州就任中华民国非常大总统，杨仙逸被任命为总统府的侍从武官。随后，为扩充空军，孙中山派杨仙逸到海外物色、培养飞行人员，并发动华侨捐款购买飞机。杨仙逸在美国发动华侨捐款购得飞机 10 架，但放在旧金山时被人放火烧毁 6 架，只剩下 4 架。1922 年年初，杨仙逸率领青年飞机师林伟成、黄光锐、杨官宇、陈卓霖、周宝衡、胡锦雅、吴顾枝、李逢煊、邓亮、邓佐治、林安等人以及余下的 4 架飞机返回广州。同年 12 月 6 日，孙中山先生任命杨仙逸为航空局局长。

　　杨仙逸上任之后面临着许多难题，其中突出的是缺乏足够数量的飞机。当然，依靠华侨捐款从海外购买这是一条渠道，但还不是根本的办法。1923 年 3 月，杨仙逸改组航空局，建议在广州的大沙头建立航空修理厂并兼任厂长。

　　广州的航空修理厂设在广州东山新河浦一间废弃的皮革厂内。为了日后试飞方便，又选择了大沙头水陆机场附近的一间两层砖木结构的房子作制造工房。这间工房即现在的广州市沿江东路 421 号大门东侧的一座旧楼房，由于外面为红砖修建，又习惯称为"红楼"，这是有纪念意义的旧址。两层的"红楼"，楼上是办公室，楼下是工厂。当时的设备比较简陋，只有电锯一台及其他一些小工具，所需的数十箱飞机器材和工具则是从美国购买的。工厂机械员有张民权、梁庆铨、邝景祥等 20 余人，除了中国的技术人员之外，还有两名从美国聘来的木工师和工程师。在杨仙逸的主持下，经过工程技术人员的通力合作，短短数个月内，便研制好一架陆上双翼教练机。机身以木料制成，发动机 90 马力，为美国货。

　　1923 年 8 月 12 日，飞机在大沙头机场试飞并举行命名典礼。孙中山、宋庆龄和其他文武官员在杨仙逸陪同下，前往参加。教练机为双座。起飞前，宋庆龄曾兴致勃勃登机体验。后因考虑安全因素，听从机场人员劝阻

走下飞机。随后，担任试飞任务的飞行员黄光锐，独自驾机凌云，在广州上空盘旋，然后安全着陆。试飞成功后，孙中山先生曾与宋庆龄在飞机前合影留念。在机场，孙中山先生除手书"航空救国"题词外，并写"志在冲天"的条幅赠送杨仙逸。为了表达对宋庆龄的敬意，这架飞机用宋庆龄在美国留学时的英文名字的译音"洛士文"命名。

后来，"洛士文"号交飞机队服役，执行侦察、轰炸任务，参加过讨伐盘踞在惠州陈炯明部属杨坤的战斗。后由于东山厂址失火及航空修配厂的人事变更，这架飞机便下落不明了。据当事人的回忆和陈应明同志的考证，"洛士文"号是以美国"詹尼"式飞机为基础自行设计的，是具有独特型式的飞机。飞机时速120公里，一次能带4枚50磅的炸弹。从现有的资料来看，这种飞机的发动机等主要零部件还不是国产的，但广州革命政府在国内发展航空工业的意义不可小视。

在"洛士文"号试飞成功之后，孙中山先生曾致函邓家彦说："至于飞机，自己可以造，目前完成第一架，比之外国所造者尤甚，以后当陆续自造，不须外来矣。"孙中山先生从"洛士文"号看到了中国航空工业发展的光辉前景，这是对杨仙逸和他的战友们的一个很高的评价。

东征悲歌

陈炯明自恃粤军平桂有功，后来便公开与孙中山对抗。正当北伐军节节胜利的时候，他发动反革命叛变，并于1922年6月16日，指使部下包围总统府，炮击孙中山住所。孙中山先生乘军舰转移上海后，为重建广东革命根据地，将北伐军改名讨贼军。在讨贼军的凌厉攻势下，陈炯明从广州撤至惠州。1923年2月，孙中山由上海返回广州，第三次在广州建立政权，再任陆海军大元帅。为了扫除陈炯明势力，是年秋天，孙中山部署了东征，杨仙逸奉命随师前往。

当时，航空局有飞机 6 架，黄光锐为飞机队队长。杨仙逸率飞机队至石龙，叛军一路由博罗抵苏村，一路由淡水指向樟木头，进行反扑。杨仙逸坐镇石龙，指挥飞机队英勇杀敌。黄光锐、黄秉衡、杨官宇、胡锦雅等 5 次驾机出击，他们低空轰炸扫射，给叛军很大威胁。在空军和地面部队的配合下，讨贼军击退叛军，不仅解了石龙之围，而且收复了博罗。

9 月 6 日，孙中山先生抵博罗前线督师。9 月 12 日，杨仙逸奉命率机助攻陈炯明盘踞的惠州。这时，飞机增至 7 架。尽管有飞机队的轮番轰炸，陆军发动的猛烈攻击，但惠州城墙坚厚，仍未攻下。根据孙中山先生的命令，长洲要塞司令苏松山将要塞 24 门大炮移至梅湖，鱼雷局长谢铁良将鱼雷改装为地雷，杨仙逸赶到梅湖与苏、谢等人召开军事会议，决定用大炮、地雷、飞机这些攻坚利器，配合陆军再度攻城。20 日上午 11 时，杨仙逸等人在白沙堆泊轮试布水雷，不幸突然发生爆炸。在这次事故中，杨仙逸、苏松山、谢铁良，以及飞行员吴顾枝、马瑞麟等人当场遇难，船只和全部设备被炸毁，死难者百余人。

"出师未捷身先死，长使英雄泪满襟。"杨仙逸等战将殉难，使攻城计划受挫，孙中山先生十分悲痛。第二天，他前往出事地点巡视，并表达自己的哀悼之情。9 月 27 日，孙中山先生返抵广州，当天他即以陆海军大元帅名义发布了这样一道命令：

> 故航空局局长杨仙逸、长洲要塞司令苏松山、鱼雷局局长谢铁良，均技术湛深，志行纯洁，尽瘁国事，懋著勋劳。本大元帅正倚为干城腹心之寄，此次在白沙堆轮次猝遭变故，死事甚惨，遽闻凶耗，震悼殊深。杨仙逸、苏松山、谢铁良均追赠陆军中将，并着军政部照陆军中将阵亡例，从优议恤，以彰忠荩，而慰烈魂。此令。

杨仙逸的遗体运回广州后葬于黄花岗东面的三望岗。孙中山先生亲笔

手书"杨仙逸先生墓"。1929年11月21日，民国政府曾明令以9月20日杨仙逸殉难这一天为全国航空纪念日。这个纪念日实行多年，直至1936年广东空军合并中央空军后才取消。每年的这一天，广东空军人员驾机绕广州一圈，散发杨仙逸遗照数十万张，借以唤起民众重视航空事业的发展，并以此表达对这位中国空军先驱的怀念。

仙逸中学

仙逸中学是设在中山县石岐市的一所以杨仙逸名字命名的学校。这所学校凝聚着杨家三代人的爱国之情。

仙逸中学

杨仙逸的夫人程度纯是中山县南蓢乡人，1910年她与杨仙逸结为伉俪，后来育有两女一男，这就是杨慧翘、杨慧思和杨添霭。杨仙逸殉难后，程度纯化悲痛为力量，谢绝了家公催她赴檀香山定居的好意，留在家乡兴学育人。

1925年，仙逸小学正式开办，校址设在石岐龙母庙街。当时中山县府只拨了200元作为常年经费，但开办费实际需要2000余元。为支付学校的开支，作为校长的程度纯毅然变卖了自己的两匣首饰。1928年，仙逸小学已是拥有12个班的完全小学，主校迁至石岐民生路的杨氏宗祠。为了鼓励学生好学上进，程度纯还用纯金制作小型飞机，作为奖励品学兼优学生的奖品。1936 年，杨仙逸之父从檀香山汇来 2 万元，程度纯用这笔钱并在国民政府的支持下，在石岐南门西林山麓建了 3 栋平房，增加设施，办起了仙逸中学。1950 年，程度纯离开石岐赴美定居，1973 年在美病逝，享年 84 岁。在海外的 20 多年中，她依然十分关心家乡的文教事业。

杨仙逸的儿子杨添霭，1913 年出生在美国檀香山，1937 年毕业于广州中山大学，后来定居美国，在洛杉矶担任飞机设计师。1979 年 10 月，杨添霭偕夫人郑瑞安随参观旅游团回国。在北京，宋庆龄亲切会见并宴请了他们。1981 年，杨添霭应邀来华参加辛亥革命 70 周年的纪念活动，他将当年孙中山先生为其父亲手书"志在冲天"的珍贵条幅献给了国家。

抗战期间，仙逸中学一度停办，新中国成立后又曾改名为石岐二中。1981 年 11 月，仙逸中学恢复校名，并聘请杨添霭担任学校董事会的董事长。为了办好仙逸中学，杨添霭赠送 20 多台电脑和一批图书、体育用品，并为筹建学校的科学馆而奔忙。

杨添霭只是一位靠有限收入生活的退休工程师。为了筹集到一笔可观的资金，他搬到儿子那里去住，毅然将自己在圣约瑟市的一幢别墅卖掉。当时，杨添霭的儿媳正要攻读博士学位，也需要支付数万元的高昂学费，但他却劝儿媳说："你还年轻，暂时放弃一下学位不要紧，还是先把这笔钱用在回国办学这件事上吧。"1984 年 6 月，年逾古稀的杨添霭和夫人一道，带着筹措的折合人民币 140 万元的巨款回到仙逸中学，着手筹建以他母亲的名字命名的"程度纯科学馆"。

1985 年深秋，程度纯科学馆举行了隆重的落成典礼。科学馆楼高 5 层，共有 24 个教学实验室和一个纪念馆，使用面积为 2500 多平方米。科学馆不仅设备先进，而且设计十分别致。从外形看，大楼像一架搏击长空的飞机。杨添霭选中这样的设计不是没有缘故的，因为航空救国、办学育人、振兴中华是他们一家三代人所追求的理想。

祖国和人民给予杨仙逸很高的评价。徐向前元帅为仙逸中学和程度纯科学馆题字。为表达对杨仙逸的敬意，北京航空学院（现北京航空航天大学）特给仙逸中学每年一两名免考学额。1986年2月，中国人民解放军空军部队将一架退役的飞机赠送给仙逸中学。1988年9月6日，是杨仙逸诞辰97周年纪念日，中山市人民政府为这位"中国空军之父"建立了一座3.7米高的全身铜像。

杨添霭先生曾任1984年创办的广东省航空联谊会名誉会长等职，1996年在美国加沙缅度的家中去世，享年83岁。

七、"中国的林白"张惠长

　　林白（1902—1974）是美国著名的飞行家。1927年5月20日，25岁的林白独自驾驶"圣路易精神"号单翼机，经过33小时30分的飞行，航程5810公里，从纽约至巴黎，完成了横越大西洋的不着陆飞行。这在当时是了不起的壮举。

　　但凡对航空作出过突出贡献的人，都会受到人们的尊敬。当林白乘坐由美国总统柯立芝指派的军舰从巴黎返回美国时，美国有75个城市举行了欢迎庆祝活动，其

张惠长

中纽约参加庆祝游行的队伍竟达40万人。后来，林白根据自己的飞行生涯所写的《飞行与人生》《圣路易精神》等书，还成为醉心飞行的青年所推崇的读物。

　　1928年，在中国也有人成功地做了一次万里飞行，这就是被人誉为"中国的林白"的张惠长。

毅然回国

张惠长，号锦威，1899年3月27日出生在广东省中山县张家边区大环乡，幼年移居美国。

1915年，林森根据孙中山先生的指示，由国内赴美，在旧金山招收一批有志的华侨青年学习飞行，年仅16岁的张惠长便积极报名投考并被录取。经过一系列的理论学习和飞行训练之后，1917年，张惠长毕业于纽约的寇蒂斯莱特航空学校，此时他已加入了美国国籍并获得了美国的飞行执照。张惠长飞行执照的号码是第500号，也就是说，他是当时美国为数不多的合格的飞行员。不必说，如果留在美国的话，展现在他面前的道路是很广阔的。然而这时候张惠长却毅然离美回国，因为国内的民主革命潮流和航空救国的声浪像磁铁般吸引着他。

1917年夏，张惠长与孙科、蒋梦麟等人乘海轮离美抵达上海。尔后，蒋去北京从政，孙、张二人则南下广州。9月10日，孙中山先生在广州就任中华民国军政府海陆军大元帅。第二年的2月1日，张惠长被孙中山先生任命为大元帅府参军处副官，这样便投身到民主革命的洪流中去了。

空战先锋

1918年年初，广州大元帅府成立航空处，李一谔任处长，张惠长任副处长，这是张惠长回国后担任的第一个空军职务。这一年他年仅19岁。当时航空处只有两架弃置在大沙头库房的旧飞机，那是1914年林福元和陈桂攀先后从美国带回来的。

1919年年初，张惠长、杨仙逸等人根据孙中山先生的函嘱，到福建的漳州组建援闽粤军航空队。1920年9月26日夜，张惠长、杨仙逸分别驾机，由虎门起飞至广州，轰炸广西军阀莫荣新官邸，配合粤军回师广州，因而名声大震。10 月间莫荣新退出广州后，经肇庆向广西败退，张惠长还与两名美国技师维纳和斯密斯驾驶水上飞机沿途追击。至德庆附近时，因汽油用尽，飞机停在西江北岸的沙滩上，维纳失踪，张惠长与斯密斯步行三四天才回到广州。是年 11 月，大元帅府成立航空局，局长朱卓文，下设两个飞机队，张惠长因作战有功，担任第 1 队队长，第 2 队队长则为原援闽粤军航空队队长陈应权。

1922 年年初，航空局改组，朱卓文仍任局长，张惠长升任副局长，同时兼任第 1 飞机队队长，第 2 飞机队队长由陈庆云接任。是年 2 月 3 日，孙中山先生以大元帅名义颁发动员令，命李烈钧率滇、黔、赣军为一路；许崇智率粤军为二路，出师讨伐北洋政府，从而拉开北伐战幕。

当时航空局所辖的飞机几乎为清一色的水上飞机，为了能深入内陆，适应北伐的需要，张惠长立即向美国购买了 4 架 JN-4 型陆上飞机。

1922 年 4 月间，张惠长、陈庆云、蔡诗杜（蔡司度）、陈秀、张爱同、陆露司、胡汉贤、余启诚等人驾机 7 架，从广州飞抵粤北重镇韶关。5 月 9 日，孙中山先生亲临韶关督师北伐，6 月 1 日，为镇抚陈炯明部，他返回广州。虽然孙中山先生因故离开前线，但北伐军仍按原先计划继续向东北方向挺进。6 月 13 日，北伐军克复赣州，6 月 15 日进攻吉安，这时江西省都督弃职而逃，南昌、九江大有不战而定之势。北伐军之所以进展顺利，与飞机队的配合亦有关系，因为飞机队随军作战，或是侦察敌情，或是轰炸前沿，大壮军威。

正当北伐军势如破竹向北推进的时候，6 月 16 日，陈炯明在广州叛变。他派部轰击孙中山先生在观音山的住所，孙中山先生被迫暂避"永丰"舰上近两个月，处境十分危险。根据孙中山先生的指令，许崇智率北伐军回师讨逆，飞机队亦随军同行，并对陈炯明军队进行轰炸。后来由于北伐军

背腹受敌，回师不利，飞机队也因油尽弹绝，无法起飞。为了避免飞机落入敌手，张惠长、陈庆云只好忍痛焚毁飞机。北伐军飞机队解散后，张惠长经湖南去沪，陈庆云则率其他空地勤人员经福建去沪，在那里与从广州乘军舰北撤的孙中山先生汇合。

轰炸莫荣新官邸和驾机随师北伐，这些都是中国空军参与民主革命的有名战例。其中，张惠长建树良多，不愧为空战先锋。

万里飞行

1927 年 6 月，张惠长应广东省主席李济深之邀，由沪返穗，继而出任广东航空学校校长。当时原广东航空局改组为国民革命军第 8 路军总指挥部的航空处。1928 年 3 月，张惠长调到航空处任处长，副处长为陈庆云，下属两个飞机队，1 队队长黄光锐，副队长胡锦雅；2 队队长杨官宇，副队长陈友胜。张惠长到任后，除了购买一些高性能的飞机和加强对飞行员的训练之外，还举行了环飞全国的飞行。

中国航空史上的第一次长途飞行是 1914 年。这一年的 3 月 10 日至 11 日，南苑航校校长秦国镛、教官励汝燕和学生章斌各驾飞机一架，进行由北京南苑至保定的飞行。其实所谓的"长途"，只不过是在河北境内打个小来回而已。

1927 年，当美国的飞行家林白横越大西洋的时候，中国的航空事业还处在草创阶段。那时候不仅飞行员没有长距离飞行的经验，而且国人对航空的意义还缺乏了解。为了完成环飞全国的壮举，唤起民众对航空的兴趣，张惠长向美国瑞安公司订购 B-5 水、陆单翼 5 座客运机各一架。陆上飞机命名"广州"号，水上飞机命名"珠江"号。同时，他还制订出周详的计划，并与沿途军政各界取得联系，拟分两路进行长距离飞行。

1928 年 11 月 11 日，张惠长偕飞机队第 2 队队长杨官宇、广东航校教育长黄毓沛以及机械师杨标，驾驶"广州"号离开广州大沙头机场飞抵武昌，开始了举国瞩目的飞行。接着，"广州"号于 11 月 15 日，由武昌飞抵南京，19 日由南京起飞，中途降落在廊坊，20 日抵达北平（北京），26 日由北平飞抵沈阳。12 月 1 日由沈阳飞抵天津，4 日由天津飞抵上海，17 日离开上海，中途降落南昌，18 日返回广州。前后历时 38 天，实际飞行 7 日，先后飞越广东、湖南、湖北、江西、安徽、江苏、山东、河北、奉天（辽宁）、浙江、福建等 11 省，空中航程合计 5600 公里。

另一路环飞是由副处长陈庆云、第 1 飞机队队长黄光锐、广东航校校长周宝衡、机械师梁庆铨完成的。他们驾驶"珠江"号于同年 12 月 8 日由广州出发，沿汕头、福州、杭州、宁波，直达上海。在上海与"广州"号会合后，12 月 20 日开始回航，首站是汉口。23 日飞往长沙，30 日由长沙起飞，途经桂林、梧州，于当日回到广州。前后历时 23 天，空中航程合计 3560 公里。

有趣的是，完成水上、陆上飞机这两次万里飞行的张惠长、杨官宇、黄毓沛、陈庆云、黄光锐、周宝衡等人均为华侨。当时的机场设施还很简单，陆地与空中之间的无线电通信还未建立，在没有导航设施的情况下，单靠飞机上的罗盘指示方向，远距离航行的困难可想而知。从广州至武昌有 800 公里航程，"广州"号上午 8 时 15 分，从广州大沙头机场起飞，14 时 30 分降落在武昌附近的南湖机场，6 小时就飞完了这段路程，时速达 133 公里，这在中国过去的记录上是没有过的。

张惠长等人驾机环飞，沿途受到各界的热烈欢迎，在全国引起了很大反响。

11 月 15 日上午，"广州"号由武昌飞抵南京，国民革命军第 5 路军总司令冯玉祥将军以及从广州赶到的李济深先生和孙科等军政要员到明故

宫机场迎接。11月17日下午，南京各界5万人在明故宫机场举行盛大欢迎会。会前，"广州"号凌空飞翔，散发航空救国的传单，会中张惠长报告飞行经过及飞行计划，会后人们还兴致勃勃地参观了停放在机场的"广州"号飞机。会场上悬挂的标语有"总理说：飞上天都做得到，何事不成？""举国一致迎头赶上世界最新之文化"等。令人看后，精神为之一振。

11月19日，"广州"号由南京飞往北平，由于大雾，被迫临时降落在平津之间的廊坊，久候在南苑机场的北平各界人士只得回城。第二天飞机由廊坊起飞，抵达北平上空时绕城飞行4圈，北平百姓纷纷走上街头，争相观看。随后，飞机安全降落在南苑机场，南国的空中使者受到了热烈的欢迎。在沈阳和天津，张惠长一行还受到了张学良、傅作义将军的接见。

"广州"号回到广州时，广州各界举行了盛大庆祝会，会后参加游行的队伍长达数华里，盛况仅次于1926年的北伐誓师。当时南京政府航空署给张惠长及杨官宇、黄毓沛拍了这样一封电报："诸同志此次作全国长途飞行，实开我国航空界之新纪元。天马行空，长风万里，厥功告竣，举国腾欢。特电复贺，并祝鸿勋。"应该说，贺电把张惠长这次飞行称为"开我国航空界之新纪元"，这是十分恰当的。

未了的心愿

南京的航空署是1928年成立的，隶属于南京军政部，有4个航空队，飞机24架。1929年秋，经孙科推荐，张惠长任航空署署长。当时他设法增加经费、购置新机、培养青年，亦有大展宏图的心愿，无奈军政部所属的陆军、海军和航空三署中，实力最弱的是航空署，加之内战不断，因此要振兴航空并非易事。

不久，宁粤对立。1931 年 5 月 28 日，广州成立了与南京对峙的国民政府。广州国民政府设置军事委员会及国民革命军海、陆、空总司令部。张惠长由宁返粤，出任军事委员会委员兼空军总司令。日军入侵东北的"九一八"事变后，在全国一致对外的呼声中，宁粤言和，广州国民政府取消，张惠长担任新成立的西南政

中山市大环村张惠长的雕像

务委员会委员并兼"西南政委会"所辖的空军司令，仍旧主持广东空军工作。1932 年"一·二八"淞沪抗战爆发，张惠长派一混合机队北上参加。1932 年 4 月，陈济棠对广东空军进行大改组，张惠长不得已离穗赴宁，但此时南京当局无意要他主持空军工作，只让他当了个立法委员。

1935 年 4 月张惠长出任驻古巴大使。1937 年 9 月期满返国；10 月则出任中山县县长。此时，他年方 38 岁，正值盛年，但从此以后，这位曾在中央和广东空军身居要职的飞行家，便脱离了航空界。不过，在中山担任两届县长期间，他服务桑梓，组织抗日先锋队，倒是甚有政绩的。

1946 年，张惠长辞去中山县长职务后，在家乡大环乡经营田产，有时也在中山石岐镇及澳门闲居。1949 年，经香港去台湾。

1970 年和 1977 年，张惠长偕夫人薛锦回女士两次赴美探望亲友，在纽约时就住在旧友陈庆云家中。有一次他约旧友前往纽约牡蛎湾去看寇蒂斯莱特航空学校的旧址，那里时过境迁，早已面目全非了。旧地重游，回顾中国航空发展的坎坷历程，细味人生的凉热，张惠长感慨万端。1980 年 6 月，张惠长通过海外亲友转达信息，表示要取道东南亚返回阔别多年的

故乡。但心愿未了，是年 7 月 18 日，他就因心脏病突发病逝在台北，享年
81 岁。

张惠长逝世后，他在空军的一位旧友郑梓湘先生写了一组诗发表在美
国的《时代报》上，其中有这样四句：

平生意气浩如虹，领导航空世所崇。

全国环飞腾壮举，于今人尚仰雄风。

诗中所表露的不仅仅是那位旧友一个人的情感，凡是对中国的航空事
业作出过贡献的人，人们怎么会忘了呢？

八、广东空军司令黄光锐

1923 年 7 月，孙中山先生和宋庆龄在广州的大沙头参加"洛士文"号的试飞典礼。当时驾驶这架由中国人自己制造的飞机在广州上空盘旋的飞行员，就是后来曾任广东空军司令的黄光锐。黄光锐之所以成为一位知名人物，是因为他的名字和中国航空史上的一些大事是连在一起的。

不要嘉奖的飞将军

1899 年，黄光锐出生在一个美国华侨的家庭，他祖籍是广东省台山县的潮境区田心村。1920 年，有"中国空军之父"美誉的杨仙逸根据孙中山先生的指示，曾在广州、香港和美国选拔了20 名青年到美国加州北部的芝古，在由美国人开设的温尼飞行学校里学习飞行技术。这批青年之中，黄光锐是由国民党美洲支部推荐的，与他同期学习的还有黄秉衡、林伟成、杨官宇、邓粤铭、陈卓林、周宝衡等人，后来他们都成了中国早期航空事业的骨干人物。

1922 年，黄光锐等人随杨仙逸回到广州。1923 年年初，孙中山先生第三次回广东

黄光锐

组织革命政府，杨仙逸为航空局局长，黄光锐为第 1 航空队队长，林伟成为第 2 航空队队长。这一年的 4 月 16 日，桂系军阀沈鸿英率部由白云山进窥广州。随后，孙中山先生一面令云南滇军总司令杨希闵率滇军进剿，一面着杨仙逸派黄光锐、黄秉衡、林伟成、杨标等驾机对叛军进行轰炸。由于陆军与空军相配合，使广州得以解围。

杨仙逸在美国筹款购买的 10 架飞机，有 6 架在美国时就被北洋政府的奸细放火烧毁，剩下的 4 架于 1923 年 6 月间经澳门地区运抵广州。加上原有的 1 架飞机和新装配的"洛士文"号，大元帅府所辖的飞机便有 6 架。在广州解围后，1923 年 10 月，航空局组成以黄光锐为队长的飞机队，飞往石龙，随孙中山先生对盘踞在东江一带的陈炯明军队进行轰炸。曾窃据广东省省长的军阀陈炯明于 1922 年 6 月在广州发动政变，他是事败后逃往那里的。此次讨伐，是史上有名的东征。

东征是一场十分激烈的拉锯战，一会儿孙中山在东江督战，对陈炯明的大本营惠州发起攻击；一会儿陈炯明军队又反扑得手，甚至围攻广州。东征飞机队英勇作战，功勋卓著。在惠州石龙镇一仗，黄光锐率黄秉衡、杨官宇、胡锦雅等 5 次驾机出击，给叛军很大的震慑。在广州保卫战中，黄光锐的表现更为出色。

11 月 19 日，陈炯明分 4 路围攻广州，敌洪兆麟部已窜入市郊的石牌，大元帅府各机关纷谋疏散，形势十分危急。孙中山先生亲自指挥军队进行抵御。当时航空局留驻在大沙头有 3 架陆上飞机和 1 架水上飞机，但黄秉衡、杨官宇、胡锦雅等因患流行大热症住在中山医院，能执行任务的飞行员只有 10 余人。黄光锐在大沙头召开全体飞行员会议，决心死守广州，与城共存亡。那时，飞机还没有机关枪装置，为了更有效地杀伤敌人，黄光锐通过马湘和黄惠龙两位卫士长向孙中山先生请示，要来了 6 挺机枪和 2 万发子弹。空对地的战斗从拂晓直至傍晚，参加战斗的有黄光锐、林伟成、杨标、梅福桂、梁庆铨等人。他们先驾驶 3 架陆上飞机对石牌的敌军进行低空轰炸和机枪射击，后又驾驶水上飞机携带 4 枚百磅炸弹对市郊南岗的敌军进行轰炸。在地面部队的配合之下，广州的防卫战取得胜利，11 月 20 日叛军开始撤守惠州。

在东征和广州防卫战中，黄光锐指挥空军立了战功，事后孙中山先生曾在大元帅府接见并许诺在黄埔划出一块土地嘉奖他。黄光锐听后对孙中山说，大元帅早年在旧金山对华侨的讲话中要求青年立志做大事，不要做大官，更不要想发大财，这些讲话对我的影响极深。我回国参加革命是要尽自己报国的责任，并非为了谋取利禄，所以大元帅的厚礼我不敢接收。孙中山先生听后频频点头，他对这位不受嘉奖的飞将军十分赏识。

中央航空研究院

旧中国的中央航空研究院是一所较有影响力的科研机构，它的创建和发展与黄光锐颇有关系。

抗战爆发后，国民政府大部分机构撤至西南，南京政府的航空委员会亦随之迁入成都。当时，中国的航空器材大多从国外进口，由于东南沿海的交通线被切断，这样就带来了许多困难。为了利用西南的资源研制国产的航空器材，1939 年 7 月 7 日，在航空委员会机械处的基础上成立了航空研究所。创办时，有研究人员 16 人，共分器材、飞机、空气动力 3 个组，所长由航空委员会副主任黄光锐兼任，副所长则由早年留学美国并曾受聘于美波音飞机公司的航空工程专家王助担任。

1941 年 8 月 1 日，航空研究所改名为航空委员会航空研究院，有研究人员 70 余人，分器材和理工两个系。其中器材系有器材试验、木竹试验、化工、电器、仪表、金属材料、兵器等 7 个组；理工系有空气动力、结构、

飞机设计、试飞、发动机等5个组。此外，还先后办了蒙布厂、电器修造厂、层板厂以及飞机试造场、机工场等。研究院不仅集中了不少国内知名的学者，而且还从国外聘请了10位专家作为名誉的委托研究员，他们之中有在美国任教的科学家钱学森和英国学者李约瑟。应该说，这是一所比较像样的研究院了。

从1939年7月至1946年6月的7年中，航空研究院除了写出35篇有关空气动力学、飞机结构等论文外，在飞机和器材研制方面也取得不少引人注目的成绩。

在飞机的研制方而，研究院先后研制过研教一式、研教二式教练机和研滑一式滑翔运输机。值得指出的是，他们在用料上独具一格。例如研教二式单翼教练机，机翼和机身的蒙皮全是层竹，机翼横梁和其他受力的构件都是木竹混合结构。除了发动机、起落架、操纵系统和航空仪表之外，全部由木竹材料组成。这种属于"半硬壳式"结构，开创了世界航空材料的先例。这种飞机经过严格的测试之后，交工厂进行了小批量生产。

在器材的研制方面，研究院先后研制过麻布、火花塞、层板、层竹、酪胶、豆胶等，其中数量最多的是层竹质外挂油箱。外挂油箱是挂在飞机的机身或机翼之下的储油器，当时苏联提供的外挂油箱是用纸质压制而成的，防水性能差，防油渗漏不足10小时。由于空战频繁，加之苏联长途运输上的困难，后来连这种油箱也无法供应了。航空研究所仅用3个月，就研制了一种有效防油渗漏的竹质外挂油箱，并先后生产多种型号的油箱1万余个。这不仅满足了中国空军的需要，而且还供给来华参加抗日空战的空军使用。当然，木竹材料结构的飞机和竹质油箱等，并不能代表航空工业发展的方向，这些发明创新今天看来并无多少惊人之处，但在当时资金十分短缺的情况下，航空研究院能够从实际出发进行科研，这是令人敬佩的。

　　1946年年初，黄光锐辞去航空研究院院长的职务。关于辞职的原因，当时他曾这样对人说，30年来，我深信孙中山先生"航空救国"的名训，专心学习飞行技术。从美国回国报效，经过东征北伐，无论在飞机队或是航校里，从不顾危险，不厌辛劳。凡我经手办理的飞机和航空器材，从来不讲扣头，不要送礼，不屑作弊，不屑贪污。自信忠胆为国，两袖清风，但上司还是不甚相信。现在抗战胜利，山河收复，我的初愿已经满足，所以应该退位让贤了。黄光锐辞职后，国内航空界曾发起拍摄了一部电影欢送这位忠胆为国、两袖清风的将军。后来黄光锐回到了美国，并在那里度过了他的晚年。1986年7月8日，黄光锐病逝于美国，享年87岁。

　　1988年3月，位于广州市的十九路军淞沪抗日阵亡将士陵园内，由广州市人民政府主办的"广东省航空纪念碑"竣工。正面的碑名由徐向前元帅题写，碑体北面为孙中山先生书写的"航空救国"。碑体两侧有记载我国航空先驱事业的碑志和266名航空英烈的名字。这其中，就有曾为发展我国航空事业和在东征北伐空战中作出贡献的黄光锐。他虽然长眠在异乡，但祖国和人民并没有忘记他。

九、陈庆云二三事

在叙述华侨航空史时，不能不提及陈庆云。因为他与杨仙逸、张惠长、黄光锐等人一道，协助孙中山先生创办广东空军，是中国早期航空的先驱人物之一。当然，陈庆云也有与友人不完全相同的经历，因而他的生活也就另有一番色彩了。

开着飞机去上班的人

陈庆云

陈庆云有一个"海、陆、空三军司令"的外号。要了解其中的来历，这得从他初期在广东的任职讲起。

1917 年，毕业于纽约寇蒂斯莱特航空学校的陈庆云从美国回国。第二年的 2 月 1 日，他被孙中山任命为大元帅府参军处副官；4 月间，与杨仙逸、张惠长等人到福建组建航空队。航空队有一架双翼老式飞机，这是陈庆云从日本大阪购买并驾驶飞到漳州的。这样，他便开始了在广东航空界的生涯。

1922 年孙中山先生指挥军队北伐，当时曾有飞机队随军作战，队长张惠长，副队长则为陈庆云。1927 年，张惠长任广东航校校长，陈庆云任教育长。1928 年 3 月，张惠长任航空处处长，陈庆云亦随同调往，担任副处长。1928 年年底，广东空军曾有两次轰动全国的长途飞行，一次是张惠长与黄毓沛、杨官宇、杨标合驾"广州"号，另一次是陈庆云与黄光锐、周宝衡、梁庆铨合驾"珠江"号。他们先后从广州出发，沿不同的路线，游历了半个中国。当年，陈庆云与张惠长是结拜兄弟，他们凭借广东空军这个舞台，演出了一幕幕有声有色的活剧。

陈庆云在空中干得十分起劲的时候，他还在海上和陆地兼了两个官职。

位于珠江口的虎门，历来为兵家必争的重地。1929 年 1 月，陈庆云兼任虎门要塞司令。上任之后，他首先设立了炮兵训练所，从提高官兵的素质入手，进行了一番整顿。在经过 4 期的轮训后，遣散老弱，招募壮丁，使士兵从原有的 100 多人扩充到 400 多人。此外还检修炮台和枪械，从而使虎门的士气为之一振。由于陈庆云整顿虎门有方，1931 年，他还被任命为广东的海防司令部副司令兼参谋长。

1931 年 7 月，陈庆云调任广州市公安局长。"九一八"事件后，为抗议日本侵略东北，广州和全国许多城乡一样，爆发了抵制日货的爱国运动。当时广州市永汉公安分局局长叫杜煊泰，他开设的新世界洋货店专卖日货，无论别人如何劝说都无济于事。是年 10 月 10 日，愤怒的群众在新世界洋货店焚烧日货，杜煊泰竟利用手中的权力，指挥警察开枪，打死群众 15 人，打伤 80 多人，酿成了一大血案。案发时，陈庆云率警备队急赴现场，制止警察行凶，拘捕杜煊泰。事后，又组织特别法庭审判此案，给死难者抚恤，并引咎辞职。这件事说明陈庆云对部属的邪恶决不姑息，自己也不文过饰非，是个勇于承担责任的人。

由于同时在海军、空军和公安局任职，这就要求兼职者分身有术了。

精力过人的陈庆云，常常亲自驾驶着水上飞机，来往于广州和虎门等要塞之间，分别到三个不同的办公室去上班。古今中外，能有陈庆云这样经历的人，恐怕不易举出第二位了。

关心家乡的建设

广东的中山县从前叫香山县，民国以后，由于纪念出生在该县的革命先行者孙中山先生而得名的。为把中山县建设成为全国的模范县，1929年2月，国民政府决定成立中山县训政实施委员会，这是一个直属中央政府的指导监督机构。县长的任命以及县政大事都要由这个机构来审定。训政实施委员会首任委员有唐绍仪、孙科、吴铁城等9人，唐绍仪为主席。1930年2月，又增派林森、陈铭枢、张惠长、陈庆云等6人为委员。不必说，这在当时都是军政界的要人了。

陈庆云，字天游，中山县南溪乡人，1897年出生，3岁时随父母去了日本，早年在横滨上学，继而在日本的中华革命党航校学习，后来又赴美受训。尽管故乡在脑海中并无多少印象，但他对养育过自己的土地一往情深。陈庆云在中山县兼职以后，积极议政，关心家乡的建设，其中有两件还与航空有关。

训政实施委员会前后一共开过73次委员会议，每次都开得很认真，且有记录在案。在1930年4月4日的"训政委员会"上，刚兼职两个月的陈庆云即与张惠长一道提出了在中山县建立飞机场的提案，并被全体委员通过。1931年3月8日，西南航空处还特派机务专员李仲唐、刘植炎前往中山港附近踏勘，选择了一块濒临大海、地面平坦、东西长6000英尺、南北宽2000英尺的地段作为修建机场之用。在一县之境修建机场，事隔半个多世纪之后，很多人依然觉得这是一个过于大胆的提案。其实只要对当时的情况做一个大体的分析就可以知道，陈庆云的提案不是没有根据的。中山县的经济较为发达，当时县财政的年收入超过一个贵州省。同时，中山县每年应交国库的税收至少有 25% 用于本县，有较大的自主权，加之有张惠长、陈庆云这样热心懂行的人士帮助，修建机场是有可能的。只是后来由于局势动荡不安，这个提案才成了一纸空文。不过，陈庆云的胆识确实是令人敬佩的。

1931 年年初，唐绍仪兼任中山县县长。这位民国初年曾做过第一任内阁总理的大人物，能上能下，能伸能屈。这一年的 3 月 17 日，唐绍仪上任中山县长时，就发表了一番感人肺腑的演说，他要"邑人视邑事如家事，视绍仪如公仆"，希望大家"智者竭其谋，能者竭其力"，共同建设模范县。

唐绍仪主持县政的主要政绩之一就是建设中山港。唐绍仪根据孙中山生前的设想，提出了建设中山港的方案，要在唐家湾建一座可泊 5000~20000 吨轮船的巨港。南京政府批准了这一方案。1931 年 12 月，唐绍仪与荷兰一家公司签订有关工程合约，并发动侨胞支持赞助。经过一番努力，中山港建成了简易码头、信号台。此外，通往前后环的路段得到修整，通往石岐的轮船也已开航。

在中山港开港典礼上，陈庆云和张惠长派双翼飞机前往助庆。这架飞机在留狮山附近做起降表演，并在中山县上空飞行一周。这是中国飞机首次在中山县上空盘旋，从而成为当时的一大新闻。

1934 年，南京政府将军政部的航空署扩大为全国航空委员会，陈庆云是这个委员会资历较深的委员。1936 年，他被任命为设在杭州的中央航校校长，卢沟桥事变后，航校迁往昆明。1938 年，他与林福元等奉命赴美洲发动华侨捐款购机，共得美金数百万元。退休后定居美国，1981 年病逝于纽约，终年 84 岁。

十、中国早期的跳伞活动

所谓跳伞，就是人们带着张开的伞或是类似伞的东西，从高空跳下，安全落地。我们的祖先舜，有一次被人困在一个很高的谷仓上，这时大火自下而上地燃烧，在危急之际，他抓着两顶大草帽从仓顶上跳下，得以死里逃生。司马迁在《史记·五帝本纪》中叙述的这个故事只是一个民间传说。至于我国最早的一次公开跳伞表演，那还是清朝末年的事情。

大约在1901年间，外国人在上海的张家花园广场乘氢气球表演，当升至最高处时，气泄球坠，这位空中勇士便打开一把伞样的东西，徐徐降落。1961年，上海有位名叫郑逸梅的先生，将自己孩提时的这一见闻记录了下来，后来被收在姜长英教授所著的《中国航空史》中。

显然，上面谈到的舜和那位外国气球表演家，他们所使用的只是简单的降落器，和我们今天看到的那种能折叠起来装在伞包里，带在驾驶员身上临到用时才打开的航空降落伞还不是一回事。飞行员所使用的航空降落伞是在第一次世界大战之后才有的。1919年4月19日，由美国人史密斯设计的可折叠的降落伞，首先由欧文从飞机上试跳获得成功。此后，跳伞运动和伞兵部队也从此产生。

姜长英教授在《中国航空史》中说，在中国究竟是谁最先使用航空降落伞，这个问题还未从文献中找到答案。不过他估计，大约在1931年前，广东空军可能最先有跳伞练习或表演，因为根据陶叔渊 1932 年所写的《民国二十年航空年鉴》，1931 年时南京政府航空队已经选派优秀队员学习跳伞了。

事实证明姜教授的推测是正确的。近年，在黄严的《丁纪徐难申壮志》以及丁纪徐所著《回忆赴苏联学习飞行》的回忆文章中，都说明了在国内第一位使用航空降落伞进行表演的就是当年广东航校的教官丁纪徐。

1901 年出生的丁纪徐，原籍广东省东莞县，他的飞行技术是在德国和法国学习的。1926 年 6 月，丁纪徐结束了在欧洲的航校生活之后，回国在广州航校任少校飞行教官。1926 年冬，广东航校第 2 期的学员举行毕业典礼，参加毕业典礼的有国民革命军第八路军总指挥李济深等军政要员。当时，丁纪徐随机飞上蓝天，他在空中做了跳伞表演，使人们大开眼界。为此，李济深亲笔批准他晋升一级并发 200 元奖金以资鼓励。

丁纪徐的特技飞行术也高人一筹。据一些同时代飞行员的回忆，丁在空中倒飞时可以从容地饮完一瓶啤酒。他驾机起飞时能拉起机头翻垂直的筋斗，在飞机做一圆圈转回平飞着陆时，轮子擦着机场上的浅草前进，突然加大油门后，飞机又可直上碧空。丁纪徐曾先后在广州、杭州、南昌等地做过精彩的特技飞行，观者无不拍手叫绝。

在丁纪徐作跳伞表演之后，我国的航空跳伞活动逐渐开展了起来。1930 年，在美国出生并在那里学习飞行的容兆明回国，他在广东航校除了传授高级飞行和机械课程外，还担任跳伞教官。容兆明祖籍广东斗门龙坛村，1937 年飞机失事遇难，有人把他称作是"在中国开设跳伞技术课的第一位教官"。1931 年，南京政府的航空队也选派优秀队员学习跳伞。1934 年后，杭州、长沙、乐山等地曾先后建立降落伞厂生产降落伞。抗战期间，中国开始建立和训练伞兵部队。1942 年，重庆修建了我国第一个跳伞塔，开展民间的跳伞运动。

　　1937年8月初，曾任杭州笕桥中央航校教育长的丁纪徐被委任为空军驱逐司令。这一年的8月30日，根据日本多艘运输舰将驶入上海吴淞口的情报，丁奉命派9架飞机前往川沙镇以东轰炸敌舰。在执行任务的过程中，由于高空飞行，不易辨认，队长黄光汉误炸了夹在日舰中间行驶的美轮"胡佛总统"号，致该船有7名船员受伤。本来，这是部属的事故，可事后丁纪徐为部属分辩而冒犯上司，结果只当了21天的空军驱逐司令便被解除了职务。后来丁纪徐在韶关第5修机厂当试飞员和中德合办的欧亚航空公司当飞行员，从此便脱离了空军。

　　新中国成立后，丁纪徐曾任广州市政协委员，1978年病逝于广州。在回顾中国早期的跳伞活动时，人们不应该忘记他。

十一、刘锦涛与空中摄影

1846 年，湖南有一位叫周寿昌的进士，在广东游历了 3 个月，事后他在《广东杂述》中写道："粤东奇器多而最奇者有二，一为画小照法，人坐平台上，面东置一镜，术人从目光中取影，和药少许涂四周，用镜嵌之，不令泄气。有倾，须眉衣服毕见，神情酷肖，善画者不如，镜不破影可长留也。"这段文字颇为生动、细腻，它说明早在 150 多年前，西洋的人像摄影法就已经传入门户开放较早的广东了。

动态摄影比静态摄影困难，而空中摄影更是难上加难，因为在高空中飞机快速地飞行，要将地面的景物清晰地摄影成像，需要解决许多技术上的难题。从广东航空联谊会资料室编写的《近代广东航空大事记》得知，1926 年 7 月，广东的航空局改名为隶属国民革命军总司令部的航空处，处长是美国归侨林伟成，党代表则为张静愚。航空处所组织的北伐航空队随军北上时，在湖北战场上曾拍摄过敌人炮兵阵地的照片。这是不是中国最早的空中摄影？因为手头没有其他确切的材料加以比较，不好下结论。不过有一条倒是可以肯定的，此时的空中摄影还处于起步阶段。它后来的发展，与刘锦涛等人的努力有一定关系。

刘锦涛，1903 年 8 月 12 日出生在美国的内华达州，养父刘官隐，生父赵荣举，二人均为广东旅美华侨，不同的是刘祖籍中山，而赵的故里则是斗门县的乾务镇。7 岁那年，刘锦涛随外祖母回国，在广州的岭南大学附小毕

业后，先在澳门读了两年中学，随后在三水、广州、香港等地当技术工人。1924年，刘锦涛先后进入广州的钻石和百粤电影公司，做管理有关电器设备的杂务。但在一位归侨摄影师的影响下，他很快学会了电影胶片的冲洗、印晒、剪接工作，并能独立摄制影片，为他后来从事的工作打下了扎实的基础。

1928年上半年的一天，广东航空处的一部摄影机坏了，刘锦涛上门修理时，遇到了当时担任广东航校教官、后来晋升为该校校长的刘植炎。刘植炎也是中山籍的美国华侨，当他知道刘锦涛既有摄影基础，同时对空中摄影又颇有兴趣的时候，便在这一年的7月，将刘锦涛介绍到广东航校第3期乙班见习空中摄影和学习飞行技术。结业后，刘锦涛在广东航空处空军第2队主持开展空中照相侦察作业。

1930年5月，蒋介石调集重兵讨伐阎锡山、冯玉祥，爆发了中原大战，这是中国近代史上规模最大的一次军阀混战。战事刚起，刘锦涛即奉命从广东前往南京，在航空署第4航空队担任空中侦察任务。他乘坐由第4航空队队长、美国华侨飞行员杨官宇驾驶的飞机飞上天空，用摄影机把蒋、冯两军北起黄河南岸的兰考、南至秦康县的在陇海铁路一带长达数百里的前沿阵地拍摄下来，制作了一幅准确可靠的军事地图，供指挥部参考。中原大战历时7个月，百万大军厮杀在千里战线上，双方死伤三四十万人，最后以蒋介石的胜利而告结束，这其中与南京方面投入了60多架飞机参加作战有很大关系。

南京政府的空军不仅在河南给冯玉祥的部队造成很大威胁，而且也使阎锡山大伤脑筋。1930年9月9日上午9时，阎锡山在北平就任国民政府主席，这时南京方面派了架飞机袭击北平，向故宫地带投掷炸弹，其中一枚落在怀仁堂前的湖水中。本来阎锡山选择这个良辰吉日就职，大概是"9"与"久"同音，他希望自己的基业能长长久久，可想不到中间有这么一段插曲。当时北平流传着一种与阎锡山的愿望截然相反的说法，1930年是民国19年，飞机轰炸又发生在9月9日上午9时，四个九字加起来就是三十六，依兵书讲，三十六计走为上计，于是不久就发生了阎锡山离开北平返回山西的事情。

当然，中原大战的胜负，取决于复杂的政治和军事力量的对比，这种"四九"之说并不可信，但空军在这场战争中所起的作用却不可忽视。在中原大战中，由于空中摄影显露了神通，所以后来南京政府曾拨特别经费，使这项工作得到进一步的发展。

1932 年，刘锦涛从南京回到广东，第二年便被广东空军司令黄光锐派往英国皇家空军空中摄影学校深造。半年后，他学成回国，在广东空军司令部所属的空中照相测量所担任所长。除此之外，他还在广东航校担任教官，专门讲授空中摄影课程，培养了一批专门人才。广东空军统归中央后，刘锦涛又随同到了南京。抗战爆发后，黄光锐出任航空委员会副主任。1937 年，他创办了一个空中照相器材保管修理所，所长就是刘锦涛。1948 年，刘锦涛转到中央航空公司，仍从事摄影工作。从 1936 年秋至 1948 年，刘锦涛从高空摄制的情报照片共有 70 余份，其中有地形交通道路图，也有新疆等省的航行地图，都有很高的使用价值。

新中国成立后，刘锦涛在广州光学仪器厂工作，1963 年退休，1980 年任广州越秀区政协委员，曾撰写《回忆广东空军》《广东早期电影制片业》等文史资料。1981 年定居美国。由于长期在广东空军服务，为了使后人永远记住早期航空志士的业绩，从 1977 年至 1987 年，刘锦涛花了 10 年的时间，来往中美两国之间，查阅当年的档案，走访有关人士，将原广东空军阵亡将士和殉职人员的事迹整理出来。此外，他还多次回到家乡拍摄幻灯片，并自编解说词带到美国去，以便让那里的乡亲了解祖国的新貌。从某种意义上说，刘锦涛所做的这些工作也是一种摄影，尽管不是高空摄影，但同样都是很有意义的。

1993 年，刘锦涛在美国去世，享年 90 岁。

十二、女飞行家张瑞芬

蔡廷锴将军给张瑞芬的题词

在中国早期的女飞行家当中，飞行时间之长，影响之大的莫过于张瑞芬了。1936年年初，蔡廷锴将军在美国考察时曾到过洛杉矶的唐人街，这位著名的抗日将领会见了张瑞芬，并为她写下了"女界之光"的题词。

"莫谓闺中无杰出"

年轻时，在美国留学的张瑞芬曾写过一首诗，其中有两句是："莫谓闺中无杰出，一飞直上九重天。"这里，她既道出学习飞行的原委，又表达了自己驾机翱翔长空的雄心壮志。

历史上，广东省恩平县曾出过一些航空名人，飞机设计师和飞行家冯如就是其中的佼佼者。张瑞芬，又名张蕙莲，1904年12月12日出生在恩平县的蔾塘乡大兴村。父亲张舜炳，是一位在美国经商的华侨。童年的时候，张瑞芬便随母亲聂清兰由乡间迁居广州，

张瑞芬

先后就读于真光女校和培道女子中学。1921 年，张瑞芬高中毕业，顺利地通过了中国教育部的考试，取得了赴美留学的护照，同年入洛杉矶康纳域多利音乐学院学习钢琴，后来又入南加州大学继续研习钢琴课程。这时，她对钢琴的演奏以及有关乐理，已是颇有心得了。

环境对人生道路的选择，有时显得十分重要。到了美国不久，父亲给张瑞芬买了两件礼物，一架上等钢琴和一部敞篷汽车。洛杉矶的机场叫林肯机场，父亲常常带着女儿到机场附近学开汽车。每当看见飞机的起飞和降落，张瑞芬就浮想联翩，于是便对航空产生了浓厚的兴趣。当时，已有不少华侨青年在美国学习飞行，有的回国后在航空界颇有建树，被誉为"中国林白"的张惠长就是其中的代表人物之一。张舜炳先生给女儿讲述了航空前辈的事迹，希望她将来能做一个像张惠长那样出色的飞行家。

广东航空学校创办于 1924 年，然而开办初期，不少有志的女青年被拒之门外。如果说在美国的耳闻目睹，使张瑞芬萌发了学习飞行的志向，那么促使她下定决心献身航空事业，在很大程度上要归于世道的不公。有一次，张瑞芬接到一位朋友从广州寄来的信件，信中说到广州航校拒收女学员，为此她感到愤愤不平。"莫谓闺中无杰出"，张瑞芬之所以毅然放弃钢琴专业而改学飞行，就是要以自己的实际行动向人们证明，妇女的才智并不比男人差。

1931 年，张瑞芬以优异的成绩考入了新办的林肯航空学校，她是当时该校唯一的女学员。在第一次世界大战中曾任陆军飞机师的贝尔加治是林肯航校一位训练有方的教师，在他的指导下，张瑞芬经过自己的刻苦努力，仅学习飞行 12 小时后，便能单独驾机飞行了。1932 年 3 月，经过严格的考核，张瑞芬领到了美国私人飞行执照。1935 年，又取得了国际飞行执照。她是第一个获得美国飞行执照的中国女性。

"一飞直上九重天"

1924年，张瑞芬与祖籍广东省中山县的留美机械工程师杨观宝先生结婚。她进入林肯航空学校学习飞行的时候，已经年满27岁，是一位有两个女儿的母亲了。尽管如此，在此后11年的飞行生涯中，她不仅安全飞行约3000小时，而且取得了不少好的飞行成绩。

1935年的10—11月，圣地亚哥举办国际博览会。为了宣传航空的重要性，在此期间，博览会的有关航空商行邀请著名飞行员参加格兰地至圣地亚哥的飞行比赛。比赛中，张瑞芬取得了第4名的好成绩。由于张瑞芬壮志飞行，为中国人争光，南加州的华侨捐资2000美元，购买了一架双座小型飞机赠给她。第二年7月，为庆祝奥斯纳机场的启用，曾举办过洛杉矶至奥斯纳的女子飞行比赛。比赛内容包括速度和技巧等方面，美国99s女性飞行员组织有14名最优秀的女飞行员参赛。这次，张瑞芬名列第2。

在张瑞芬的飞行生涯中，最令她难忘的是1936年8月间参加的由克利夫兰至洛杉矶的国际飞行比赛。

赛前，张瑞芬于8月4日应邀飞抵旧金山，在那里逗留了5天。在此期间，她除了出席当地侨团举办的宴会、座谈会外，还在8月8日专门为侨胞做了飞行表演。张瑞芬在美路斯机场驾机凌空，表演翻筋斗和各种飞行技术，并依次请10余位华侨乘机在旧金山上空盘旋。前往机场参观的人群人山人海，当张瑞芬的飞机经过唐人街时，不少华侨还燃放鞭炮助兴。

8月9日，张瑞芬驾机返回洛杉矶。离开旧金山前夕，她曾在当地的侨报上登了一则《张瑞芬启事》，文中说："航空救国，小妹生平志愿，况国难当前，更须急图挽拯。今因参加罗省国际飞行比赛，道经金门，多蒙总领馆、中华会馆、中华商会各团体欢迎盛意，以及龙冈亲义总公所列位世谊伯叔兄弟婶姆姊妹热烈欢迎，饷以盛筵，赠以金钱，以壮行色。隆情厚义，感佩难忘。"可以说，旧金山之行是赛前的"热身"运动。从那里，她带回的是侨胞的深情厚望。

8月12日，张瑞芬驾机前往克利夫兰参赛。由克利夫兰至洛杉矶的国际飞行大赛是由好莱坞的一位电影明星发起的，飞机沿途逐埠飞行，航程为7天。有30余名著名的飞行员参加，张瑞芬是其中唯一的华人。在这次大赛中，尽管她没有取得名次，但她的胆识和技艺给人们留下了深刻的印象。

8月29日，飞行大赛开始，飞机队离开克利夫兰，在前面领航的是张瑞芬的座机。在这次比赛中，其他飞行员由于得到飞机制造厂的协助，驾驶的都是性能较好的新式飞机，唯独张瑞芬驾驶的是从洛杉矶航空协会借来的只有125匹马力的小飞机，这就给她的飞行带来了许多困难。洛杉矶山脉许多山峰的高度都超过1.2万英尺，而张瑞芬的飞机最高飞行高度为1万英尺，因此她只能选择从较矮的山头飞越。那时候，由于没有无线电指挥系统，飞机的导航靠的是指南针，稍有不慎，就会迷失方向甚至机毁人亡。张瑞芬沉着冷静地驾机在群山之间迂回前进。从棕榈泉飞返洛杉矶途中，张瑞芬的飞机汽油用光了，当时又值风雨交加，能见度很低，处境十分危险。幸好前方有一个空军基地，张瑞芬便滑翔降落在这个基地上。军方得知张瑞芬是99s女性飞行员组织的成员之后，不仅没有责备她驾驶民用飞机闯入军用机场，反而设宴款待，并为她的飞机加满汽油，再送她登机返航。张瑞芬克服了重重困难，最后终于胜利完成了这次艰难的飞行。

美国99s女性飞行员组织，是因为首批有99名女飞行员入会而得名。这个组织的会长亚·耶尔哈特是美国第一位女飞行员。由于张瑞芬的出色飞行，早在1934年4月26日，她便加入了这个组织。在后来的许多重大

飞行比赛中，张瑞芬还被人称为"女中豪杰""飞行先锋""当代杰出的女飞行员"。

"国家兴亡，匹妇有责"

1987年11月，83岁的张瑞芬在洛杉矶得知国内学者正在收集中国早期女飞行员的资料准备出版有关专著时，她兴奋异常，提笔写下"国家兴亡，匹妇有责"的题词寄回国内。在这里，她将"匹夫有责"中的"夫"字改为"妇"字，十分贴切地表达了她当年的心愿。

50多年前，张瑞芬放弃钢琴专业学习飞行时，就立志学成回国，兴办航校，为培养航空人才竭心尽力。1936年8月5日，张瑞芬在旧金山出席了龙冈亲义总公所举办的欢迎会，会上曾发表了热情洋溢的讲话。第二天，当地华侨报纸以"大埠龙冈亲义总公所欢迎张瑞芬"为题，对这次活动作了报道。文中说："张女士先致谢该公所欢迎盛意，次述其来美求学之志愿。鉴于祖国多事之秋，认定航空救国，为唯一之目标，是以不计学费之困难，由林肯航空学校毕业后，再从陆军飞行专家教授各种飞行技术，费5年的时间，实地练习，领得国际飞行执照，始能参加次罗省飞行比赛大会。以往事略大概如是。仍望将来有机会，飞返祖国，效力疆场，以尽匹妇救国之责，庶不负我怀抱云。演毕，掌声迭作……"张瑞芬的爱国之情跃然纸上了。

1937年卢沟桥事变发生后，远在美国的张瑞芬十分关心国内局势的发展。她还驾机从洛杉矶出发，飞抵旧金山、芝加哥、圣地亚哥等市，在美国许多地方进行飞行宣传。每到一地，她发表演说，举办航空图片展览，激发侨胞的爱国热情。这一年10月，旧金山华侨捐款7000美元，购买了一架"莱恩ST"教练机赠送张瑞芬，作为她回国办航空学校之用。可惜这架飞机送到洛杉矶后，张瑞芬的同学张祝文驾驶它在空中兜圈，不幸发生了机毁人亡的事件。这样，张瑞芬驾机回国服务的愿望未能实现。

1942年，38岁的张瑞芬停止飞行，告别航空界，以经营花卉商店为生，直至1970年退休。张瑞芬有一个幸福美满的家庭，她有两个女儿，大女儿在一所学校任副校长，二女儿是一位商业画家。丈夫杨观宝先生于1912年赴美留学，这位曾在南加州大学深造的机械工程师一生最怕坐飞机，但他从不干预张瑞芬的飞行。退休后，张瑞芬与丈夫一道，在洛杉矶安度晚年。

暮年故国行

凡是为航空事业作出过贡献的人，历史都会记载他们的业绩。张瑞芬的事迹和照片已收入美国的航空航天博物馆。1984年12月12日是张瑞芬的80岁寿辰。这一年的10月20日，美国南加州华人历史学会作出决定，决定中说，张瑞芬是"公认的杰出美国华裔妇女"，鉴于她的"历史成就继续激励美国华裔和南加州广大人民群众，并确立起一个中国妇女的自信形象"，因此授予她"献身当代之妇女"的光荣称号。

同样，故国人民也没有忘记这位航空女杰。1987年，广东省中山图书馆、恩平县政协文史组、旅港恩平黎塘同乡会、恩平县侨务办公室联合编印了研究张瑞芬的专辑《航空女杰》。在这本专辑的首页中，印有著名爱国将领蔡廷锴将军的夫人、全国政协常委罗西欧女士于1986年为这本专辑所写的题词："翱翔太空，一枝独秀"。从1936年蔡廷锴将军称赞张瑞芬到1986年罗西欧女士题词，整整相隔了半个世纪，尽管世事沉浮，时光流逝，但中华民族饮水思源、尊敬贤能的美德却一脉相承。

张瑞芬加入了美国国籍，在那里生活了数十年，然而她始终眷恋着养育过自己的故国。在美国，张瑞芬外出办事，操一口流利的英语，回到家中，总用广东话与家人交谈。次女杨玉瑛嫁给了一位美国白人为妻，张瑞芬还给这位洋女婿取了一个叫"文庆"的中文名字。

1989年，张瑞芬回国省亲时，与新中国第一批女飞行员见面交谈

1989年年初，85岁的张瑞芬携长女杨玉衡，次女杨玉瑛、次女婿文庆以及两位美国朋友，一行6人乘飞机离开洛杉矶，取道香港回到阔别68年的故国探亲旅游。所到之处，受到热烈的欢迎。

4月1日，张瑞芬一行由香港改乘江轮，经三埠回到故乡恩平县，当晚县长设宴为她洗尘。席间，她激动地说："抗战期间我曾准备驾机回国兴办航校，但由于华侨购赠的飞机被学员驾驶时坠毁而未酬壮志。这一次虽然不是为办航校返回故里，但在暮年之中能一睹祖国新貌，也算了结了一桩心事。所以回到恩平，这是我一生中最高兴的一天。"第二天，张瑞芬到鳌峰公园参观了冯如纪念馆。她对政府为这位航空先驱雕塑铜像、建馆纪念感触颇深。

离开故乡后，张瑞芬在外地同样受到热烈欢迎。4月7日，张瑞芬到达西安，8日晚陕西航空联谊会和陕西工业大学航空史研究室联合设宴款待。席间，中国航空学会理事长、陕西航空联谊会会长、西北工业大学名誉校长季文美教授致欢迎词，出席作陪的有著名中国航空史专家姜长英教授和其他航空界有关人士。当张瑞芬接过国内同行赠送给她的《航空女杰》锦旗和《巾帼英华》书法字轴时，心情十分激动。4月9日，张瑞芬到达北京。在京期间，她兴致勃勃地参观了北京航空馆和航空博物馆，为新中国的航空事业有了长足的发展而由衷高兴，96岁高龄的全国侨联主席张国基还宴请张瑞芬一行，希望他们为增进中美两国的友谊多做贡献。

从4月1日至4月17日，张瑞芬先后在恩平、广州、桂林、西安、北京、南京、上海、杭州等地探亲、观光、访问，然后于19日离开广州，带着故国的一片温情，取道香港飞回美国。

家乡恩平的张瑞芬雕像

张瑞芬以其出色的飞行成就被美中两国人民称赞。1976年，她荣获美国建国200周年先锋奖牌。1992年，世界女飞行员大会在美国堪萨斯州举行，除邀请张瑞芬出席讲话外，还把当地一条森林道路以她名字命名。2001年，中国驻洛杉矶总领事兰立俊代表中国政府向张瑞芬颁发奖牌，以表彰她对航空事业和增进中美友谊作出的贡献。

2003年9月2日，张瑞芬病逝于美国洛杉矶家中，享年99岁。

十三、李霞卿其人其事

李霞卿是一位知名人物，因为她不仅是一位长相漂亮、表演逼真的电影明星，而且也是一位经历不凡、成绩优异的飞行家。

1912年，李霞卿出生在广州的一个富商家庭。父亲李应生，原籍广东省恩平县，曾在上海的法国租界巡捕房中担任高级翻译。童年时，李霞卿随父亲到过欧洲，在那里学习了法语，回国后又在香港及上海的中西文学校读书，英语讲得十分地道。由于家庭的影响和东西方文化的熏陶，她思想活跃，爱好多样，胆识过人。

演电影时的李霞卿

1926年，李应生在上海，和原籍广东省新会县，1893年出生于日本、有"中国电影之父"美誉的黎民伟共同组建了上海民新影片公司。他们开拍的第一部影片是欧阳予倩编的《玉洁冰清》。这时，年仅14岁的李霞卿便以李旦旦的艺名从影，在《玉洁冰清》中担任女主角的妹妹。由于表演细腻，这位满脸稚气的童星给人们留下了深刻的印象。此后，李霞卿还在《和平之神》《海角诗人》《天涯孤女》《五女复仇》《西厢记》《木兰从军》等影片中担任主角或重要角色，从而名噪一时。有人说，她与当时上海的影坛明星林楚楚几乎是齐名的。

做天空的征服者

当李霞卿在影坛上红透上海半边天时，她却没有沿着明星的道路继续走下去。1929年，民新影片公司并入华联影片公司后，李霞卿便与国联会的秘书郑白峰先生结为伉俪。不久，他们又一同去了欧洲。在欧洲，李霞卿先在英国一间私立学校读书，后来进入瑞士的日内瓦康塔纳飞行学校学习飞行技术，1935年又转到美国奥克兰的波音航空学校深造。由于要做"天空征服者"的志向，她便改写了自己的后半生。

奥克兰的波音航空学校颇有名气。在名教练的指导下，又经过自己的刻苦学练，李霞卿很快掌握了各种复杂的飞行技术。飞行总是有风险的，在练习飞行的过程中，李霞卿也不是一帆风顺。

1935年5月15日上午，李霞卿在奥克兰机场的上空练习翻筋斗，这是一次难度较大的飞行。当飞机在2000英尺的高空飞行时，李霞卿的座椅皮带松了，她突然被抛出机舱之外。假如没有应急的措施，其结局一定是粉身碎骨。李霞卿头脑冷静、做事果敢，这时她快速打开自己背上的救生伞，慢慢飘落在旧金山的海湾里。美国海军闻讯后，马上派出水陆两用飞机和快艇前往营救，终于化险为夷。

开飞机时的李霞卿

1935年5月15日，美国英文版《三藩市新闻》曾在第一版的重要位置上报道了这则消息，并刊出了李霞卿的一幅全身照片。第二天，洛杉矶的中文报《世界日报》上也登载了同样内容的消息。

李霞卿空中脱险的新闻在美国曾轰动一时。随后，她因此成为美国99s女性飞行员组织的成员，并加入了卡特皮勒飞行俱乐部。

鼓舞国人的飞行

李霞卿虽然在美国飞行界中有了名气，但她仍日夜思念着养育自己的祖国。学成之后，她踏上了归途，于1935年12月，乘美国"柯立芝总统"号海轮抵达上海。随后，李霞卿曾在香港西南航空公司任见习驾驶员，但不久即辞职，重返上海。

上海是当时中国开展航空活动较为活跃的地区之一，中国飞行社就是1935年在那里成立的。1936年，李霞卿在上海做了精彩的飞行表演，在全国引起很大轰动。同年，她又在国内进行了两次长途飞行，一次是从上海飞到广东的湛江，一次是从北平飞到四川的成都。

新中国成立前，中国的女飞行员少得可怜。1929年1月，鲍会秩夫人驾机携带邮件从汉口飞抵广州，一般认为，这是中国女飞行员的首次民航长途飞行。1936年李霞卿所进行的两次长途飞行，每次飞行的距离都超过鲍会秩夫人，这样她便创造了当时中国女飞行员国内长途飞行的最高纪录。应该说，这对当时的国人，特别是受歧视的女性是一个很大的鼓舞。1947年在《中国的空军》杂志第102期上，以"离成功只差半秒的女飞行员"为题介绍中国飞行社培养的女飞行员杨瑾珣。文中也谈到经常到中国飞行社练飞的李霞卿，说她"风头十足"，是"一个非常时髦的人儿"。因此足见，超凡脱俗的李霞卿，确实令人刮目相看。

环飞美洲

20 世纪三四十年代，在中国和美国的航空界中，曾经出现过"李霞卿热"。这不仅由于她的飞行技术高超，而且还因为在国难当头的时候，她驾机环飞美洲，为中国的抗日救亡运动作宣传。

1937 年 8 月 13 日，日军大举进攻上海，扬言三个月灭亡中国，上海军民奋起抵抗，这就是"八一三"淞沪抗战。在战火烧到了家门口，机场已经无法安放一架飞机的时候，李霞卿和许多人一样，被卷到抗日救亡的洪流之中。她曾在救护学校和难民营中工作过，尽国民的一份天职。

1939 年年初，美国援华药物局向李霞卿发出邀请，这样她便开始在美洲不少国家进行访问。在美国，李霞卿驾驶一架名叫"新中国精神"号的单翼轻型飞机，访问过纽约、华盛顿、巴梳、圣地亚哥、盐湖市、洛杉矶等许多城市。由于她环飞美洲是为祖国受苦受难的民众争取国际援助，因此每到一处，都受到华侨和美国航空界以及其他友好人士的热烈欢迎。据报道，盐湖市有关当局甚至派出 15 架飞机到离该市 20 分钟航程的上空迎接李霞卿的机座，真是隆重异常，简直把她视为国宾。

1940 年，李霞卿还驾机飞往南美洲的一些国家进行宣传募捐。在秘鲁，她驾驶军用飞机做了长达 1 个小时的飞行表演，募得 4 万元。秘鲁的航空部长前往观看，为李霞卿的演技拍手叫好，并赠给她一枚航空金质徽章。

1940 年 3 月，美国《远东》杂志记者曾对李霞卿进行过专访。李霞卿在回答记者提出的驾机单独远飞是不是冒险这个问题时说："面对侵略，中国为了图存，我们正在忍受着苦难。""所有的中国人，不论在国内或在世界各地，为了祖国，是很少想到危险的。"这就是她不辞辛劳，远飞万里的

原因。

关于李霞卿后来的去向说法不一。1946 年 5 月《中国的空军》杂志第 98 期中，在洪达所写的《女性进入航空之门》一文中说，李霞卿飞行失事丧生，时间是 1944 或 1945 年，地点未说。在兵荒马乱的年月，经历过一段"李霞卿热"之后，又留下了一个"李霞卿迷"。

几十年过去之后，2012 年花城出版社出版了加拿大作家帕蒂·哥莉历时 7 年写成的《飞天名媛》。此书由张朝霞翻译，书中记载了三位中国第一代女飞行家。除李霞卿之外，还有上海出生，曾当过飞行员和外交官的颜雅清，以及原籍广东深圳四乡，中国第一位飞行女中尉的郑汉英。书中详细介绍了李霞卿的业绩，并说她所谓飞行失事为误传。抗战结束后，李霞卿到香港生活，1960 年移居美国，住在旧金山湾区，1998 年辞世，享年 86 岁，其墓地在加州的奥克兰市。

十四、华侨革命飞机团

华侨革命飞机团是华侨支援辛亥革命的生动事例，尽管这个飞机团实际并未成型，但在中国航空史上却给后人留下了难忘的一页。

1911 年夏，在孙中山先生的推动下，美洲致公堂与同盟会在旧金山成立了洪门筹饷局。筹饷局的监督是黄三德，朱三进、罗敦怡为总办，李是男等为会计，此外还设中西文书、游埠筹饷员多人。随即，筹饷局发行中华民国金币券，并在短短的 3 个月内，筹得美金 14.4 万余元。

10 月 10 日，武昌起义爆发。消息传到海外，美国华侨欢欣鼓舞。为了更有效地支持国内风起云涌的革命浪潮，当时芝加哥的同盟会员很快便提出了组织飞机团回国参战的建议。洪门筹饷局认真讨论了这个建议，并拨出专款，从寇蒂斯飞机制造厂购得 6 架寇蒂斯 D 型单翼飞机。

飞机虽然买到，但接下来又为飞行员大伤脑筋。当时，华侨青年在美国飞行学校肄业的只有谭根、林福元二人。林为帝国宪政会会员，他的学费是由《世界日报》提供的；谭则尚未领到万国航空执照，因此令二人随机回国，终未能如愿。最后没有办法，洪门筹饷局用年薪 1 万美元的条件，雇得美国机修专家威尔霍斯先生，尽快将飞机运回国内。

飞机运回国内是分两次进行的，第一次两架，第二次四架。芝加哥的同盟会员李绮庵、余夔等人以及威尔霍斯夫妇专程从美来华办理有关事项。

文史资料出版社出版过《回忆辛亥革命》一书，曾任旧金山同盟会主盟人的赵昱先生在其《辛亥革命与海外洪门》的回忆文章中说，1911年12月31日飞机运抵上海时，孙中山先生曾派人乘战舰迎接。第二天，孙中山先生便在"共和万岁"的欢呼声中，乘车由沪赴南京，于当天晚上宣誓就任中华民国大总统。华侨革命飞机团的组建，为民国的建立壮了声威。

南京临时政府成立后，飞机便从上海运到南京。为此，孙中山先生拨地开辟机场，并派从美国归来的邝灼等人驻守机场四周，以为拱护。1912年2月间，飞机装配妥帖，需要试飞，但此时仍然没有合格的飞行员。威尔霍斯虽为机修里手，但对飞行技术并不熟识。正在为难的时候，总统府的庶务科长朱卓文自告奋勇担任试飞任务。朱卓文尽管在美国时曾随飞机师多次升空，但毕竟没有经过严格正规的飞行训练。结果他驾机离地不足三尺，飞机坠地以至自己头部受了轻伤，这使前往观看的总统府各部职员都十分惋惜。

清政府在行将覆灭前夕，也曾着手考虑航空业。当时，他们从留法学生中选派了秦国镛、潘世忠、张绍程、姚锡九等人学习飞行驾驶。留英学生历汝燕有志航空，军咨府准其官费，在英国进修飞行术。不过这些人学业期满，直至民国初年才先后回国。军咨府甚至拨款在北京南苑建筑厂棚，请留日学生李宝焌、刘佐成装配飞机。1911年夏，李、刘二人将从日本运回的零部件装配飞机并进行试飞，但是飞机坠落失败了。陆军部尚书荫午楼奏请清廷，获得批准，花了4万两白银从英国购买了一架小型飞机，并于1911年春运回北京，但由于无人驾驶，这架飞机仅供人们参观而已。可见清政府的这些努力都收效甚微。然而事隔不久，美国华侨一下子从海外捐献6架飞机陈列南京，确实令清廷望尘莫及。虽然华侨革命飞机团缺乏合格的飞行员，朱卓文的试飞又不如人意，但当时报界出于对新生革命政权的拥戴，接连发表文章，大谈华侨飞机团的威力，一时间成为人们议论的要闻。

南京临时政府成立的时候，北京的溥仪尚未退位，这样就引出了南北议和、袁世凯逼宫、临时政府北迁等事件。

冯自由在《革命逸史》中曾记述过这样一件事：有一天，孙中山和唐少川、胡汉民、冯自由谈论华侨革命飞机团的事情。冯自由说，这次从美国带回了6架飞机，但由于没有驾驶员，飞机放在南京等于无用，所以感到非常可惜。唐少川说，飞机虽然没有实际作用，但是影响很大。北京各报都曾转载上海的电讯，介绍革命军飞机凌空数千尺，威力如何伟大，袁世凯就是以此来威吓清朝的隆裕太后的，隆裕太后听了为之动色下泪。

南京的临时政府仅存在3个月，鉴于袁世凯篡政，1912年4月1日，孙中山先生被迫辞去临时大总统的职务，后来华侨革命飞机团就烟消云散了。飞机团员各谋生路，威尔霍斯回国，6架飞机计划转移到广州，但存放在上海时散失了。尽管如此，华侨革命飞机团的影响是不能忽视的。唐少川，即1912年3月间在北京出任国务总理的唐绍仪，他在上面所说的那番话就是一个证明。

十五、华侨义勇团飞机队

　　1916 年，在讨伐袁世凯的护国战争期间，曾有一支华侨义勇团飞机队回国参加讨袁行列，这在一般的史书上是很少有记载的。1968 年病故的广东省政协委员胡汉贤当年曾随飞机队回国，他在《中华革命党讨袁军美洲华侨敢死先锋队组织始末》的回忆录中，为后人留下了这方面较为详尽可信的文字。

　　华侨义勇团飞机队的产生是当时革命潮流的产物。民国初年，袁世凯窃取革命果实，遭到了革命党人的顽强抵抗。1913 年夏，李烈钧在江西成立讨袁军总司令部，随后南方数省相继宣布独立，这就是民国史上所说的"二次革命"。"二次革命"失败后，孙中山先生流亡日本，并于 1914 年 7 月 8 日在那里成立了中华革命党，继续领导人民进行讨袁斗争。

　　海外的华侨尽管远离祖国，但他们对国内的局势十分关心。原籍广东开平百合儒良村的胡汉贤，1912 年冬到加拿大的维多利亚，1914 年冬主持成立中华革命党支部。随后不久又到问顿城主持加拿大中部和东部有关中华革命党的党务。短短一年多的时间里，加拿大成立中华革命党分部和通信处 50 余处，华侨加入中华革命党的达数千人。1915 年 4 月，胡汉贤等人在问顿城成立军事总社，温哥华、维多利亚、多伦多等市成立分社，他们开展革命宣传、筹集讨袁军费，并对华侨青年进行军事训练。

1915 年秋，袁世凯称帝的野心日渐暴露。这一年的 12 月 25 日，蔡锷等人发布讨袁檄文，宣布云南独立，拉开了护国战争的序幕。消息传到海外，加拿大华侨电告孙中山先生并获批准，决定成立"中华革命党讨袁军美洲华侨敢死先锋队"，当时有 500 余人报名参加。起先，华侨敢死先锋队本来并无组建飞机队的打算，飞机队的成立是后来的事情。

1915 年 10 月，胡汉贤、关宝华、李赦等 3 人由加拿大前往日本东京，向孙中山先生汇报华侨敢死先锋队组织经过并请示回国日期。鉴于回国日期尚不能确定，孙中山先生要胡汉贤等人在日本学习飞行。原来在 1915 年的 4 月，孙中山先生在日本滋贺县的八日市机场办了一所航空学校，聘请日本人为教官，培养革命的飞行人员。这一年的年底，胡汉贤等人进入八日市的航空学校。

1916 年 2 月，加拿大讨袁华侨敢死先锋队及美国部分华侨青年奉令踏上归国路途，他们 300 余人分 3 批于 3 月底抵达日本的横滨候命。在日本又加入了一批新队员，这样敢死先锋队队员总数达 500 余人。5 月上旬，孙中山先生委派夏重民率队回国。他们从青岛登岸，进入山东潍县，归中华革命军东北军总司令居正指挥，被改编为中华革命军东北军华侨义勇团。与此同时，中华革命党航空学校师生携 3 架飞机从神户乘船抵达青岛，随后也进驻潍县，并定名为中华革命军东北军华侨义勇团飞机队。

飞机队属华侨义勇团领导，队长由骑兵队长吴光梅兼任，该队的管理主任是胡汉贤，刘季谋为助理员兼通译，李赦为总务，马少汉为军需，马栋廷为会计兼出纳，马超俊为副官，梁焕庭为机械员，韩鲲为书记兼飞行记录员，学员 30 余人，被编为飞行员。

当时，飞机队有飞机 3 架，分为 3 队。第 1 队由胡汉贤带领，有美式 JN-4 型飞机 1 架，飞行员 10 人，机械员 2 人；第 2 队由刘季谋带领，有美式 JN-5 型飞机 1 架，飞行员 10 人，机械员 2 人；第 3 队由李赦带领，

有英国"剪风号"飞机1架，飞行员10人，机械员2人。教官是3位日本人，他们是坂本寿一、立花了观、吉田安仁。此外，还有6名日本机械工人。由此可见，飞机队的装备和建制都较为齐备。

5月间，飞机队随华侨义勇团抵驻潍县后，不久参加了计划袭击济南的军事行动。当时济南为亲袁世凯的军阀所盘踞。为了袭取济南，东北军制定了一个外攻里应的作战方案。华侨义勇团团长夏重民亲自率领100多名乔装打扮的团员，带着火药、枪械和无线电台，秘密潜入济南城内靠近胶济铁路、警察署、督军署等重地附近的地带。他们相约5月14日晚7时以火光为号，配合城外主力攻城。作为攻城的前哨战，飞机队提前开始了行动。5月10日，飞机队的3架飞机全部出动。胡汉贤、刘季谋、李赦分别与日本教官坂本寿一、立花了观、吉田安仁组成三组，驾驶飞机在济南上空观察地形、散发革命传单和投放炸弹。所谓投放炸弹，实际上是将用三炮台香烟空罐粗制的炸弹从飞机上扔下去。当时山东亲袁军队还没有飞机，讨袁军的飞机飞临济南，一时间使敌军人心惶惶，据说山东省的督军还因此向袁世凯提出辞职。后来，由于日本浪人的告密，5月14晚的攻城计划未获成功，但华侨义勇团飞机队已在讨袁的斗争中显示出自己的力量。

1916年6月6日，在海内外中华儿女的一片怒讨声中，袁世凯仅仅做了83天皇帝梦，就结束了他罪恶的一生。鉴于这种情况，华侨义勇团于这一年的9月20日宣布解散，并发表了一个文告。文告中说："袁贼无道，窃窃神器，国家濒危，千钧一发"，我们这些海外赤子，"念国家兴亡，匹夫有责之义，于是集合同志，联翩回国，组织华侨义勇团"。现在"袁贼自毙，余孽受诛，国会恢复，大局粗安"，为了"不应苦吾父老昆仲之负担"，并表明我们"并非希荣谋利之徒"，所以决定"解甲凯田，各自复回本业"。字里行间，情真意切，感人至深。

袁世凯死后，由黎元洪继任总统。当时北京政府曾打算将华侨义勇团人员编入保定军校为学员，飞机队全部设备及人员调往北京南苑，改为中华民国飞机学校。但海外华侨回国参加讨袁只是一心救国，别无他求，因而无意进入军阀行伍。1916年11月下旬,3架飞机寄存青岛，除个别人外，飞机队成员随华侨义勇团一道前往上海。随后，他们有的返回日本、加拿大，有的回到广东，也有的到无锡经营农林种植业。华侨义勇团飞机队回国数月，由于袁世凯自毙，实际上并没有参加过大的战斗。但为了再造中华，他们毅然携机回国，其爱国之心是令人敬重的。

十六、十九路军航空队

　　大凡读过中国现代史的人都知道十九路军，因为十九路军在1932年"一·二八"淞沪抗战中，与上海各界人士奋勇抗日，使敌军三易主帅，死伤万余，大大鼓舞了全国人民的斗志。这支抗日劲旅在福建事变前后，曾依靠华侨飞行员组建过一支航空队，知道这段历史的人就不多了。

　　十九路军航空队的组建，与刘植炎关系密切。

　　刘植炎，广东省中山县溪角乡龙瑞村人，生于1898年。少年时曾在国内完成学业。1921年赴美谋生，在芝加哥的一家中餐馆做工，并在那里的三民航空研习所学习飞行。所谓研习所，其实就是由懂得飞行的黄毓沛牵头组织的航空俱乐部，起初参加的有刘植炎、周蓉初以及黄毓沛的弟弟黄毓全三人，后来又加入两人，这就是叶以芬和梅龙安。他们大家出钱，买了两架报废的飞机，经过修理后作教练之用，并租用位于芝加哥第83街附近的一个机场，在那里学习飞行本领。为了购买飞机，刘植炎还将自己打工所得的800美元如数献出。

　　1926年秋，除在飞行中失事殒命的周蓉初外，黄毓沛、黄毓全、刘植炎、梅龙安、叶以芬五位青年，用芝加哥华侨捐助的1000美金买了5张二等舱的船票，怀着航空救国的一腔热血，乘一艘日本海轮经香港回国。这5人之中，除叶以芬于1927年派往苏联受训时因飞机失事身亡外，其余

4 人都曾为中国的航空作出过突出的贡献。黄毓全在淞沪中日空战中牺牲，黄毓沛曾任广东航校教育长和南京政府航空署第 6 航空队队长，梅龙安曾任广东飞机修理厂厂长。刘植炎回国不久，即奉命随广东航校的部分教官和学员到苏联的第二军事航校受训。从 1929 年春至 1931 年夏，他先后任广东航空处军务科长、广东航校教育长和代理校长。

福建事变发生在 1933 年冬至 1934 年年初，十九路军航空队在此之前就已经开始组建了。这是当年的时局所决定的。十九路军从上海撤退后，被调往福建和红军作战，但屡屡失利。日军南进，大敌当前，爱国官兵不愿内战，十九路军的将领蒋光鼐和蔡廷锴审时度势，在与红军讲和的同时，也乘势扩充军力，这就想到了组建空军。与此同时，和福建相邻的广东局势微妙。1932 年 4 月，陈济棠对广东的空军进行大改组，撤销了张惠长的职务，结果发生了一场很大的风波，以致 100 多名飞行员和机械员离开广州到达香港地区。这么多空地勤人员滞留香港地区，没有用武之地，生活也成了问题。显然，此时一方面十九路军有组建空军的意愿，另一方面大批航空人员滞留香港地区，这样便一拍即合了。

当时，刘植炎任广东空军第 5 队队长，驻防在汕头。广东空军改组时，他不愿奉命回广州就任航空处处长，也乘船到了香港地区。1932 年春夏之交，刘植炎带着前广州国民政府空军总司令张惠长致蔡廷锴的一封亲笔信，前往福建商讨有关组建航空队事宜，并得到蔡将军的赞同。1932 年冬，数十名飞行员和机械员从香港乘船到达福州，他们在东门外王庄机场附近成立了十九路军航空队。1933 年冬，改为福建人民政府航空队。这支航空队由出生于檀香山、曾在美国学习飞行技术的杨官宇任队长，刘植炎任副队长。1933 年，杨官宇离队后，刘植炎接任队长。

十九路军航空队前后拥有 10 架飞机，但这些飞机都没有可供作战之用的武器装备。1932 年夏，航空队接收驻守在漳州的杂牌军张贞所属的 5 架

飞机，这些飞机是从香港远东航空公司购买的教练机。在此稍后，利用菲律宾华侨捐款向外国购买的3架驱逐机，也没有武器装备。因为当时南京政府为防止地方反叛，曾要求外国商人一律不得将军火卖给地方当局和地方军队。1933年秋，南京政府曾派两架飞机到福州接蒋光鼐、蔡廷锴赴宁，但蒋、蔡二人不从，并扣下了飞机。这两架飞机虽为可塞型的侦察轰炸机，但由于此行是执行非军事任务，并没有携带炸弹，因此也不能作战。尽管航空队是一支不能作战的杂牌飞机队，但在福建事变的前后，也发挥了意想不到的作用。

1933年10月26日，十九路军与工农红军订立了反日反蒋的初步协定。经过一番酝酿之后，是年11月20日，在福州召开中国人民临时代表大会。当时各界代表和数万军民参加了大会。大会发布了《人民权利宣言》，否认南京反动政府，决定成立中华共和国人民革命政府，并推选李济深为革命政府主席兼军事委员会主席，陈友仁为外交部长，蒋光鼐为财政部长，陈铭枢为文化委员会主席，蔡廷锴为人民革命军总司令兼十九路军总指挥，黄琪翔等人为人民革命政府委员。在人民革命政府成立前夕，刘植炎曾驾机到漳州，接红军方面的代表张云逸到福州参加人民革命政府的成立。

福建人民革命政府成立后，曾与苏维埃中央政府签订《闽西边界及交通条约》，就双方防区以及通商、交通问题作了规定。此外，还下达了通缉蒋介石、汪精卫、何应钦等人的命令，并释放了一批包括共产党员在内的政治犯。南京政府旋即调集15万军队"围剿"福建。当时福建人民革命政府和十九路军只有5万兵力，尽管他们顽强抵抗，但终寡不敌众，南京政府的军队于1934年1月16日进驻福州。在此之前，1月9日，刘植炎安排4架教练机将李济深、陈铭枢、蒋光鼐、黄琪翔4人送往漳州，而蔡廷锴则随大部队撤离福州。在遣送地空人员之后，刘植炎则经马尾换船到达香港。这样，航空队就不复存在了。

刘植炎从福州逃出后，先在家乡闲居，1935 年在欧亚航空公司任驾驶员。1943 年，欧亚航空公司改组为中央航空公司，他先后任该公司驻新疆哈密站的主任和公司的高级顾问。1949 年，他在香港参加了著名的中央航空公司和中国航空公司员工起义。中华人民共和国成立后，在北京长期从事翻译工作，64 岁时退休。

1982 年，刘植炎和女儿移居澳大利亚。在海外，他十分怀念故园。1986 年，在孙中山先生诞辰 120 周年的时候，他写下了这样一首诗：

辛亥旌旗起武昌，共和五族阵堂堂。

安邦主义三民立，宪制前途百代光。

我本学生留北美，参加国父是同乡。

航空救国遵遗训，航校民航两发扬。

这首诗虽无惊人之句，但他用朴实的语言回顾了自己走过的航空救国的道路，表达了对孙中山先生的敬仰之情。1988 年 1 月，90 岁的刘植炎病逝于澳大利亚的悉尼。生前，这位航空界的前辈曾写下不少有关中国早期航空的资料，他和他的儿子曾先后将这些珍贵史料分别寄给大陆和台湾地区的航空界。他们希望这些史料能够成为连结海峡两岸同胞的纽带，激励后人共同去谱写"航空救国"的新篇章。

十七、西南航空公司始末

在旧中国，西南航空公司存在的时间并不长，它的实力也不雄厚，然而在中国民用航空史上却占有一席之地。因为这是依靠民族资本办起来的航空公司，同时，公司的主要发起人以及飞行员中，大多是归国华侨。

起源于军办民用航空

1919年，北洋政府国务院设立航空办事处，着手筹办民用航空。1920年4月24日，英国飞行员驾驶着一架英国产的飞机从北京飞往天津，试飞成功。这一年的5月8日，北京至天津线正式开航，飞机带着旅客和邮件当天往返，这是我国最早的民用飞行。尽管早在北洋政府时期中国就已经有民用航空业，但那时的民用航空，不仅在资金、技术方面依赖外国，而且航线断断续续，飞飞停停，极不正常。

西南航空公司是1933年成立的，在此之前，中国已经有了中国航空公司和欧亚航空公司两家航空公司。

中国航空公司成立于1929年，由中国的交通部与美国航空商合办，开始资金1000万元，中方占55％，美方占45％。欧亚航空公司即后来的中央航空公司，成立于1931年，由中国的交通部与德国航空商合办，300万元的资金中，中方占三分之二，德方占三分之一。这两家公司不仅外资占相当大的比例，而且在技术上也由外国人垄断。比如中国航空公司，1936年有正驾驶员14人，美籍占10人；1947年，51名正驾驶员中，美方约占80％。显然，这样的航空公司与北洋政府时期的民用航空机构，在本质上没有多大的区别。

西南航空公司起源于广东的军办民用航空。在孙中山先生"航空救国"思想的影响和华侨的大力支持下，广东的航空业起步较早，空军的力量亦相当雄厚。1929年，南京航空署曾对全国军事机构拥有的飞机做了一个调查，其结果是奉天（沈阳）191架、南京73架、广东32架、山西22架、云南17架、马江8架、陕西7架、厦门7架、四川4架。奉天的飞机之所以多，是因为直皖战争结束后，张作霖从北平的南苑抢到一批飞机，随后在东北办航校，聘请英国、日本等国教官，培养人才，购置飞机，因而发展很快。换句话来说，张作霖是集中了华北和东北数省的力量才拥有这么多飞机的。至于南京，作为民国的首都，它拥有的飞机自然也相应多一些。抛开了上述这些特殊条件，人们对广东空军的实力不能不刮目相看。

1929年年底，黄光锐任国民革命军第8路军总指挥部航空处处长。航空处设军事、副官、储备、经理、编译等科室，下辖3个飞机队。广东、广西两省相邻，历来政治、经济、文化息息相关。为了进一步密切两省的往来和加强广东省内的联系，1930年11月，航空处增设交通科，科下又分总务、机务、场站、运输4股，开始筹办民用航空。当时，他们计划开办3条航线，这就是广州至汕头的东线、广州至海口的南线和广州至梧州的西线。军办民航，就是利用航空处的人员、飞机、设施试办民用邮运航空业务。应该说，在和平时期，军用改民用的设想还是颇为大胆新颖的。

1930年12月，航空处交通科首先开办了广州至梧州的西线。在广东空军服役的有不少归侨飞行员，他们驾驶着瑞安·B-5型飞机往返于广州、梧州之间，活跃在民航线上。当时，这条航线的客运和货运业务还是可以

的。然而好景不长，1931年，随着广州政府与南京政府的摩擦频频发生，南方局势日趋紧张。2月，蒋介石非法软禁胡汉民于南京的汤山；5月，反蒋的广州国民政府成立；9月，两广出兵北上，发生了宁粤战争。由于广梧航线上的飞机和人员奉命调回广东空军待命，这样这条军办民用航空线在开办了半年之后，就于1931年5月间停办了。

集股创办民航公司

广梧线停办，人们并未因此而死心。在宁粤战事平息之后，林福元、胡汉贤、胡锦雅这些知名的归侨航空人物极力推动两广军政界发展西南民用航空业，他们的建议获得了南方地区有识之士的赞同。1933年9月，广东、广西、福建、贵州、云南5省派出代表在广州商议，决定集官股、商股150万元，筹办西南航空公司。

西南航空公司副总经理胡锦雅是美国华侨，他原籍广东开平，大约于1921年前后回国，曾在大元帅府航空局服务。1922年6月，陈炯明叛变，孙中山避难永丰舰。当时胡锦雅曾驾水上飞机陪伴在侧，孙中山先生与外界的联络主要是通过他。后来胡在空军长期服务，1929年任广东空军飞机队副队长，1931年任西南政委会空军司令部下属的第2大队司令兼第5队队长。

公司的总经理刘沛泉尽管不是华侨，但与华侨飞行家谭根有过一段特殊的经历，因而才进入航空界的。刘沛泉，字毅夫，广东省南海县松岗镇联镳村人，原来是一位月薪只有广东毫洋25元的新闻记者。1915年，华侨飞行家谭根回国，刘沛泉因报道谭根在香港地区及广州的飞行表演而和这位飞行家交上了朋友。谭见刘颇有才华，便以月薪50元的优厚待遇聘请他担任自己的秘书。这样一来，朝夕相处，刘竟对航空产生了浓厚的兴趣，从而舍弃了原职业。后来刘沛泉曾任云南航空处长、云南航校校长，1927年还担任过国民革命军东路军航空司令，1934年返回广东后，这位早年跟随谭根，并和西南各省军政界关系密切的人物，便坐上了西南航空公司总经理的交椅了。

西南航空公司正式成立于1934年4月。他们计划开辟广州至龙州、广州至北海、广州至福州、福州至梧州、南宁至昆明5条航空线。在此之前，广东、广西两省各自先行拨官股30万元作为开办费。1933年10月，西南航空公司花30万元从美国买进4架史汀生单翼小客机，分别命名为"北斗""长庚""启明""天狼"号，并于1934年5月，开办了广州经梧州、南宁至龙州的航线。1934年9月，广州至海口的航线也开始运营，这两条航线共长1338公里。1936年，又开设了广州至越南的河内以及广州经桂林至南宁的航线。由此可见，西南航空公司实际的业务范围，基本上还是局限于两广地区。尽管未能达到预期的目标，无疑对密切两广的交往是大有好处的。例如广州至龙州航线，全程有广州、梧州、南宁、龙州4站，每星期的一、三、五由广州起飞，而二、四、六则由龙州回航。有这样一条可以客运、货运、邮运的空中通道，两广重要市区的距离就大大缩短了。

飞不远的笼中鸟

在旧中国，民族航空业犹如夹缝中的幼芽，生存的空间是极其有限的。西南航空公司尽管创办运营了，但它受到南京政府交通部和中国航空公司的刁难、排挤，因而举步艰难，发展缓慢。抗战爆发，烽火连天，这家民族资本的民用航空公司更是倍受摧残。1938年春，西南航空公司被迫停办，公司全部9架飞机无条件地划归南京政府，公司的员工也大多转入空军。

经过14年抗战，中国人民赢得了抗日战争的胜利。日寇投降后，百废

待举，西南航空公司也积极筹备复业。几经交涉，南京空军总司令部给西南航空公司拨55架飞机。由于有了这些装备，西南航空公司不仅恢复两广地区大城市之间的航线，而且还将航线延伸到香港地区和台湾地区。正当他们计划将航线从两广发展到福建、湖南、贵州、云南，以及南洋大埠时，西南航空公司却无端奉命解散了。因为桂、粤派系的广东省主席下台后，接任的省主席是宋子文。宋是南京政府的财阀，与交通部及中国航空公司有很深的交往，他是不会替西南航空公司说话的。

西南航空公司的再度夭折，在国内引起很大反响。1948年9月24日，上海《时代日报》以"民航如笼中鸟有翅飞不成"为题发表文章，对这件事进行报道和评论。的确，在旧中国，西南航空公司始终是一只笼中鸟，尽管如此，但它有凌云壮志，并曾多次力图挣脱羁绊，以便长空万里，展翅飞翔，其功不可没。

第四章

兴学育人

一、中华革命党航空学校

日本是孙中山先生在海外策划中国革命的主要地区之一。早期，尽管孙中山先生在美国曾鼓励一些华侨青年学习飞行，但从现有的材料来看，1915 年在日本创办的中华革命党航空学校应该是爱国华侨在海外所办的最早一所航空学校了。

兴办学校培养航空人才，为建国兴邦服务，孙中山先生这一思想，早在辛亥革命前后就已经形成了，可是由于种种原因，未能付诸实施。"二次革命"失败后，1913 年 8 月 2 日，孙中山先生乘船离开上海，取道福州、基隆，转赴日本。1914 年 7 月 8 日，他在日本东京成立了旨在武装讨袁，再造民国的中华革命党。

坂本寿一是一位曾在美国寇蒂斯莱特航空学校学习过的日本青年飞行家。在日本的时候，孙中山先生就认识他。一次孙中山先生宴请坂本寿一，曾风趣地说："如果用飞机在敌人上空撒下蒙汗药，敌人昏睡不醒，那么我们不用开枪开炮，只要用绳子去捆绑俘虏就行了。"接着，他们就飞机的作用和发展前途进行了深入的探讨。坂本寿一对孙中山先生醉心航空留下了深刻的印象。

孙中山先生为了创办中华革命党航空学校，于 1915 年 4 月 25 日，派周应时出面与坂本寿一订立了《教授飞机契约书》。周应时为甲方，坂本寿

一为乙方，契约书一共有六款，前三款主要对学时和学费作了相应的规定，这就是学习6个月，每个学员交学费1000元。而在第四、五款则这样写道："四、甲方如因所需，请求乙方前往中国时，须给予乙方相当之报酬。五、乙方得应甲方之要求，前往中国从事航空事业。"中华革命党航空学校的办学宗旨是什么，这两款说得再明白不过了，它的目的就是要在中国发展航空事业。

航校校址设在滋贺县的八日市郊。当时的八日市航空活动正处在起步阶段。有一位名叫荻田常三郎的日本青年，从欧洲学成归来，并带回一架名为"剪风"号的单翼飞机，在八日市郊开辟了一个小机场。1915年正月，荻田驾机飞行，不幸机伤人亡。这样一来，这个机场就闲置一旁了。坂本寿一在征得八日市地方官的同意后，于1915年4月间，便在这个机场设立了中华革命党航空学校。

航校有教练机两架，一架是修复好的"剪风"号，另一架是坂本寿一自己的"寇蒂斯"式飞机。日本籍教官有坂本寿一、星野米藏、立花了观、尾崎行辉等。此外，还聘请美国的史密斯为顾问。尽管校方教职员工都为外籍人，但学员几乎为清一色的中国人。创办航校的消息传出去后，当时美国、加拿大、日本等地的华侨青年及留学生立即有130余人报名。后经

航校购买的飞机

过考试，录取了 40 人，其中机械班 10 人，飞行班 30 人。1916 年 3—5 月，学员进行飞行训练，但由于国内的局势发生了急剧的变化，他们随即奉命被编入华侨义勇团飞机队，回到山东参加讨伐袁世凯的斗争。

中华革命党航空学校培养了一些中国航空的先驱人物，其中较为有名的有日本华侨陈庆云和加拿大华侨胡汉贤。陈庆云 3 岁时随父亲从广东省中山县的南溪乡赴日，早年在横滨读书，回国后历任孙中山大元帅府侍从武官、飞机队长、航空处副处长、虎门要塞司令等职。1928 年陈庆云驾"珠江"号做全国长途飞行，1936 年曾任中央航空学校校长，1949 年去美定居，1981 年病逝。胡汉贤，广东省开平县百合乡儒良村人，1884 年出生在一个华侨家庭。早年在加拿大追随孙中山办《新民晨报》宣传革命。在日本学习飞行回国后，曾任广东航校校长、广东空军参谋长、广东民用航空公司筹办人。解放后被选为广东省政协委员，1968 年在广州病故。他们都为中国的航空事业作出了突出的贡献。

二、马尼拉航空学校

马尼拉航空学校是一所胎死腹中的航校。关于这所航校，萧强和李德标合著的《国父与空军》中曾经提及。尽管介绍得比较简略，许多细节都没有交代清楚，但由于文中引用了筹办人伍平一的自述，所以这段文字还是较有参考价值的。

伍澄宇，字平一，广东省台山县人，生于1889年，青年时留学日本，在那里加入同盟会，后来赴美。在美国，伍平一和一群志同道合的华侨办过《少年中国汉字报》和《美洲少年周刊》，鼓吹共和，不遗余力，他还担任过中国同盟会美国总支部长。

1911年，孙中山先生游历美国许多城市，筹款支援国内武装斗争时，伍平一曾作为秘书随行。伍早年追随孙中山先生，为辛亥革命奔走呼号，与航空结缘较早。那时华侨曾在美国创办过中华飞机制造公司，1913年年初，制造出第一架飞机。这家公司的秘书刘省吾以及财务负责人赵仲江均为粤籍华侨、屋仑同盟会的骨干，而身为总理、全面掌管公司业务的则是伍平一。刘、赵二人后来均回国服务，刘省吾因反对广东军阀龙济光而在台山县的公益镇被捕，旋即在省城就义，后经孙中山大元帅府批准安葬在广州的红花岗。

在旧中国，对航空有一技之长或懂得管理的人才，往往成为各派人物争夺的对象。还在美国中华飞机制造公司任总经理时，伍平一就曾通过蓝天蔚将军上书袁世凯，力陈国防航空建设的重要。袁氏读后十分赞赏，还一再电请伍回国出力。可后来由于1913年发生宋教仁被刺案，伍转而反袁，此事便按下不提了。1914年秋，伍平一在香港，这时龙济光派李实等人赴港礼聘他回广州办航校。龙是被袁世凯封为"振武上将军"的粤督，李实后来协助谭根在广州计划筹办航校，并任筹备处的督力。尽管龙济光依仗袁世凯的势力称霸南粤，李实又是热心办航空的人，但伍平一还是婉言谢绝了他们的聘请。

1914年10月7日，孙中山先生任命伍平一为中华革命党驻菲律宾的联络委员，伍平一曾与李箕、叶夏声等人到菲律宾的苏禄、怡朗、马尼拉等地开展组织工作，并进行募集革命经费和鼓动反对袁世凯等活动。1914年8月2日，孙中山先生在《复伍平一函》中谈到了马尼拉航空学校。他说："飞机学校事，当竭力促成之，而目前训练尤不可缓，盖时局正佳，飞机之用即在目前也。尚祈准备一切，以备军用，是为至祷。"这封信后来收入中华书局所编的《孙中山全集》第3卷之中。由此可见，马尼拉航空学校就是在这期间筹办的，其宗旨是为讨袁训练飞行员。

民国建立后不久，袁世凯即开始窃国和卖国的活动，引起了海内外同胞的怨恨。由于袁世凯倚靠日本帝国主义，所以国内的讨袁和反日是糅合在一起的，菲律宾的侨胞也在海外积极配合。从1912年至1913年，菲律宾的华侨进行过一次长达几个月的抵制日货的斗争，北京政府发急电要驻菲总领事杨书文从中干预。侨胞不买他的账，于1913年2月联名上书北京政府，强烈要求召回杨书文，最后袁世凯没有办法，只得在3个月后将杨召回，再把他派往欧洲任职。侨胞可以把一个不受欢迎的总领事赶跑，应该说这股爱国的力量确实强大。由于袁世凯芟除异己，复辟帝制，结果引发了"二次革命"和后来的护国战争。菲律宾华侨为支援国内的讨袁运动，

捐了大笔经费，仅 1914—1915 年，就有 36 万比索之多。在这样的爱国浪潮中，发动侨胞去筹办一所旨在救国的航校是不会有太多困难的。

尽管筹款不成问题，但航校最终未成。其中的原因，伍平一在自述中作了这样的交代："谭根入粤，予则拒龙氏招聘，当时同志均心许予之高洁，谭似叛变，惟此中有难言者，缘予在岷（菲律宾马尼拉）筹划航空学校将成，董事已定，添购飞机亦行。乃歹人造作流言，谭亲赴东京（见国父）而回，忽述有人要来接予（航校）总理职，予意则让之。谭声言士为知己者死，且言总理须股东选举，予劝不获，遂匆匆赴港。未几胡展堂（汉民）到岷，而董事皆辞职，航校成画饼矣。"

由此可见，这是由于内部的人事纠纷引起谭根赴港和伍平一辞职。这两位懂得航空的行家都不干了，那"航校成画饼"也就顺理成章了。看来办航空没有资金固然寸步难行，但没有人才也同样办不成。

伍平一曾当过孙中山的侍从秘书和建国军总参议，后来在广州、上海当律师，并任上海律师公会会长、中华总工会会长、大学教授等职。抗战时曾依附汪伪政权，协助办理航空事业，留下历史污点。他于 1949 年赴台，1962 年病逝台北，终年 73 岁。1971 年他写有《去国十年诗存》一册，记述了自己在国外的羁旅生活。虽然这位华侨在其政治生涯中，走过了一段弯路，但他曾任美国"中华飞机制造公司"总理，并筹建马尼拉的航校，这是后人不应该忘记的。

三、美洲飞行学校

关于美洲飞行学校，一些史书及人物传记中有着不同的记载。

刘伯骥在《美国华侨史》中说，1915 年，孙中山先生令中国国民党美洲总支部创办航空学校，当时林森委托黄伯耀为校长。1916 年，在得到各界的捐款之后，便在加州红木城西面的机场中创办了一所叫做"美洲飞行学校"的航校。学校设驾驶、建造、机修 3 科，聘请美国航空专家为教练。陈庆云、张惠长、李辉光（也有的称李光辉）、吴东华、叶小毅、谭楠芳、陈乾等入校受训，1917 年秋相继毕业。当时，黄伯耀还将一些学生送往纽约的寇蒂斯莱特航空学校代训。红木城在旧金山附近，属美西地区。1917 年 10 月中旬，在美西地区美洲飞行学校的学生毕业；不久，在美东地区纽约寇蒂斯莱特航空学校学习的杨仙逸、陈庆云等中国学员也毕业。这批学员在领取了飞行证书后，都先后回国了。

黄伯耀是中华民国第一届国会议员，20 世纪 20 年代曾在北平创办过《民国日报》。黄在北平广安胡同居住时，在寓所门口悬挂"三藩市黄寓"的牌子，这是因为这位祖籍广东台山的华侨出生在美国的旧金山之故。早年，黄追随孙中山先生，与李是男、温雄飞等人创办《美洲少年周刊》，鼓吹革命，不遗余力。1916 年，中国国民党美洲总支部建立，支部长是后来当过国民政府主席的林森，而副支部长则是这位黄伯耀了。

《华侨名人传》一书中，有专文介绍黄伯耀，文中说他在红木城创办了第一所航空学校，内容基本上与刘伯骥所说的一致。不同之处就是这所学校的名称叫"中华飞行学校"，而不是"美洲飞行学校"。麦礼谦在《美国华侨简史》中提及红木城航校之处不足一百字，他也说黄伯耀为校长，但航校的名称叫"民强航空学校"。

冯自由在《革命逸史》一书中的《林故主席与美洲国民党》一节中，曾叙述林森于1916年春夏之间，建议选派青年学习飞行，初期入学的有李辉光、张惠长、杨仙逸、陈庆云、蔡司度、吴东华、谭南方等20人，不过冯先生书中所说的培养方式是"遣入美国航空学校，造成空军人才，为党国用"，而未提及林森、黄伯耀等办航校一事。

萧强和李德标合著《国父与空军》一书。他们在《林森在美国招训飞机师》一节中说：1914年，林森离开北京经上海到日本，他奉孙中山之命赴美筹划训练飞机师。1915年，他把杨仙逸、张惠长、陈庆云、刘恢汉、叶少毅、李辉光、孙龙光、蔡诗度（即蔡司度）、吴东华、谭楠方（即谭南方或谭楠芳）等20余人，送入纽约寇蒂斯莱特航空学校受训。这所学校位于纽约市的牡蛎湾附近，为寇蒂斯飞机制造厂所设。《国父与空军》的作者还访问过张惠长。张惠长当时是这批学员中依然健在的见证人，但张说，他是1915年到纽约入学，1917年毕业的，访问者未及询问红木城航校，而张也未提到曾在红木城航校受训一事。

显然，上述是两种不同的说法。刘伯骥、《华侨名人传》的作者以及麦礼谦均认为，林森、黄伯耀依靠华侨的力量在红木城创办过一所航校。杨仙逸、张惠长等人不仅在那里学习过，而且也在纽约的寇蒂斯莱特航空学校受过训。冯自由和萧强、李德标则只提到，早年杨仙逸、张惠长等20多名华侨青年在寇蒂斯莱特航空学校学习。由此推论，所说的红木城航校也许是不存在的。现在看来，如果没有新的第一手材料，要断定哪一种说法更为准确是比较困难的。

尽管这两种说法在育人的途径上各异，但有一点却是相同的，那就是：1915年，林森、黄伯耀等人根据孙中山的指示，曾选拔了20余名华侨青年在美国学习飞行技术。后来这批青年中，杨仙逸、张惠长、陈庆云成为中国近代航空的先驱人物，这是人们比较熟识的，其他一些人回国，也加入航空的行列。叶少毅、李辉光1919年回国，他们同在援闽粤军航空队中担任飞行员。这一年7月，叶少毅在漳州上空飞行时不幸失事身亡。蔡司度1918年回国，先在广州大元帅府航空处任飞行员，后来驾机入赣，参加过1922年的北伐，1924年，航空局改组时，还担任过第一航空队队长。

辛亥革命前，在美国学习飞行的华侨青年有冯如、谭根等人，这些都是个别的。民国初年又有一些，据冯自由在《革命逸史》一书中介绍：1914年，旅美国民党员张洛川、汤汉弼等组织救国社，曾集资训练航空人才。但当时到美国航校学习飞行的也只有朱汉彝、刘恢汉二人，不过朱、刘二人学成后或是无志回国，或是改就别业。而林森就不同了，有宗旨、有组织、有计划地进行，而且实际上也培养了一批素质较高的航空人才。因此，我们将1915年林森根据孙中山先生的旨意，选拔一批华侨青年在美国学习飞行，作为美国华侨从事正规航空教育的开端，或许是合适的。

四、广东航空学校

中国第一间正规的航空学校是北京南苑航空学校，说来这与袁世凯还有点儿关系。民国成立后，当时驻守南京的第3师交通团中有一个飞行营。所谓飞行营，其实只有两架飞机而已。

1913年3月，袁世凯将飞行营调至北平南苑，并附设了一个教练班和修理厂。是年9月，他接受法国顾问的建议，聘请法国教官和教师，成立了南苑航空学校。当然，袁世凯办航校并非具有现代科学的远大目光，他只是想借此扩充自己的势力罢了。此后10余年间，广东、辽宁、云南、山西、湖南、福建等10余个省都曾有过规模不一的航空学校或类似的飞行训练机构。不过就其成绩而言，则应首推广东航空学校。

广东航空学校创办于1924年9月，开始在广州东山区，不久迁往广州的大沙头。1924年至1926年名为广东军事飞机学校，以后四度改名，但由于它是在广东省城创办的唯一的航空学校，所以人们一般称之为广东航空学校。

建校初期，条件简陋，属于飞行训练班性质。第1期的10名学生，都是从刚开办不久的黄埔军校的学生中选送的，共有4架"寇蒂斯"式飞机供教练用，实际能够飞得起来的只有两架。1925年6月，学员毕业，随即由当时的苏联顾问李糜带领其中5人到苏联深造去了。

1925年招收第2期，此后渐入轨道。据航校教员回忆，第3期招收航空科学员100名，机械科学员50名。航空科学员除了学习飞行理论、航空工程、机械学、气象学、无线电学、地图学、政治学、兵操、音乐、体育等课程外，还有初、中、高级飞行术。初级飞行有平直飞行、航线飞行、大小转弯、8字盘旋、螺旋盘旋、反方向急转、左右侧滑降、着陆等。中、高级飞行训练在见习机队进行，其中有空中特技、无线电收发、空中缠斗、空中和地面靶标射击、轰炸实习、跳伞实习、空中测绘、编队飞行、长途飞行等。机械科除参照航空科部分有关课程外，则偏重于内燃机发动机学、动力学、器械实习、飞机修护保管等。由此可见，教学和训练，已相当系统和科学了。

广东航校和黄埔军校都是大革命时期国共合作的产物。航校有《校训》和《校歌》。《校训》共有6条，其中第1条，"爱护党国以完成先总理航空救国之主张"；第2条，"本大无畏之旨，实行牺牲救国，以保中华领空权"。其他各条则是对学员的行为规范，要求他们"造就学术""格守纪律""养成勇敢耐劳之精神""对同志同学要和爱诚实，切戒虚伪骄傲"。至于《校歌》，则是抒发了"愿我国威震长空，愿我飞机战亚东"的豪情。这的确是一所革命的学校。

当时，许多地方性的航空学校惨淡经营，成绩平平，就连成立最早、实力较强的南苑航空学校所培养出来的飞行人才也不多。南苑航空学校创办于1913年，1928年撤销，前后15年间共办过4期，毕业的学员计158人。广东航校从1924年至1936年，前后13年办过8期，共培养飞行员527人（包括后来转到中央航校的学员），后来他们大多成为中国空军的骨干。

国民政府空军中有1名上将、7名中将、8名少将毕业于广东航校。他们当中官阶最高的是第1期学员，后来担任空军总司令的王叔铭。至于后

来在人民空军中担任要职的广东航校学员也不乏其人。担任鄂豫皖苏区航空局局长和"列宁"号驾驶员的龙文光就是第2期的学员。1932年，龙文光在马鞍山地区被敌人俘虏，后在武汉被杀害。第1期学员唐铎，1925年秋就被送往苏联学习，后来在苏联空军中服役28年，在100多次的升空激战中战功卓著，获得列宁勋章。唐铎1953年回国，1955年被授予中国人民解放军空军少将军衔。第2期学员常乾坤，新中国成立后还担任过人民空军副司令员。至于在不同时期为中国航空事业献身的广东航校学员就更多了。据不完全的统计，原广东航校的学员因公殉职的有93人，在抗日空战中阵亡的有47人。

广东航校的创立和发展，与华侨的关系十分密切。辛亥革命前后，不少华侨青年携飞机从海外回广东做飞行表演，他们之中除了人们熟知的冯如、谭根之外，还有林福元、陈桂攀等。早在1915年7月，广东地方当局就曾想办航空学校，校址拟选在广州的南堤，并派谭根负责筹备，可惜后来由于经费等原因未获成功。1918年，孙中山先生在广州大元帅府设立航空处，后来又改为航空局，聚集了杨仙逸、张惠长等华侨青年，组建革命航空队，使"航空救国"的思想深入人心。所有这些，都为广东航校的建立准备了思想、干部和技术条件。

广东航校的第一任校长是德国人雅尔台，第二任是苏联顾问李糜，第三任是张治中将军，但他们在校的时间都很短。1924年9月至11月，雅尔台主持校政两个月，李糜时间更短，他上任一个月就让位了，以致很多人都不知道还有这么个校长。张治中将军在校时间稍长，但也没有超过半年。以后从1926年4月至1936年7月，学校被撤销的10年中，先后在广东航校任校长的有黄秉衡、黄光锐、张惠长、王季子、周宝衡、杨官宇、刘植炎、胡汉贤等8人。它们当中除南苑航校毕业的王季子之外，其余7人均为从美国和日本回来的华侨。先后在校担任教育长的有陈庆云、黄毓沛、刘植炎、周成、曹醒仁等，他们之中除曹醒仁外，也都是华侨。

航校初办时，只有两名教员，他们都是德国人，一个教飞行训练，一个教机械技术。过了近一年，才有中国的教官，他们大多是华侨。先后在航校任教的有杨官宇、周宝衡、胡锦雅、黄光锐、陈卓林、关荣、泽寿、邓粤铭、周一尘、马庭槐、周柏成、张爱同等人。他们多是在美国学习飞行而后回国服务的，不仅具有较好的理论基础，而且飞行技术也相当高超。此外，航校的学员中，还有不少是从美国和南洋回国的华侨青年，1933年还专门在航校设了华侨班。

广东航校从校长、教育长、教员到学员，华侨占相当的比例，从某种意义上说，这所航校是依靠华侨的人才办的。

1935年，广东航校从大沙头迁至白云机场新址。1936年8月，由于广东地方空军归并南京政府的中央空军，所以广东航校第8期也随之北上，后被编入杭州笕桥的中央航空学校。至此，建校13年的广东航校不复存在了。但是，这所海外华侨关心、支持过的航校，在中国航空教育史上留下了一块引人注目的碑石。

五、云南航空学校

　　云南航空学校在 1922 年创办至 1937 年被中央空军军官学校接收的 15 年间，先后办过 4 期，共培养飞行毕业生 142 人，机械毕业生 100 人。这所航校是由被称为"云南王"的唐继尧和云龙先后经营，并依靠法国的力量得以维持的，但它与华侨航空也有过一段因缘，因为学校创办初期，飞行教官几乎都是广东籍的华侨。

　　广东的华侨跑到云南当飞行教官，这是事出有因。1920 年爆发川滇战争，滇军先胜后败。在大军压境的情况下，1921 年 2 月，唐继尧辞去靖国联军总司令等职，经越南流亡广东。第一次世界大战后，空军已在诸兵种中显露出优势，各国争相发展且不去说它，就中国而言，北平、东北、广东等地的实力派也在组建空军或开办航校训练人才。唐继尧流亡广东的收获之一，就是对组建空军兴办航校有了深一层的认识，并且就地取材，罗致了一批华侨航空技术骨干。

　　1922 年 3 月，唐继尧率部重返昆明，于 8 月就任云南省省长，再度掌握云南的军政大权。是年秋天，唐令人在香港从美国购买飞机，并在昆明辟巫家坝陆军操场为飞行场，成立航空处。航空处处长是曾当过著名飞行家谭根秘书的刘沛泉，处下辖两个队，第 1 队队长为广东人王狄仙，第 2 队队长为美国华侨张子璇。当时有飞机 6 架，并聘华侨黄社旺、庄孟仙、司徒鹏等为飞机师。

唐继尧并不安分做一个"云南王"，他扩编所属滇军的5个军为"建国军"，并自封川、滇、黔、鄂、赣、豫、陕7省"建国联军总司令"，进而问鼎中原。为了达到这样的目的，唐自然要创办航校，培养更多的航空人才以壮军威了。

云南航空学校是1922年秋开始筹办的，校址设在昆明东南郊的巫家坝，校长和教育长分别由刘沛泉和王狄仙兼任。飞行教官是张子璇、黄社旺、庄孟仙、司徒鹏，他们都是华侨。这一年的初冬着手招生，12月25日便正式开学。

从现有的资料看，国内航校最早招收女生的就是云南了，这倒不是唐继尧要做女性解放的先锋，而是因为有一段小插曲。第1期的招生工作是在贵阳、昆明两地进行的。在贵阳比较顺利，由于报名的人很多，因而从容择优录取；但在昆明就遇到麻烦了，前来应试的只有14人，后来只好全部录取。贵阳与昆明有此差别，是因为在招生期间，教育长王狄仙和飞行教官张子璇驾机在昆明做了一次飞行表演。那天，飞机出了故障，结果王头部受伤，而张则重伤入院。消息传出后，春城震惊，很多人都认为驾驶飞机是"血盆里抓食吃"的营生，因此不敢报名。为了消除人们的顾虑，鼓舞士气，唐继尧选送了夏文华、尹月娟两位女生入航校学习。他的用意是，女的都敢上天，男的还怕什么？1923年4月，又有4名朝鲜籍的青年中途入学，其中有女青年权基玉。这样云南航校第1期的在校生中就有了3名女青年，这开创了中国女子在国内学习飞行的先例。

第1期的飞行生共34人，但在1925年7月领到毕业证书的仅有12人，其中有朝鲜籍女青年权基玉。权基玉，又名林国英，1901年出生于朝鲜平安南道，年轻时因参加反日活动被捕。出狱后1920年逃至上海加入中国籍。云南航校毕业后，参加过北伐，并在南京的航空署任职。1945年，

日本投降后回韩国，参加组建韩国空军，任韩国空军参谋长、国防部专门委员等职，享有"韩国空军祖母"的尊称。1988 年辞世，享年 87 岁。

在旧中国，云南为法国的势力范围，因此，在云南建立空军，不请法国顾问，不买法国飞机，那是无法通得过的。1923 冬，刘沛泉辞职，改航空处为航空队，任命留法学生柳希权为队长，留美学生段纬为队副。在此之前，唐继尧聘法国空军上尉阿尔彼得为顾问，法国空军少尉弗朗塞士、空军准尉马尔丹为教官，甚至连飞机修理厂也由越南籍的机械技术人员担任，这样一来，云南的航空大权就牢牢掌握在法国人的手中了。由于云南航空处和航空学校实行大换血，所以张子璇这些从广东聘来的华侨，在云南只当了一段来往匆匆的过客。

唐继尧办云南航空处和航空学校初期，曾从广东聘请了一批华侨为其业务骨干，说明在中国近代航空起步阶段，有关的专门人才是不易寻找的，要么依靠外国的技术力量，要么聘请在外国学习过飞行的华侨或留学生。

六、厦门民用航空学校

新中国成立前，福建厦门曾有过一所民用航空学校，由于年深日久，今天人们已经很难寻找到它的遗迹了。

厦门民用航空学校创办于 1928 年 10 月 10 日，校址设在厦门市郊的五通乡。全校有教职员 4 人，其中 1 人为德国教官，学生开始有 100 人，后来仅剩下 10 余人。学校虽然没有自己的校舍，只是租用一些民房作为宿舍、教室，但主要的教学设施却已具备。学校拥有 7 架飞机，都是从美国、德国、法国购进的单翼机或双翼机。机场在五通乡店里村的一片荒地上，东西宽 40 米，南北长 200 米，真可谓是袖珍型的。有趣的是，就是这么一个巴掌大的飞机场，厦门至五通的公路还从其中穿过。这样一来，每遇到飞机起飞或降落时，公路两侧还得放下竹制的横杆，挡住行人和车马，以确保安全。

20 世纪 20 年代中期以后，中国的民族危机日益深重。1925 年上海发生了"五卅惨案"，1928 年又有济南惨案，前者为英帝国主义枪杀罢工游行的工人群众，后者是日本帝国主义占领济南，屠杀无辜的平民百姓。帝国主义在中国的暴行，激起了海外侨胞的义愤。厦门民用航空学校是菲律宾华侨航空救国的产物，这与爱国华侨吴记霍的努力是分不开的。

吴记霍，字嘉福，福建省南安县人，1866 年出生在一个普通的农民家

庭。1886年，21岁的吴记霍离乡别井，到海外谋生。在菲律宾的马尼拉，他先做小商贩，继而受一林姓侨商的聘请，出任一家商店的经理。由于经营有方，10余年后，这间原来只有3000余元家底的小商店就发展成为拥有300万元资本的大企业。在获得百余万元红利之后，吴记霍自立门户，在马尼拉创办了吴记霍进出口公司，后来又与李清泉等人集资创办了华侨中兴银行，成为菲律宾知名的殷商，并被选为菲律宾中华总商会董事和中华布商会会长。

经商致富之后，吴记霍依然十分关心祖国的兴衰。1911年春，他加入同盟会，并被任命为中国同盟会驻菲律宾专员。由于他在辛亥革命期间发动华侨捐资支持革命，所以后来受到南京临时政府的嘉奖。早在上海五卅惨案发生不久，当时就有一位留学法国的飞行家陈国梁在菲律宾宣传航空救国。济南惨案之后，菲律宾华侨的航空救国运动迅速掀起了一个高潮。1928年8月，菲律宾爱国华侨吴记霍、吴福奇、薛煜添、林珠光等人，发起组织了"航空委员会"。他们在菲律宾中华总商会会长薛芬仕的支持下，开始募捐筹建民用航空学校，吴记霍等知名华侨和菲律宾不少华侨社团纷纷认捐。吴记霍除了认捐5架飞机之外，还派儿子吴启标回厦门创办民用航空学校。据吴少牧的《吴记霍传略》记载，航校开办数年，先后耗资20余万元，主要都是由吴记霍独力承担的。由此可见这位知名华侨爱国之深。

厦门民用航空学校的全称是"福建厦门五通民用航空学校"，首任校长是对飞行颇有造诣的陈国梁。开始招收学员100人，其中11人是在菲律宾马尼拉57名报考的华侨青年中经过严格考试和体检筛选出来的。其余89名为国内学员。

按照原先的计划，航校以后每年都要招收50名学员。这些学员在校期间，要用一年时间学习航空学、气象学、数学、化学、机械学、摄影学、无线电和外语等课程，然后再经半年的飞行见习才能毕业。可后来在实施中，遇到了许多困难。

首先，学校的管理不善。1929 年春，国内学员和华侨学员因生活琐事发生摩擦，校长陈国梁处理不当，风波迭起，以至正常的教学秩序难以维持。后来，菲律宾华侨的"航空委员会"出面处理，国内的学员留下 3 人，其余的被遣散。这样，加上海外的 11 名学员，在校学生仅有 14 人。同时，撤销陈国梁的职务，校长一职由早年毕业于美国西点军校，后来在菲律宾做建筑工程师的薛拱年担任，这又引起两名教官的辞职。尽管两任校长具有现代化的航空或军事知识，但治校均无良策，这样学校内部就陷入了危机之中。其次，经济开支的问题也相当突出。航校购买 7 架飞机花了 13 万元，开办费用了 5 万元，除此以外，每月开支还要 8000 元。花销如此之巨，当时菲律宾华侨经济又不景气，因此就感到难以为继了。

1929 年五六月间，南京政府的航空署曾派人到菲律宾和厦门调查。鉴于当时的情况，建议将航校搬到上海，但由于华侨的乡土观念较重，他们没有照办。到 1930 年时，学校困难重重，难以克服，终于在这一年的 8 月 8 日停办。停办后，14 名学生除 1 人转到厦门海军航空处外，13 人被编入广东航校第 4 期继续学习。他们于 1931 年毕业。至于 7 架飞机和其他设施，也由广东航校接收。厦门航校停办一年多后，1932 年 6 月 19 日，吴记霍积劳成疾，在菲律宾病逝，终年 66 岁。

尽管厦门民用航空学校在中国航空教育史上只是昙花一现，但吴记霍等菲律宾华侨踊跃捐资，在十分困难的情况下，为中国培养了一些航空人才，这是十分难得的。

七、美洲华侨航空学校

　　日军入侵中国东北之后，美国华侨社团或个人开办的航空学校和航空训练班不少，其中开办时间较早、成效卓著的则要首推美洲华侨航空学校了。

　　美洲华侨航空学校在俄勒冈州的波特兰。由于译音的关系，过去老华侨习惯把波特兰称为"砵仑"，所以有人也把这所航校叫作砵仑华侨航空学校。当时，波特兰的华侨一共有2000余人，虽然人数不多，但华侨青年热衷航空已成风尚。早在1930年10月，当地就有8名华侨青年在亚卡斯航空学校毕业。

　　如果说波特兰华侨青年关心国运、思想开化是开展航空活动的基础，那么民族危机的加深就成为美洲华侨航空学校的催化剂了。1931年9月18日，日本关东军袭取沈阳，这是日本大举侵略中国的开始。这一年的10月10日晚，波特兰华侨举行国庆集会，会上演出了话剧《万宝山惨案》。

　　万宝山位于吉林省长春市北郊，是中朝人民杂居的地方。1931年7月2日，日本人伪装成朝鲜人，强占农田，引起中国人的愤怒，随即日本警察借故开枪打死打伤中国农民数十人。国土沦丧，同胞受害，尽管身居异国，但观看了话剧之后，侨胞的心情也难以平静。当时，黄兴夫人徐宗汉女士赴美为南京的慈幼院募捐，那天晚上在波特兰也应邀参加了国庆集会并讲了话。这位中华民国首任陆军参谋总长的遗孀说，华侨过去筹款救国，汇回国内政府转交财政部了事，现在应该自己做点实际事情才有意义。这句话引起了侨胞的共鸣。当晚，波特兰即成立美洲华侨航空救国会，第二天又选出 30 余人为筹备委员，并推梅志新为理事会主席，随即着手筹办美洲华侨航空学校。

侨胞支持办航校的热情十分感人。要开办航校，除了租赁机场外，还得购置飞机，为此不少人慷慨解囊。华侨医生林若泉捐资 3900 美元，购买一架飞机赠送航校，一时被传为美谈。后来其他侨胞集资另购飞机一架，这样航校就备有两架飞机了。在机场和教练机有了眉目之后，11 月 15 日，便贴出了招生简章。

美洲华侨航空学校招收的学员是 18 岁以上、30 岁以下，思想清新、身体健全、品行端正的爱国青年。学校的课程设航空术、航空理论、国耻史 3 科。值得指出的是，招生简章明确规定办学的宗旨是："训练航空人才，对外为巩固国防，尽力拒敌；对内为发展航空事业，永不参加任何政争内战。"航校鲜明的爱国立场由此可见。

经过两个月的紧张筹备，航校开学了。美洲华侨航空学校前后共办两期。第 1 期录取考生 15 人，此外，接纳保送的学生 2 人，1931 年 12 月 13 日入学，1932 年 5 月结业，获得毕业证书的有 16 人。第 2 期 1932 年 5 月入学，包括第 1 期留下来进修的，学员一共 20 人，1933 年 2 月 12 日结业，获得毕业证书的有 13 人。

尽管学员在校只有半年多的时间，但他们的学业大多相当出色。这一方面是因为航校聘请美国航空专家乌德为教练，另一方面也由于学员卧薪尝胆，发奋攻读。第 1 期毕业生在启程回国之前，曾分成 4 个小组，由波特兰直飞西雅图，做 200 英里的长途飞行。第 2 期所学的飞行术，分初级飞行、高级特别战斗飞行和夜间飞行，其中战斗飞行训练达 150 小时。此

外，他们还让学员在飞机制造厂学习机械课，掌握更多的实际本领。

美洲华侨航空学校的毕业生后来大都回国服务。1932年8月20日，第1批一行12人乘船回国，其中有第1期的毕业生苏英祥、张勉之、邓秀生、张达道、翁荡雁、林树光、雷国来、黄泮扬、陈瑞钿9人，以及亚卡斯航校毕业生许子琛、梅志荣、张国森3人。他们先在上海、南京逗留，继而到广东空军的华侨特别班受训半年，然后编入各队服役。第2期毕业生13人，他们是林觉天、刘龙光、麦念安、李月英、何子龙、黄桂燕、陈鸿汉、李康、杨仲安、雷炎均、杨启聪、邓铨贤、孙振东。1933年2月18日，这些毕业生由西雅图启程，乘船回国。这两批人员回国的路费都是由华侨航空救国会资助的。华侨不仅出钱培养航空技术人才，而且出钱将他们送回国内，其爱国之心的确感人。

1932年7月7日，波特兰华侨航空救国会发布了一个文告，叙述他们办航校的目的，以及航校目前的状况和今后的打算。文告较长，我们不妨将其中一些段落摘录于后："祖国不幸，倭寇压境。淞沪战争，虽告敉平，惟东北河山，尚在破碎。读三省同胞迭次血泪书成之通电，呼天抢地，惨不忍闻。呜呼！谁非轩辕后裔，而不思有以拯救之乎？"对于战局，"国内同胞，亦已剑及履及，磨砺以须，誓以铁血头颅，与日贼对抗。我海外侨胞，当亦须乘时继起，决定整个救亡大计，在外呼应，以为政府后盾"。抗日的战火，就这样把海内外同胞的心连在一起了。

在谈及办学的宗旨及学员的生活时，文告说，我们"成立航空学校一所，购置飞机两架，招收热血青年，前后三十余人，聘请西人教师，实施各种航空学术训练"，这是因为"旷视近代国防设施之必要，默审我国空防能力之薄弱，深悉今日抗敌救国之要图"而作出的决定。学员在航校里，"孜孜矻矻，攻读于青灯黄卷之下；栉风沐雨，操劳于芳草旷野之间。自朝至暮，未尝或懈。此种精神，却不能不令人钦佩而叹国事之大有可为也"。

"筹办一期，动需万金。前者开办两期，已觉筋疲力尽。"本来，波特兰华侨航空救国会发表这份文告，是鉴于财力不济，想借此呼吁侨胞各界继续输财出力，以便将航校办下去的。他们还派林若泉、张勉之、张达馗驾机到旧金山、洛杉矶、圣地亚哥等地做飞行表演进行募捐，但由于受当时经济萧条的影响和华侨地域观念做怪，只得捐款 2500 元。这样航校在办完第 2 期之后就停办了。

虽然美洲华侨航空学校只办了两期，但它培养了一批飞行技术人员回国服务，产生过不小的影响。刘龙光、林觉天、雷国来、苏英祥等先后在南京、南昌、太原、晋北等地的空战中阵亡。杨仲安、雷炎均后来分别成为国民政府空军的少将和上将。他们之中还有在抗战期间屡建战功，成为人所熟知的空战英雄，例如黄泮扬、陈瑞钿就是突出的代表。值得一提的是，第 2 期学员中有两位华侨女青年，这就是李月英和黄桂燕。1932 年 2 月，她们也和其他男学员一道回国加入抗战行列。回国后，由于当时中国的空军没有女飞行员，所以她们驾机报国的愿望未能实现。李月英先在杭州的航空署图书馆做管理员，继而转到上海虹桥机场任职员，但由于无端涉嫌间谍案，被迫返回波特兰做民航驾驶员，最后在一次飞行中，因飞机失事殉职。黄桂燕在航空器材科当打字员，继而随航空署迁至南昌，最后病故在那里。

我们如果把美洲华侨航空学校称作是一所量小质高的航校，那是不为过的。

八、旅美中华航空学校

美国华侨办航校，真是彼伏此起。在波特兰的美洲华侨航空学校因经费短缺办不下去的时候，旧金山的旅美中华航空学校已在酝酿之中了。

1931年9月24日，美洲华侨拒日后援救国总会在旧金山成立，这是由旧金山中华会馆等21个侨团组成的华侨抗日救亡组织。1933年7月27日，美洲华侨拒日后援救国总会根据飞鹏学会和广大侨胞的意愿，创办了旅美中华航空学校。

旅美中华航空学校的校址在旧金山中华学校，供学生训练用的机场则租用加州的圣玛地奥飞机场，初办时校长是李圣庭，副校长是谭光中。1938年，由中华会馆接办后，校长为吴东垣、副校长为黄子季，中国驻美大使王正廷为名誉校长。旅美中华航空学校的招生简章除明确"本校以栽植航空人才，巩固国防，永不参加任何内争为宗旨"外，还规定了详细的课目和严明的校规。

课目分校内课程和校外课程。校内课程有机械原理、航空原理、无线电、空战略、国耻史、国文、演讲7科；校外课程有初级飞行术、高级飞行术、霞雾飞行术、夜间飞行术、军事飞行术5项。这些课目的具体内容比较充实，以非主课为例，国耻史有近百年中国外交史和近百年世界战争史；国文有国语、电文拟撰、选文等。校方的用意是通过这些课目，培养有爱国思想，并掌握飞行理论和技术的全面发展的航空人才。

航校还制定了 12 条严格的校规，例如第 1 条，"学生务须尊重本人人格，养成一纯正之军人"。第 3 条，"学生不得缺课，如缺课过三次者，得由校长惩罚或斥退，惟因疾病或特殊事故，已得校长允许者不在此列"。第 11 条，"学生于毕业后，须遵本校命令回国拒敌，并不得参加任何种内战"。在惩罚条例中还规定，如学生不守校规，除由校长除名外，他们在校学习飞行的钟点数，要照每小时 8 美元补偿。

显然，这是一所培养抗日航空人才的正规学校。

开办之初，当时的国民政府财政部曾拨开办费 3000 元，显然，这笔款项是不多的。后来，校方推出募捐专员，在全美各大埠的侨胞中开展广泛的募捐活动，共募得 6 万元作为学校的各项开支。航校自备和接受侨团的捐机，共有教练机 5 架。

旅美中华航空学校从 1933 年至 1941 年共办过 3 期，前两期由美洲华侨拒日后援救国总会主办，后一期则由中华会馆主办。

第 1 期学员有 26 人，1933 年 8 月 27 日入学，学习了各门课程并经过 50 小时的飞行训练之后，于 1934 年 4 月 22 日在唐人街的大舞台戏院举行毕业典礼。当时，获毕业证书的有 20 人。这一年的 6 月 15 日，有 11 名毕业生由旧金山乘火车到洛杉矶，然后改乘"柯立芝总统"号轮船回国。行前，美洲华侨拒日后援救国总会开会欢送，并向回国的毕业生每人赠送一只镌有"誓不内战"四个字的戒指。这批学员回到广州后，先在广东空军华侨班受训，然后编入航空队服役。

第 2 期仅设高级班，只有经过飞行学习，并已经取得飞行证书的人才有资格报名。这一期录取学员 13 人，1937 年 9 月 14 日开学，1938 年 1 月毕业。1938 年 1 月 23 日，毕业的学生启程回国，他们先在昆明的中央空军学校第 10 期华侨特别班受训，然后被编入空军服役。

第 3 期分飞行班和机械班。飞行班 30 人，机械班 22 人，学员合计 52 人，1938 年 8 月 6 日入校。1939 年 4 月 21 日，12 名毕业的优秀学生先行乘船回国，6 月 7 日抵达昆明，之后，他们分别在中央空军学校第 11 期中级班和第 12 期初级班受训。1939 年 5 月，第 3 期学员毕业，除 5 名学员考试成绩不及格外，其余 33 人获毕业证书（飞行班 17 人，机械班 16 人），随后他们也回到昆明，并被编入中央空军学校第 11 期受训。先后分两批回国的学员，1941 年 2 月受训结束后，飞行班的学员分别派往新疆、四川等地空军服役；机械班学员则被编入空军第 10 修理厂工作。

1939 年 9 月 19 日，中华会馆曾就旅美中华航空学校是否还要招收第 4 期学员进行研究。当时大家比较一致的意见是，既然在美学习飞行的学员，回国后还要受中央军校的训练后才能参加作战，这样就没有必要再办了。其实旅美中华航空学校的学员还是颇有水准的，例如在昆明中央空军学校第 11 期的毕业考试中，尚未毕业而先行回国的旅美中华航空学校第 3 期的学员梁松宁、黄文彬就获得前两名的好成绩。

1941 年 1 月 25 日，旅美中华航空学校正式停办。在 7 年多的时间里，该校先后办过 3 期，共招收学员 91 人。后来学成回国服务的有 69 人，其中在抗日空战中牺牲和遇难的有 10 余人。

第五章

捐款献机

一、海外捐献飞机琐谈

旧中国一共有多少飞机？至今还未有现成的精确统计，但如果我们综合有关的资料，大致可以看出这样一个轮廓。

1949年以前，中国自己制造或装配的飞机有700~800架。至于进口的飞机，钱昌祚在《我国航空工业之前途》和赵中在《中国近代航空史》中有过分段的估计或统计，这就是：1933年前，进口飞机700~800架。1937—1945年，一共进口外国飞机2300余架。这些飞机按国别，美国占60％，苏联占38％，其余为英、法、意等国飞机；按机种，驱逐机1673架，轰炸机566架，侦察机15架，运输机97架。这里对进口飞机的估计尚缺1933—1937和1945—1949年这8年。假如将这8年的估算打进去，旧中国自制和进口的飞机一共是4000~5000架。

无论自制或进口飞机，都需要大量的资金。要解决这个问题，除了向外国贷款和国家财政支付之外，很重要的一个渠道是通过捐款购机和发行航空债券向民间筹集资金。在捐款购机方面，海外的华侨成绩卓著，相当突出。

捐款购机或捐款献机，这是20世纪20年代以后才出现的字眼，但在此之前，以入股办飞机厂或捐款买机从事航空表演和支持国内的革命，也应该视为献机范畴。在这方面，美国华侨是走在前面的。据笔者的粗略估

计，从1906年美国华侨出资支持冯如从事飞机研制工作至1923年陈卓林、关荣各自带飞机一架回广东，美国华侨大约捐机27架。

海外的华侨与国内人民命运与共，心心相通，华侨的捐款献机运动在抗日救亡中开展得轰轰烈烈。"九一八事变"至1937年，美国华侨约捐献20架飞机用于兴办航空学校培养人才和支援国内的抗战。1932年淞沪抗战爆发不久，菲律宾华侨即献机30架。卢沟桥事变后，海外华侨捐款献机更加活跃，从有关的著述和档案来看，据不完全统计，菲律宾50架，美国13架，缅甸19架，斐济3架，印度10余架。此外世界各地华侨还有不少捐款，甚至一些小国家也不例外，例如古巴就有14万元之多，连新西兰也有4万余元。关于华侨在抗战中究竟捐献了多少架飞机，现在人们一般都引用《现代华侨》第1卷第8期的统计，即从1937年至1940年10月止，海外华侨捐献飞机217架，坦克27辆，救护车1000辆，此外还有大批军事和生活用品。周一行在《日本侵华史实录》这部专著中说，抗战期间，全国各地及海外华侨捐献飞机共计1270架。照此算来，华侨捐机约占全国的17%。20世纪30年代，海外的华侨有700万~800万人，仅占全国人口的2%，他们所作的贡献是十分突出的。

在不同的历史时期，华侨捐献的飞机发挥了巨大的作用。冯如研制飞机的成功，以及谭根等飞行家回国进行飞机表演，促进了我国航空事业的发展。辛亥革命时期的华侨革命飞机团和讨袁斗争中的华侨义勇团飞机队，壮大了革命的声威。抗战期间，华侨献机数百架，这在中国人民航空史和抗日战争史上都书写了光辉的篇章。这些都是很多人所熟知的。其实不止这些。1928年张惠长等人驾驶"广州"号飞机进行了轰动全国的长途飞行，这架"广州"号飞机就是利用华侨的捐款购买的。当年澳洲华侨司徒管为这件事情曾发动华侨募集到一笔可观的购机款项，他因此而获得中华航空协进会授予的一等奖章。这枚奖章如今收藏在广东省开平市华侨博物馆里。

　　华侨为国踊跃捐款献机十分感人，这种爱国精神在抗战期间表现得尤为突出。有些华侨殷商，独自捐款 10 万元，购献飞机一架，例如菲律宾的庄东里和马来亚的陈永就是如此。广大中下层侨胞节衣缩食，也为祖国的空防作出了很大贡献。1941 年 8 月 14 日，印尼雅加达的侨胞举行中国空军节庆祝大会，当场捐款 100 万元，8 月 24 日《华商报》曾以"巴达维亚侨胞空军节捐款百万"为题作了报道。这是东南亚地区华侨捐款献机的例子。欧美地区的华侨也是如此。《现代华侨》第 2 卷第 1 期发表了《美洲侨胞热心捐献航空救国捐》这篇文章，介绍了加拿大的捐款活动。有一位靠打工为生的老华侨在听完航空救国的宣传鼓动之后，当场将囊中的 1100 美元仅留 10 美元做旅费，其余全部捐出，使在场的侨胞十分感动。有两位

美国华侨筹款救国游行

华侨青年工人各自将积蓄多年的 1400 美元捐献出来。他们说，我们远离祖国，不能亲往杀敌，这区区捐款只是略尽国民的天职罢了。

对一些国家和地区的华侨捐资献机活动，在后面将专节加以介绍。

二、美国华侨的捐款献机活动

在海外的华侨当中，美国的华侨不仅最先进行飞机的研制，而且在捐款献机方面，也十分引人注目。

美国华侨的捐款献机活动大体可以分作两个时期，即 1906—1931 年和 1931—1945 年。

早期美国华侨捐款献机并不像抗战期间那样明确地亮出"献机"的旗号。他们甚至还以入股办厂或购机的名义进行，但这些活动都应该视为献机。因为在华侨史上，还未出现过营利性质的飞机工厂或飞行表演。华侨入股或是集资，都是只有付出而没有收益。1906 年，冯如在旧金山与友人集资办了广东制造机器工厂。后来这家工厂先后改名为广东制造机器公司和广东飞行器公司，集资金额累计起码在 9000 多美元以上。他们利用这笔资金于 1909 年研制成功第一架飞机。此后，冯如在美国又制造过多架飞机，并于 1911 年将其中两架带回国内。公司亦随冯如迁到广州市郊的燕塘，并制造了一架飞机。由此可见，冯如利用华侨的集资至少制造出 4 架定型的飞机。辛亥革命胜利后，1911 年 11 月 9 日，广东成立了军政府，当时冯如曾被任命为广东革命军的飞机队长。

辛亥革命期间，美国华侨组织华侨革命飞机团，这是一件曾经引起人们广泛注意的大事。当时，设在旧金山的中国同盟会美洲总支部使用侨胞

的捐款购买了 6 架寇蒂斯飞机制造厂生产的飞机，组织了由李绮庵、余夔等 23 人为团员的华侨革命飞机团，于 1911 年年底回国，为革命党人大壮了声威。

1916 年 3 月 21 日，在讨伐袁世凯斗争的关键时刻，孙中山先生曾给旧金山的《少年中国报》拍电报，要他们"将存款尽买百马力以上适军用之飞机十数台，速付来。并着能飞之同志及林森、邓家彦等回来"。后来由于价格不合话和不久袁世凯自毙等原因，这个任务可能没有完成，因为我们没有看到有关购买这批飞机的材料。不过，孙中山先生十分重视华侨捐款献机，由此可见一斑了。

1921 年年初，孙中山先生派杨仙逸到海外等地购机并训练飞行员。杨仙逸依靠华侨的支持，购买了 10 架飞机和一批军械器材，存放在美国渥伦郊外的机场。其中有 6 架被北洋政府买通的奸细放火烧毁，剩余的 4 架于 1923 年经澳门地区运回广州，加强了大元帅府航空局的实力。

显然，在第一个时期里，美国华侨的捐款献机有力支援了国内的民主革命，并对我国近代航空的诞生和发展产生过很大的影响。

日本帝国主义早就想染指中国，因而美国华侨的反日爱国热情也由来已久。1911 年，日本向袁世凯提出 21 条苛刻的要求，美国华侨就曾纷纷组织爱国团体，开展抵制日货的斗争。1931 年九一八事变后，美国各大中城市华侨的反日风潮突然高涨，表现在航空上，就是捐款献机，培养空战人才和装备中国的空军。

1931 年，波特兰的华侨创办美洲华侨航空学校，其宗旨是：训练航空人才，对外为巩固国防，尽力拒敌；对内为发展航空事业，永不参加任何政争内战。开办之初，华侨医生林若泉即捐 3900 余元，买教练机一架，供学员训练之用。后来这所学校还利用其他侨胞的捐款，又买进一架新的飞机，并命名为"美洲"号。1932 年，在旧金山创办的旅美中华航空学校，民国政府财政部虽曾拨款3000元作为开办费,但主要的开支则是靠侨胞的捐赠维持的。当时航校曾设美东募捐专员和美南募捐专员,向全美各埠开展大规模的筹款,共得6万元。他们依靠这笔款子,维持学校的行政经费、购置飞机、增添设备、训练学生,以及毕业生回国的川资等项开销,其中航校先后购买的教练机就有5架之多。

美洲华侨航空学校第一期学生,其身后飞机为华侨捐款购买

美国华侨飞行员陈瑞钿回国参加抗战,曾有击落日机6架的纪录,1939年在广西空战中负伤,1942年回到波特兰疗伤。陈瑞钿出生在波特兰,早年毕业于波特兰的美洲华侨航空学校,为了庆贺陈瑞钿的空战功绩,波特兰的华侨又捐款3万元。他们将美国军部的拨款合在一起,凑足10万元,从波音公司买得战斗教练机3架,分别命名为"民族""民权""民生"号,赠送给中国派遣来美受训的学生训练之用。1945年2月12日,在波特兰市机场举行了这3架飞机的献机典礼,曾轰动一时。后来,这些飞机

被运回了中国。

美国华侨捐款直接向国内献机的报道和材料也不少。1933年3月25日的《申报》上发表了一篇题为"侨胞捐助飞机"的报道。文中说，美洲华侨航空救国义勇团代表李玉聘到南京向华侨委员会委员长陈树人报告，他们已决定将已购买的12架飞机捐助政府，作御侮之用。美国加州20个华侨爱国团体于1944年募集战时公债100万元，购买陆军运输机8架。这些飞机都被命名为"北加州华侨精神"号，并被派往中缅战区服务。1944年5月24日的《新华日报》和《华侨先锋》第6卷的第6、7期合刊中，对此事也均有报道。据现存南京中国第二历史档案馆的3份公文证实，1939年5月，檀香山救护桑梓委员会曾捐汇给国民政府6万美元，要求认购"檀香山华侨"号飞机一架。因此他们受到了嘉奖，这件事在以往的史书及文章中都没有提及。

美国华侨捐款献机究竟有多少呢？根据现有的材料，我们列了这样一张统计表：

时间	捐募缘由或捐募者	架数	用途	资料来源
1906至1911年	旧金山华侨办飞机厂	成型机4架以上	飞行	黄汉纲：《中国始创飞行大家冯如》
1910年	谭根在美制造水上飞机	1	飞行	《中国空军史料》第6辑
1911年	美国华侨组织革命飞机团	6	支援辛亥革命	《中国空军史料》第6辑
1914年	林福元、陈桂攀各自带1架飞机回国	2	飞行	《中国空军史料》第6辑
1919年	图强公司募集	2	飞行	刘伯骥：《美国华侨史》
1923年	杨仙逸在美募捐购买	10	组建飞机队	《中国空军史料》第6辑
1923年	陈卓林、关荣各自带1架飞机回国	2	飞行	《中国空军史料》第6辑

续表

时间	捐募缘由或捐募者	架数	用途	资料来源
1931 年	波特兰美洲华侨航校募集	2	训练	刘伯骥：《美国华侨史》
1932 年	波士顿华侨	1	训练	刘伯骥：《美国华侨史》
1932 年	洛杉矶华侨	多架	训练	刘伯骥：《美国华侨史》
1933 年	波特兰飞行竞进社	2	训练	刘伯骥：《美国华侨史》
1933 年	美洲华侨航空义勇团	12	抗战	1933 年 3 月 25 日《申报》
1838 年	旧金山的美洲中华航校募集	5	训练	刘伯骥：《美国华侨史》
1938 年	美国华侨捐赠张瑞芬	1	办学	关中人：《航空女杰》
1939 年	檀香山救护桑梓委员会	1	抗战	中国第二历史档案馆
1944 年	加州华侨	8	抗战	1944 年 5 月 24 日《新华日报》
1945 年	波特兰华侨	3	抗战	中国第二历史档案馆
合计		62 架以上		

从上面的统计中可以看到，美国华侨捐献的飞机至少在 62 架以上。应该说，这是一个十分保守的数字，因为这仅仅是以有明确购机、造机数目的材料为依据的，并未完全包括捐款和认购奖券、公债等项。

1932 年 9 月，广东发行"航空奖券"。1933 年 8 月，陈济棠又在广州开征"航空救国捐"，美国华侨均有认购，但数目不详。

七七事变后，美国华侨的捐款献机活动更为活跃。1938 年，为响应广东人民购机运动，旧金山的义捐救国总会汇捐 12 万美元，而纽约的华侨筹饷总会汇捐近 24 万美元。

1940 年 7 月 31 日，陈庆云由香港飞抵旧金山，是年 11 月 25 日离美回国。此次他受航空委员会的委托，在美国发起航空捐款购机运动，各埠华侨积极响应。至 1942 年，共得捐款 200 万美元，其中主要的有：旧金山近 63 万美元、纽约 39 万美元、芝加哥 20 万美元、洛杉矶 10 万美元、

西雅图 7 万美元、底特律近 8 万美元、休斯敦近 5 万美元、华盛顿 4 万余美元、费城 3 万余美元。这笔捐款后来有没有用于购买或制造飞机，就不得而知了。

在国难当头的时候，美国华侨为国捐款的精神是十分感人的。底特律市郊华侨妇女简夫人汇寄给纽约、旧金山等地中国劝募救国机构的钱，至少在 1.5 万美元以上。她曾表示："只要中国不亡，我愿捐献最后一元以拯救祖国，若是不幸中国亡了，我誓将离开这个世界。"这是一个富裕华侨的例子。至于那些生活在社会下层的华侨，同样有一颗炽热的爱国之心。美施埠年过花甲的华侨妇女刘瑞芝给别人当佣人，每月工钱仅 6 美元，但一次就捐款 20 美元。《现代华侨》第 1 卷第 3 期登载了一篇以"煮饭佣妇献金，生活虽辛劳，犹知爱祖国"为题的文章，报道了刘瑞芝的事迹，读后催人泪下。1946 年编辑的《旅美京华侨救国会纪念册》记载了抗战期间华盛顿华侨义捐细目：在收到的 35 万美元的捐款中，航空捐 4.7 万余美元，广东购机捐 1.1 万余美元。两项相加，约占总数的 16%，这是旅美京华侨救国会从千百名华侨手中募集到的。在近千名捐款者名单中，最少的 4 美元，最多的 500 美元，他们都为祖国的空防贡献了自己的力量。

三、菲律宾华侨的捐款献机活动

　　菲律宾，古称吕宋。中国有不少农作物是通过华侨从那里引进的，其中影响较大的有原产南美洲，在明朝万历年间才在中国落户的番薯和烟草。由于这个缘故，福州建有一座表彰华侨陈振龙把番薯传入我国的"先薯祠"，有的地方至今仍将烟草称作吕宋烟。这些都是很多人所熟知的。

　　菲律宾的华侨曾对中国的航空教育和空军建设作出过很大的贡献。如果将各种资料加以汇总，菲律宾华侨捐献的飞机大约有87架之多。只是由于资料分散和零碎，在人们头脑中没有留下多少印象罢了。

　　1914年，孙中山先生指示同盟会会员伍平一在菲律宾的马尼拉筹办航空学校，培养人才，以备军用。当时菲律宾的华侨就曾捐过一笔款用于购买飞机，可惜后来这所航校因故没有办成。1928年，吴记藿、吴福奇、薛煜添和林珠光等人组织航空机构，并取得菲律宾中华总商会会长薛芬仕、侨商孙有泰等人的帮助，筹集了一笔资金，购买飞机7架，在福建厦门的五通创办了一所民用航空学校。由此可见，菲律宾华侨的捐款献机活动是从办航校开始的。不过那时筹款有限，因而捐献的飞机也就不多。

　　1932年1月28日，日军进攻上海，十九路军奋勇抵抗，海外华侨的声援电和汇款单就像雪片般地寄到国内，其中菲律宾华侨的表现是相当突出的。据十九路军司令部的统计，至1932年9月，在收到的海外华侨的

500万美元捐款中,菲律宾华侨就占80万美元。

1932年3月,十九路军被迫撤离上海。在此稍后,菲律宾华侨掀起捐款献机的高潮,以实际行动支援十九路军抗战。1932年11月7日,沪战知名将领翁照垣抵达马尼拉,在8日晚上的欢迎宴会上,他呼吁华侨捐款献机,立即得到了各阶层的热烈响应。随后成立了以李清泉为理事会主席的中国航空建设协会马尼拉分会,至12月中旬,会员已有4000余人。当时,中国航协在菲律宾其他地方的分支机构有30余处。

在这次捐款献机活动中,李清泉首先带头独捐2.5万比索,购战斗侦察机一架。印尼华侨殷商黄奕住当时住在菲律宾,也慷慨捐资5万元。至1933年1月初,菲律宾华侨已筹得献机款约合国币300万元。关于这次献机的架数,1933年申报馆编的《申报年鉴》和1934年1月的《航空杂志》上均说是30架,估计这是根据华侨的捐款折算的,实际购买运回的飞机并没有这么多。1933年秋冬之间,在福建筹办成形的十九路军飞机队共有飞机10架。其中5架"亚维安"型教练机是从驻防在漳州的张贞部的航空队调入的,2架是扣押南京政府的"可塞"型侦察轰炸机,3架法国新造的单座驱逐机则是用菲律宾华侨的部分捐款购买的。

带头独捐购买一架战斗侦察机的爱国侨领李清泉

"七七事变"后,中国人民开展了全面的抗战,菲律宾华侨的爱国热情空前高涨。抗战期间,菲律宾的救国团体有一百数十个,其中的航空团体也十分活跃。在中国近代航空史上曾出现过两个"中国航空建设协会",一个是1932年4月上海各界人士发起组织的,这是一个地方性的团体。1932年年底,成立的中国航空建设协会马尼拉分会就是所属的分支机构，它曾给十九路军捐款献机。另一个是 1936 年 7 月更名的，它是 1933 年 1 月初成立的中国航空协会和 1933 年 5 月在南京成立的全国航空建设会等团体演变过来的。这是国内外统一的组织，总会设在南京，国内有上海、重庆和 16 个省的分会，在国外有 36 处支会，会刊为《航空建设杂志》，它的主要任务就是发动海内外人士捐款献机。中国航空建设协会直属菲律宾支会是 1937 年 4 月间成立的，除马尼拉外，在其他地方还设立区支会 20 余处。直属菲律宾支会的领导人都由国内总会任命，最初会长为陈荣芳，后来由杨启泰担任。杨祖籍福建龙溪，早年毕业于厦门英华书院，后在菲律宾经营瑞隆兴铁公司，曾任菲律宾华侨抗敌后援会主席。卢沟桥事变后，菲律宾华侨捐款献机活动主要是由这个机构会同其他救国团体发动的。

那么 1937 年至 1945 年的 8 年中，菲律宾华侨究竟一共捐献了多少架飞机呢？近年有关的文章和专著均说是 50 架。资料的来源主要有两条：一是《华侨动员》第 16 期上《旅菲华侨捐机五十架》的消息和《华侨革命史》上的有关叙述，可惜文字都过于简略。现存中国第二历史档案馆内有关菲律宾华侨献机的公文、函件有 10 余件，这是过去的研究者未曾引用过的。尽管这些还不是全部的有关档案，但比起三言两语的报道或叙述来说，就要具体、确切得多了。

下面将其中的 3 件作一简要的介绍或摘录。

1939 年夏，杨启泰给中国驻菲律宾的涂总领事写了一封信，信中说："菲岛侨胞捐机运动，前蒙鼎力提倡，颇著成效。现汇解总会之款，已达国币三百四十万元，尚有百万左右正在催缴。"接着，杨启泰提出了三个亟待解决的问题：第一，去年总会向海外散发的捐款条例中曾说，凡独力献捐达国币 10 万元者，得以捐款人之姓名命名飞机一架，现总会将这一条规定改为美金 10 万元，与原定之数相差甚远，希望总会不要朝令夕改，以维信

用。第二，菲律宾支会为发动更多的侨胞捐献，曾公布凡以某团体或某省区名义献捐者，可用该团体或该省区命名飞机，希望这一规定得到总会的认可。第三，总会奖励条例规定，凡捐40万元、120万元、360万元的，可用该地区华侨的名义为飞机小队、中队和大队命名。菲律宾华侨的捐款已快到一个大队的数目，希望总会依例办事。这一年的7月11日，涂总领事将杨启泰的上述意见致函行政院，后来得到认可。由此可见，菲律宾支会的工作有声有色，富有创造性，并能注意反映侨心。

1940年2月27日，中国航空建设协会总会以会长蒋中正名义致函行政院，说："查本会直属菲律宾支会自民国二十六年五月成立以来，认真推动会务，努力从事征募，迄至本年一月止经募机捐，计解缴菲币约合国币肆佰贰拾叁万余元，成绩卓异，为海外各支会冠。际此抗战时期，订购航空器材，换取外汇不易，该支会能不遗余力，募集巨额外汇，供献祖国，裨助航空建设，厥功甚伟。"因此建议，除了总会嘉奖前任会长陈荣芳和现任会长杨启泰外，国民政府也应对菲律宾的华侨明令嘉奖，以便达到"藉资鼓励，并以激励各地侨胞及其他海外支会闻风兴起，踊跃输将，益加奋勉"的目的。2月27日，行政院第454次会议讨论了这份报告，并作出"交财政部及侨务委员会同航空委员会审查"的决议。在经过一番审核之后，当年的5月1日，以国民政府主席林森和行政院院长蒋中正的名义，签发了嘉奖令。

国民政府的空军节是"八一四"，这是为纪念1937年8月14日，中国空军在杭州附近击落敌机6架、我方无一损失而确定的。1941年的空军节，这一天，空军总指挥部拟在成都举行为华侨捐献的37架飞机命名典礼。这37架飞机中，菲律宾27架，马来亚1架，缅甸9架。为此，中国航空建设协会总会于7月2日给行政院写了报告，并附有内政部编制的《菲律宾缅甸马来亚霹雳等地侨胞捐款献机奖励清单》一份。现将有关菲律宾华侨的部分抄录如下：

募款地区	捐募款项单位名称	捐款数目	奖励办法	备考
菲律宾	垊里拉铁商会	203800.00 元	核与人民捐资救国奖励办法第二条丁款之规定相符，拟请院转呈颁给金质奖章一座，并请转呈明令嘉奖	以下捐款数目均已折合国币
	垊里拉木商会	112221.00 元	同上	
	垊里拉三途商会	110070.00 元	同上	
	垊里拉学生	144834.04 元	同上	
	垊里拉妇女	102537.48 元	同上	
	垊里拉庄万益	100000.00 元	同上	
	宿务省华侨	260303.00 元	同上	
	古达描岛省华侨	200000.00 元	同上	
	西黑省华侨	182710.00 元	同上	
	怡朗省华侨	369719.40 元	同上	
	苏洛省华侨	100000.00 元	同上	
	纳卯省华侨	200028.57 元	同上	
	三描省华侨	151857.20 元	同上	
	地也拔省华侨	100000.00 元	同上	
	新衣示夏省华侨	100000.00 元	同上	
	垊里拉屠商会	70818.93 元	同上	
	垊里拉粤侨	99066.55 元	同上	
	垊里拉杂品商	80415.72 元	同上	
	东黑省华侨	83693.91 元	同上	
	礼智省华侨	89610.18 元	同上	
	邦牙丝兰省华侨	97500.00 元	同上	
	南甘吗嶙省华侨	85194.29 元	同上	

　　尽管我们还未看到捐款的全部账目，但这份清单告诉我们，菲律宾华侨的捐款活动是十分广泛的。从地区来看，除了首都马尼拉（即垊里拉）

外，还有 13 个省；从行业和阶层来看，既有铁商会、木商会、杂商会等店员、商人，也有妇女和学生，真正做到了各行各业、男女老幼都动员起来了。

这 3 件档案从不同侧面反映了七七事变后菲律宾华侨捐款献机活动的情况。1941 年年底，太平洋战争爆发，所以 1942 年后南洋华侨的募捐活动基本上停止了。从 1937 年 5 月至 1940 年 2 月，菲律宾华侨汇回国内的购机款已有 423 万余元，照此推算，至 1941 年年底捐足 500 万元是完全不成问题的。500 万元，按捐国币 10 万元即是捐机 1 架计算，菲律宾华侨就等于捐献了 50 架飞机了。据新中国成立前出版的《现代华侨》第 1 卷第 8 期上的统计，从 1937 年 7 月至 1940 年 10 月，海外华侨一共捐献飞机 217 架，由此算来，菲律宾华侨将近占了四分之一。

陈嘉庚先生在《南侨回忆录》中说，抗战期间，南洋华侨筹款每月在 700 万元以上。如果按每人的月平均捐款额计算，越南华侨为 0.5 元，印尼华侨为 1 元，缅甸华侨为 1.2 元，马来亚华侨为 1.75 元，菲律华侨为 5 元。十二三万的菲律宾华侨之所以能作出这样大的贡献，陈嘉庚先生说，这是因为"菲律宾政府既未歧视华侨，募捐工作可自由行动，且殷裕侨领出为领导，以身作则，故成绩最佳"。

但愿人们能够永远记住菲律宾华侨的这些卓著的贡献。

四、缅甸华侨的捐款献机活动

缅甸是中国西南的友邻，很早便有中国人在那里定居。缅甸的华侨可分为翻山华侨和渡海华侨两种，前者是翻越横断山脉从云南去的，为时已在千年以上；后者是从中国的东南沿海坐船去的，也有百年的历史了。据人口普查资料，缅甸的华侨1911年为12万余人，1921年为近15万人，1931年为19万余人。抗战期间，人口流动较大，但大体亦保持在20万人左右。按其祖籍而言，70%是福建人，20%是广东人，10%为云南人。

晚清时期的中国驻外公使张德彝先生，1866年曾在越南的西贡体察侨情。后来他在《航海述奇》中说，华人与当地土著居民，"哗拳饮酒，打鼓吹笛"，一同高歌，那时候的海外，在华人眼里已经是"宛若故乡"了。

缅甸的华侨也和越南的华侨一样，很早便在侨居地安居乐业了，虽然如此，但他们始终不忘自己的故国。这种怀国思乡之情，在战乱中显得更为浓烈。卢沟桥事变的消息传到仰光，侨胞的热血为之沸腾，他们为了及时得到祖国的讯息，纷纷抢购无线电收音机。据当时报纸发表的统计数字，1937年8月至12月，缅甸进口的无线电收音机，比上年同期增加21倍。战火在一夜之间便这样迅速地将海内外炎黄子孙的命运连到一起了。

抗战期间，缅甸华侨成立了许多救亡爱国团体，其中影响最大的是缅

甸华侨救灾总会，在全缅属下有 194 个分会和 8 个支会。从 1937 年 8 月
5 日成立至 1942 年 3 月 8 日日军占领仰光为止，救灾总会汇交重庆国民
政府的捐款总数为缅币 300 万盾。起初，官价汇数约为 100 盾合国币 200
元，到 1930 年提高到 500 元。无疑，300 万盾是一笔十分可观的捐款。

缅甸华侨的捐献飞机活动主要是由中国航空建设协会直属仰光支会出
面组织的。缅甸华侨救灾总会秘书陈孝奇先生苦心收集散失的报刊，历时
五载写成《缅华四十年大事记》一书，记载了从 1911 年至 1949 年间，缅
甸华侨社会的主要大事。虽然由于时间跨度大，所叙述的每一要闻皆为寥
寥数语，但我们还是能够从中看到历史的大体脉络。

早在抗战爆发之前，缅甸华侨就十分关注祖国航空事业的发展了。1929
年 4 月 26 日，中国飞行家陈文麟由德国驾机抵达仰光。当时华侨曾组织大
规模的欢迎团在新跑马厅机场热烈欢迎，并拍摄了电影纪录片留作纪念。

1933 年 2 月 10 日，仰光成立了缅甸华侨航空救国协会，至 1935 年
10 月 30 日，该会募得航空救国捐 42280 元，汇国币 47590 元，交中央秘
书长叶楚伧，请他转航空建设委员会，订制"缅甸"号飞机 1 架。

七七事变拉开了中国人民全面抗战的序幕，同时也将缅甸华侨的爱国
运动迅速推向高潮。据不完全的统计，仅在 1937 年 7 月至 12 月的 5 个月
中，缅甸华侨成立的抗日救亡组织及其分支机构就有 130 余个，其中主要
有缅甸华侨救灾总会和它诸多的地方分会。此外还有缅甸华侨抵制日货总
会、缅甸华侨各途商筹赈总会、缅甸华侨救国后援会、中国航空建设协会
直属仰光支会等。

中国航空建设协会直属仰光支会成立于 1937 年 8 月 29 日，张永福任
会长，张瑞龙、董效文为名誉会长，吴文举、李朝达、邝金保、陈宗珍等
人为常务委员，陈吉昌、李文珍、陈步墀、黄天照、王相尧、黄景爟、胡
壮民、朱伟明、林闹外、李崇广、何贤治、陈上坑、卢鸿漠、杨各题等 14

人为委员，秘书是何明福。

　　民国时期，南洋有两个知名人士均叫张永福，一个祖籍广东饶平，曾任同盟会星洲分会主席，著有《南洋与创立民国》一书，但抗战期间随附汪伪政权。而担任中国航协直属仰光支会会长的张永福，则为福建同安人。他 15 岁随父亲在马来亚的槟城及缅甸的仰光经商，清朝末年，与徐赞周、庄银安等人在缅甸组织同盟会，民国初年被孙中山任命为中国国民党缅甸支部副部长。张永福还长期担任缅甸华商会主席。由这样一位资深望重的侨界要人出面筹款献机，自然具有较大的号召力。

　　中国航建协会仰光支会在全缅设有征求会员委员会 70 余处，第一年征得会员 9384 人，获捐款缅币 77997 盾，另有国币 2.5 万余元；第二年征得会员 4066 人，获捐款缅币 227639 盾，另有国币 1.2 万元。以后，又继续发动侨胞捐款，直至仰光沦陷。

　　抗战期间，中国航建协会仰光支会究竟一共捐献了多少架飞机，陈孝奇的《缅华四十年大事记》中没有记载。台湾出版的《华侨革命史》中说是 14 架，海内外有关学者均是据此来著书写文章的。笔者翻阅存放在南京中国第二历史档案馆的有关档案，才知道献机不是 14 架而是 19 架。

　　1941 年 7 月 22 日，中国航空建设协会总会给行政院一份报告，当时总会会长由蒋中正兼任，这份报告是由他签发的。全文如下：

　　　　查本会直属仰光支会认真推动征募，成绩优良，迄至最近，汇解捐款已达壹佰玖拾余万元，献机壹拾玖架。按照本会海外捐款奖励办法第二条第六项之规定，应请钧院转呈国民政府按人民捐资救国奖励办法，予以明令嘉奖。理合检该支会献机成绩表呈请鉴核俯准，以示奖励，而利征募，实为公便！

　　　　谨呈行政院

　　　　中国航空建设协会总会会长蒋中正（印）

报告还附了这样一个表格：

直属仰光支会捐款献机成绩一览表（三十年六月查案制）

献机名号		筹献年份	办理情形	拟办	备考
缅甸华侨	第一号	二十七年国庆纪念筹献	已命名并摄寄照片		
	第二号	同	同		
	第三号	同	同		
	第四号	同	同		
	二队第五号	二十八年国庆献机祝寿（第一批）	同		
	二队第六号	同	同		
	二队第七号	二十八年国庆献机祝寿（第三批）	款已收（国币）	拟函航委会拨机命名摄寄照片	
	二队第八号	二十九年国庆预祝抗战胜利筹献（第一批）	款已收并已函航会拨机	拟再函催	
	三队第九号	二十九年国庆预祝抗战胜利筹献（第二批）	款已收	拟函航会拨机命名摄寄照片并复仰光支会	
缅甸学生	第一号	二十八年国庆献机祝寿（第一批）	已命名并摄寄照片		
	第二号	二十九年国庆献机祝寿（第二批）	同		
	第三号	二十九年国庆预祝抗战胜利筹献（第一批）	款已收并已函航会拨机	拟再函催	
	第四号	同（第二批）	款已收	拟函航会拨机命名摄寄照片并复仰光支会	
	第五号	同（第二批）	同	同	
缅华特委	第一号	二十八年国庆献机祝寿	已命名并摄寄照片		
	第二号	二十九年国庆预祝抗战胜利（第二批）	款已收	拟函航会拨机命名摄寄照片并复仰光支会	

献机名号		筹献年份	办理情形	拟办	备考
缅华各途商	第一号	二十八年国庆献机祝寿（第三批）	款已收（国币）	拟函航会拨机命名摄寄照片	
	第二号	二十九年国庆预祝抗战胜利筹献（第二批）	款已收	拟函航会拨机命名摄寄照片并复仰光支会	
仰光米厂号		二十八年国庆献机祝寿（第一批）	已命名摄寄照片		

　　1941年9月6日，国民政府主席林森、行政院长蒋中正、内政部长周钟岳共同签了嘉奖令，批准向中国航建协会仰光支会颁发金质奖章。

　　上述档案清楚地表明，缅甸华侨献机是19架。对1941年6月中国航建协会总会所编制的表格作一个大致的分析，就可以看到：缅甸华侨献机19架，其中"缅甸华侨"号9架，"缅甸学生"号5架，"缅华特委"号（由缅甸华侨救灾特别委员会捐献）2架，"缅华各途商"号（由缅甸各途商筹赈会捐献。各途商筹赈会成立于1937年10月8日，统管缅甸华侨经营的14种行业的劝募活动）2架，"仰光米厂"号1架。从筹献年份来看，1938年4架，1939年7架，1940年8架，一年比一年多。从办理的情况来看，全部已收到捐款，其中已命名的10架，已致函或拟致函航空委员会请他们拨机命名的9架。

　　缅甸华侨捐款献机活动，参加的阶层相当广泛，有工人、商人、店员、小贩、教师、学生等，捐款是一元两元地筹集的。以"缅甸学生"号为例，1939年"双十节"时，全缅甸214所华侨学校的师生参加捐款献机，共得缅币49191盾，后来用这笔款购机2架，分别命名为"缅甸华侨学生第一号"和"缅甸华侨学生第二号"。学生们将自己的零用钱都捐了出来，爱国之心实在感人。

　　1942年春，日军大举进攻缅甸。是年5月10日，中国航空建设协会

直属仰光支会会长，73 岁的张永福先生在逃难中病故于中国云南的楚雄。此后，人们便再也听不到缅甸华侨捐款献机的消息了。中国航空建设协会直属仰光支会虽然实际存在不足 5 年，但它依靠华侨各界捐款献机 19 架，这的确是不小的成绩。

五、马来亚华侨购机寿蒋

在旧中国，由于国力微弱，要发展空军往往要从百姓手中筹集资金。因此，"有奖航空债券""航空募捐"，每人捐一元的"一元献机"和一个县捐献一架飞机的"一县一机"等名目便出现了。在这名目繁多的集资形式当中还有一种，那就是"献机祝寿"。

1936年秋，是蒋介石的50岁寿辰。早在这一年的年初，南京方面就派员四处活动酝酿献机祝寿的事了。这时蒋介石虽然也有禁止人民为他祝寿的训示，但这只是做给人看的。献机祝寿，一能扩大自己的声威，二能增强自己的实力，他当然是眼开眼闭了。

献机祝寿，不仅国内搞，海外也搞，当年马来亚的华侨就曾献机13架。1943年，陈嘉庚先生避居印尼的玛琅时动笔写《南侨回忆录》。在这部30余万言的长篇回忆当中，曾写有《购机寿蒋会》一节，专门谈及这件事。此外，关于这次献机，1936年9月间的《南洋商报》亦有记载。

当年报上有关献机寿蒋的文章

可惜研究航空史的人没有注意到这些史料。

1936 年，中国驻英国使馆给新加坡总领事拍了一封电报，要求马来亚华侨捐款 10 万元，献飞机一架，为蒋委员长祝寿。为此，总领事找到陈嘉庚先生，请他出面组织。陈嘉庚先生说，这件事情需要征得马来亚的英国殖民当局同意后才能进行。因为 1925 年的"五卅惨案"之后，中英关系紧张，英国殖民当局禁止中国党团组织和其他社团在马来亚公开进行爱国运动。后来由于国际局势的新发展，他们的这种态度才渐渐有所改变。这一次陈嘉庚先生询问殖民当局可否进行募捐时，很快就获得批准了。

东南亚爱国侨领陈嘉庚

陈嘉庚先生是爱国华侨的一面旗帜，只要对祖国有利的事，他都会竭尽全力去做。本来，中国驻英使馆给新加坡总领事的电报中只要求马来亚华侨捐机一架，但为了获得更多的捐款，陈嘉庚先生由中华总商会出面召开有华侨各界人士参加的会议，专门成立了"购机寿蒋会"，并欣然担任该会的主席。"购机寿蒋会"曾在吉隆坡召开，有全马来亚 12 个区侨领参加的研究募捐的专门会议，并通过各种宣传媒介广为发动。陈嘉庚先生登高一呼，马来亚华侨很快便捐献了能买 13 架飞机的 130 余万元，汇交南京的献机祝寿机构。

从《民国大事类表》中可以查到，1936 年 10 月 25 日和 11 月 1 日，上海和南京都曾召开祝寿献机命名大会。究竟在这次献机祝寿活动中，一共捐了多少架飞机呢？有人估计为 35 架，最多的有人估计为 100 架。如按 100 架计算，马来亚华侨捐机 13 架，占了 13%，这的确是一个很大的成绩了。

　　马来亚的华侨为蒋委员长祝寿献机 13 架，倒不必认为这是出自对委员长的衷心拥戴。1936 年 9 月 5 日《南洋商报》上发表了陈嘉庚先生在新加坡"购机寿蒋会"举办的游艺会上所致的开幕词。在这篇开幕词中，陈嘉庚先生叙述了购机寿蒋的缘由，并深刻分析了空防与国防的关系，他说："数十年前，作战仅靠海陆二军，今则空军为重。论海军，我国海军幼稚，发展又为能力所限，今可用以自卫者，厥惟陆军。而陆军又须有空军掩护，陆军无空军掩护，等于无用。今我空军初创，谓无空军也可，无空军是无陆军，无陆军是无国防，国而无防，其不等于亡国也乎。"所以陈嘉庚先生说，购机寿蒋的目的，是"借此唤醒同侨，使知国之当爱"。由此可见，当年侨胞踊跃捐款献机，完全是出自一片爱国之心。

六、有关陈永独资献机的几份公文

由许云樵主编的《新马华人抗日史料》，全书 1000 余页，这是至今为止收集最全的有关新加坡、马来亚地区华侨抗日史料的汇编。抗战期间，新加坡、马来亚的华侨有没有人独资献机？人们从这本书中是找不到片言只语的。然而在南京中国第二历史档案馆中，却保存着一些有关的珍贵史料。

马来亚独资献机的侨领叫陈永。关于陈永的身世，资料不详。不过中国第二历史档案馆中涉及他独资献机的档案材料一共有 13 件，这就是1940 年 3 月 15 日至 5 月 25 日间雪兰莪华侨筹赈祖国难民委员会、国民政府文官处、行政院、财政部、内政部、中国航空建设协会之间往来的公文。我们不妨全文抄录其中的一份。

1940 年 3 月 15 日，马来亚雪兰莪华侨筹赈祖国难民委员会会长李孝式给国民政府主席林森写了这样一封信：

> 径启者，自我国航空委员会委派马中校庭槐及中尉能荣二君南来宣慰华侨并报告国内空军状况，此间侨胞既领受慰问之热忱，乃再议报国之计划，除加紧鼓励各人捐助常月捐外，复由本会常务委员会议决发起劝募救伤飞机捐款。首得本坡侨领陈永先生，慨允独资购本坡温公司价值叻币三万捌千元之飞机一架，献赠政府。惟因当地政府现时统制外汇，月限马来亚各筹赈会外汇总额不得超过五十万元，故非得星洲中国银行

将该机价值在此五十万元扣除，恐未能领到出口凭证。至该机运往我国，运费尚未解决。日前趁马中校庭槐回国之便顺，于本月十二日曾修一函，托代呈交航空委员会委员长蒋，面陈一切外，务希钧座转饬财政部长孔，迅速解决外汇及运送问题，早为电知以便办理。至捐购救伤飞机既有陈永先生倡导于前，各侨胞自当响应于后，故本会现仍继续劝募，但请钧座规定每架价值若干，以便宣布庶款项，募就即汇上行政院指定为购机之用也。

此致

国民政府主席林

会长李孝式　二九、三、十五

虽然这份公文仅有 400 余字，但已将有关捐资献机的事情讲得比较清楚。对这份公文略作分析，我们可以得到这样两点印象：

第一，中国航空委员会直接派员到海外，这对于积极开展募款购机活动有很大的促进作用。马来亚雪兰莪侨领陈永先生独资献机以及其他华侨积极响应，就是马庭槐中校和能荣中尉奉命南来，在南洋宣慰侨胞和宣传航空救国的成果。第二，侨胞的爱国热情十分高涨。1938 年 10 月 10 日，以陈嘉庚先生为主席的南洋华侨筹赈祖国难民总会（简称"南侨总会"）在新加坡成立。从此，南洋 800 万华侨在抗日救国的旗帜下，为挽救中华民族的危亡而共同努力奋斗。到 1940 年，"南侨总会"领导的基层组织有 700 余个。发动侨胞捐款献机的雪兰莪华侨筹赈祖国难民委员会就是其中颇有影响的组织。在太平洋战争爆发前，当时海峡英国殖民当局在中日两国之间，采取中立态度，他们允许华侨汇款寄物回中国支援抗战，但在数额上又作了限制。"南侨总会"及其下属组织不是为募不到款项而发愁，而是担心捐款超过限额不能汇回祖国。

由于马来亚当局规定，每月各筹赈会汇回中国的款项不得超过 50 万

元，所以陈永独资献机就不能领到出口凭证。早在 1940 年 2 月 24 日和 3 月 6 日，雪兰莪筹赈会就曾两次致函星洲中国银行，请他们设法协助放行，但得到的答复是银行无权这样做。李孝式在无计可施的情况下，才于 3 月 15 日致函国民政府主席林森。林森接函后责成文官处办理，但办理的原则只是"外汇问题由财政部设法解决，运送问题及救伤机每架价值若干应由航空委员会核办，交行政院军事委员会分别转饬迅予办理径复"。4 月 9 日，文官处给行政院致函，将皮球踢到那里去，但问题仍未有着落。

为了解决献机的外汇及运送问题，李孝式只好硬着头皮继续写信。4 月 3 日，他致函财政部长孔祥熙；4 月 11 日，又致函行政院院长蒋中正，所谈的事情都是一件，希望他们"予以通融办理"，否则"不特辜负陈君之热诚，抑亦使其他华侨心灰意冷，似此对赈务进行，不无影响"。可能由于惊动了最高层的实权人物，献机一事最终有了眉目。4 月 30 日，孔祥熙签发了财政部致行政院秘书处的一份函件，文中提到了处理陈永献机问题的解决办法，这就是"即将派员接收起运，请饬星中行提前登记，并入每月汇额之内，以便早日运华"。在此之前，财政部驻香港的专员陶昌善也接到蒋中正以中国航空建设协会总会会长名义签发的电报，解决的办法与孔祥熙所陈大同小异。

陈永独资献机的款项最后付出叻币是 4.1 万元，比早先李孝式致林森函中所说的 3.8 万元多 3000 元。在来往的公文中提及当时叻币与国币、法币的比值，1 元叻币约合 6.4 元国币或 10 元法币。也就是说，陈永捐献的叻币 4.1 万元，约合国币 26.2 万余元或法币 41 万元。这是一个不小的数目。

1940 年 5 月 25 日，内政部部长周钟岳签发了一份致行政院的公函，函中说："查该华侨陈永独捐叻币四万一千元，购助飞机一架，爱国热情至堪嘉，尚核与人民捐资救国奖励办法第二条丁款之规定相合，理合开具奖励清单签请钧院鉴核转呈国民政府颁给金质奖章一座，并予明令嘉奖以昭激劝。"

陈永独资献机，究竟是在境外购机运回国内，还是汇款回国购买飞机，由于没有其他更为详细的材料，我们不得而知。但围绕着陈永献机一事，雪兰莪华侨筹赈祖国难民委员会会长多次致函国民政府当局，恳请放宽外汇限额，以便让更多的钱物汇寄祖国，支援抗战，从这里我们可以看到南洋的华侨对祖国的抗战及航空事业的一片爱国之心。

七、"爪哇"号

抗战期间，印尼的华侨捐赠了大量物资。那么印尼的华侨到底有没有捐献过飞机呢？近年国内出版的《华侨与抗日战争》和《华侨第二次爱国高潮》这两本研究华侨与抗战的专著中都没有提及。1985年海洋出版社出版的《印度尼西亚华侨史》中虽然登载了"爪哇"号飞机的照片，也只有不足20字的说明，使人读后不能解渴。

关于"爪哇"号，姜长英教授在其《中国航空史》中引用了1934年8月《航空杂志》上的一篇文章，对它的制作及性能作了简要的介绍。如果我们再综合其他有关的材料，对这架飞机的来龙去脉就清楚了。

1931年"九一八"事变和1932年"一·二八"事变之后，海内外同胞有钱出钱，有力出力，抗日救亡的浪潮一高过一浪。从1931年秋到1937年夏，印尼华侨捐款共达507万元法币和22万元港币。其中有13万元是指定用来制作飞机以加强空防的。

满足印尼华侨意愿、承担设计、制造飞机任务的，是坐落在南京光华门外大校场的首都航空工厂。该厂于1930年在南京的明故宫内创办，首任厂长为林福元，以后由石毓彬、刘敬宜等人接任。当时工人有200多名，每月可修理飞机五六架，此外也制造少量飞机。1932年5月，工厂接受了任务，1933年12月开始制作。半年之后，也就是到了1934年6月，飞机便出厂试飞了。

印度尼西亚首都雅加达过去习惯称为"巴达维亚"，所以飞机最初的命名是"巴侨"号，第二年才改名为"爪哇"号。印尼是一个千岛之国，其中华侨大都居住在爪哇岛，这样一改，不仅更加确切易记，而且也别具特色了。

"爪哇"号是由中国的技师田培业、朱家仁、乔刚等设计的。飞机里面装配的 525 马力的豪奈特式发动机是由美国的普拉特·惠特尼公司制造的。飞机总重 2363 公斤，最大速度每小时 238 公里，最大飞行高度 5170 米，航程 943 公里，能带两挺机关枪、200 发子弹和 400 磅炸弹，可做侦察、教练和轰炸之用。"爪哇"号是当时我国所造的最大飞机，飞机所用的材料费共计 4 万多元，工资费用 8000 多元，全机总价值约 5 万元，只有外国货三分之一的样子，真可称得上是"物美价廉"了。

据说新机完成，在开过庆祝典礼之后，就被打入冷宫了。原因是许多当权者崇洋媚外，往往看不起国产的飞机。尽管如此，由华侨出钱、国内同胞出力，共同设计制造了当时中国自造最大型号的飞机是抹杀不掉的事实。仅凭这一条，"爪哇"号就应该载入史册了。

八、"诗巫"号

诗巫是马来西亚沙捞越省的第二大城，这个城市的大多数居民为原籍福州的华人，故此人们又习惯把它叫做"新福州"。诗巫之所以引人注目，是因为知名华侨黄乃裳先生在 1901 年至 1903 年间，先后带领 3 批共 1000 余名福州人远渡重洋，到了那里建立垦区，把这个荆棘遍地的小村落逐渐发展成为商贾汇聚的繁华市镇。

抗战期间，诗巫的华侨曾经捐献过一架飞机，并取名"诗巫"号，这在史书上是没有记载的。然而在南京中国第二历史档案馆中，至今还保存着几份完整的档案资料。

1941 年 7 月 17 日，沙捞越诗巫埠华侨筹赈祖国难民委员会主席张宗罗先生，给国民政府行政院院长蒋中正发出一封函件。函件不长，我们不妨将全文抄录如下：

呈为呈报事：窃本年四月三十日，欣蒙钧院派驻北婆罗洲山打根领事馆卓领事还来，不辞长途跋涉，莅临诗巫视察侨务。星槎遥贲，群仰上国威仪；政化所敷，备致舆情欢洽。属会上体钧座扩建空军之至意，下察侨众爱戴钧院代表之赤诚，爰乃发起欢迎卓领事献金购机运动，拟募足叻币五万员，奉献钧院指购飞机一架，定名为诗巫号，既以纪念卓领事之视察诗巫，亦以实践……（复印件不清楚——编者）现此献金，当由属会随收随解，共已汇出六次，合数叻币四万三千四百元。尚差一万七千余元，仍候随时收解。除经专函径请卓领事察照外，所有属会此次发起欢迎卓领事献金购机运动各缘由，理合备文连同汇款清单一纸，恭呈钧鉴，并祈令饬财政部查明列收，暂予汇存，以凭将来清解后，作为购置诗巫号飞机一架之用，实为侨便。谨呈

国民政府行政院院长蒋

沙捞越
诗巫埠　　华侨筹赈祖国难民委员会主席张宗罗

此外，有关的档案中还附有 1941 年 7 月 15 日和 1941 年 10 月 29 日，诗华筹赈会寄出的两张汇款清单，详细地记录了从 5 月 1 日至 10 月 23 日 8 次汇款的数目。诗巫华侨为购买"诗巫"号飞机，先后共汇出叻币 61575 元。

清末民初，不少中国驻外的使领馆人员与华侨的关系是比较密切的。张宗罗的函件说出了献金购机的缘由。

中国在北婆罗洲设立领事馆始于 1913 年，馆址最初设在亚庇市，首任领事为谢天佑。1933 年，领事馆迁往北婆罗洲最高督府所在地山打根。1940 年 7 月，当时的领事余培均奉命调往北美任职，前来接替他的是卓还来领事。

卓还来，福建闽侯人，早年毕业于燕京大学，曾留学法国，回国后担任过中国驻安南的副领事，是一位有着一腔爱国热血的年轻外交官。函中所谓"欣蒙钧院派驻北婆罗洲山打根领事馆卓领事还来，不辞长途跋涉，莅临诗巫视察侨务"等语，是指卓还来履新不久，即深入华侨聚居地，了解侨情，介绍国内扩建空军的计划，并号召侨胞为抗战出力。于是，便发起了欢迎卓领事献金购机的运动。

根据《北婆罗洲、婆罗乃、沙捞越华侨志》的记载，从 1938 年至 1942 年，诗巫埠华侨筹赈祖国难民委员会在侨胞中共募集了叻币 70 万元。

我们从南京有关的档案看到，诗巫华侨的捐款中，有将近十分之一用于购买"诗巫"号飞机，这件事情一方面说明华侨关心祖国的空防，另一方面也说明卓领事的工作富有成效。

1942 年 1 月 19 日，日军攻占山打根，卓领事来不及撤退而被捕，随后被关押在集中营中吃尽了苦头。1945 年 7 月 6 日，在根地咬飞机场附近惨遭日军杀害，牺牲时年仅 34 岁。1945 年 10 月 7 日，山打根华侨假光明戏院举行"追悼故卓领事暨忠良死难同胞大会"，是日全市下半旗并停止一切娱乐。会场大门两旁，高悬着这样一对挽联："忠能爱国，仁能保民，殉难从容真可爱；义不事仇，勇不屈敌，表哀岂独为同胞。"

1946 年，卓领事的骨骸运回南京安葬，沙捞越的华侨则在根地咬为卓领事立碑纪念。今天，当人们缅怀这位英勇不屈的中国外交官时，不应忘记他曾发动侨胞为国捐献一架"诗巫"号飞机的往事。

第六章

碧空丹心

一、中日空战概述

日本的航空业兴起于 1910 年，这与中国大致是站在一条起跑线上的。然而此后，一个如虎添翼，突飞猛进；一个鹅行鸭步，步履艰难。以飞机制造而言，姜长英教授在《中国航空史》中估计，1949 年以前的 40 年里，中国制造的飞机总数是 600~700 架的样子。周一行先生在《日本侵华史实录》中说，从 1936 年至 1945 年这 9 年中，日本共制造飞机 8.3 万架。这样算来，中国生产飞机的能力还不到日本的 1%。当然，这 8.3 万架飞机中包括客机、运输机和部署在亚洲各地的战斗机，实际在中国投入空战的并没有这么多。

目前，涉及中日空战的著述或文章不多，而且彼此叙述的角度和所依据的资料不尽相同，因而各有各的说法。

虞奇先生在编著的《抗日战争简史》这部专著中，对中日空军力量的对比和主要的空战有较多的记述。尽管还不够详尽全面，而且也未必精确，但我们从中大体还是可以看出一个轮廓来的。

在抗日战争期间，制空权操在日军手中，他们依仗大量高性能的飞机频频出击，并对中国的军事设施和民宅狂轰滥炸，使中国人民蒙受了巨大的损失。仅 1939 年 10 月至 1945 年 8 月，日机就空袭 8900 余次，投弹 19.7 万余枚，炸毁房屋 37.6 万余间，使 77 万中国人丧生。

中日空战是在敌我双方力量对比悬殊的情况下进行的。从 1937 年 7 月至 1939 年 10 月这段时期，开始日军使用战机 450 架，后因战场扩大增至 800 架，而中国空军战机始终未超过 300 架。也就是说，中国空军的飞机数量大体只有日本空军飞机的三分之一至二分之一。以后也基本是这种状况。

尽管敌强我弱，但中国空军不畏强暴，英勇参战，在马毓福编著的《中国军事航空》一书中，他根据国民党行政新闻局编制的《中国空军》等资料统计，从 1932 年 2 月 5 日至 1945 年 8 月 14 日，中国空军共战斗出动 1128 批，8847 架次，共击落敌机 529 架，炸毁敌机 277 架。中国空军损失各种飞机（包括训练损失的）共 2468 架，牺牲飞行人员 661 人。

参加空战的中国空军将士

中国的抗日空战得到了国际的支援。据王苏红和王玉彬在《中国大空战》中汇总的资料，从 1937 年年底至 1942 年的 4 年中，苏联共派遣 500 多名志愿航空人员来华，并提供贷款，支援中国飞机近千架。苏联空军志愿队总计炸毁敌机 114 架，击落敌机 81 架。1941 年 8 月，200 余名美国志愿航空队来华参战，在此后半年多的时间里，他们击落日机 272 架，炸毁地面日机 225 架。

在祖国处在生死存亡的时刻，海外华侨不仅捐献了数百架飞机，而且大约有 200 多名华侨青年在中国空军服役。他们与国内人民和苏美航空志愿队一道，为取得中日空战的胜利贡献了自己的力量。

为了纪念抗日战争殉国的航空烈士，在南京紫金山北麓的中山陵园内建有抗日航空烈士纪念碑群，并于 1995 年 9 月 3 日举行落成典礼。据黄严和关中人同志在《丰碑上的五邑抗日航空烈士》一文的研究，截至 1996 年 4 月间（以后还有补刻，未计算在内），先后刻在碑上的抗日航空烈士共 881 人。其中，原籍广东的 135 人，占全国的 15.3%；原籍广东台山、开平、恩平、新会和鹤山这五邑侨乡的 57 名，占全省的 42.3%、全国的 6.5%。五邑抗日航空烈士多是华侨子弟，其中美国归侨飞行员 22 名，占五邑抗日航空烈士的 40%。

二、抗日空战捐躯第一人黄毓全

广东台山县的县城叫作台城镇。在台城镇东郊的石花山上有一座 8 米高的纪念碑，这是台山县人民为纪念黄毓全烈士而修建的。

关于黄毓全的事迹，海内外的一些书刊上曾有过记载，但都十分简略。其中牺牲的经过大体一致，不同的就是殉难的时间，有的说是 1932 年 2 月 5 日，有的则说是这一年的 2 月 6 日。至于有的文章说他在淞沪空战中曾率领 9 架飞机于真茹上空和入侵的敌机搏斗，并英勇地击落日机数架，这是误传。有位笔名叫浑人的先生，参阅了 7 种中日有关文献，并访问过前国民党空军参谋田钟秀等人，写成《"一·二八"淞沪事变中日空战记详》一文，发表在香港 1988 年第 1 期的《广角镜》杂志上，介绍了淞沪空战的经过。我们再参考其他的一些资料，对黄毓全的身世及其殉难的前后就有较多的了解了。

1932 年 "一·二八" 淞沪事变，是日军对中国心脏地带发动的 "穿心战术"。

飞机师黄毓全

淞沪战事从 1 月 28 日至 3 月 3 日，前后 1 个多月。当时日方参战的总兵力达 9 万余人，舰艇约 80 艘，飞机 300 余架。而中方的总兵力约 5 万人，飞机 30 余架。就飞机的架数而言，中国只有日军的十分之一。在这场"穿心战"中，日军飞机的狂轰滥炸，真是令人发指。

1 月 28 日，日本海军陆战队分 3 路进攻闸北，中国守军十九路军英勇抗击，从而揭开了淞沪抗战的序幕。为了进攻上海，日军不仅集结万余兵力，而且调动了轰炸、驱逐、侦察等飞机 50 余架。这些飞机，一部分集中在引翔港机场，一部分则停在"能登吕"号母舰和其他军舰上。

1 月 29 日凌晨 4 时，日军从"能登吕"号母舰派出飞机对上海火车北站、杭州会馆及宝山路一带进行连续不断的轰炸。在这次以及后来的轰炸中，许多民房和商店被夷为平地，商务印书馆和东方图书馆也淹没在火海之中。上海商务印书馆是中国最大的文化事业机构，东方图书馆是全国藏书最多、资料最丰富的图书馆之一。中国历史文化财产所遭受的巨大损失是无法弥补的。1 月 31 日、2 月 3 日和 2 月 4 日，日机或是在上海上空盘旋示威，或是轰炸攻击十九路军在通庵路与宝山路一带的阵地。

日本空军在上海的暴行激起了中国空军及防空部队的无比愤慨，他们不畏强敌，英勇还击。

2 月 5 日，日军的 3 架攻击机，在真茹机场附近被中国地面防空部队的炮火击落，机毁人亡。这是中国首次以地面炮火击落敌机，也是日军第一次在战场上损失飞行员。同在这一天，日军平林长元大尉率领的攻击机在所茂八郎大尉指挥的 3 架战斗机的掩护下，袭击真茹机场，中国有 4 架飞机起飞迎战，平林长元的机座中弹一发，中国一架战斗机负伤着陆，这架飞机的机师朱达先身负重伤。关于朱达先，浑人先生根据有关资料，说他后来医治无效而殉职。但据一些曾在中国空军服役的人员回忆，朱仅是受伤而已，伤愈后，他脱离中国空军在上海经营咖啡生意。由此可见，在

战火纷飞的年代，要搞清一条消息并不容易。

2月6日，中国有7架飞机在上海上空侦察日方军事行动。同一天，日军的平林长元大尉和所茂八郎大尉率领的飞机又一次轰炸真茹机场，中国空军奋起迎敌。在这次战斗中，刚从家乡度蜜月归队的中央空军第6队的副队长黄毓全，奋不顾身地驾驶一架英制战斗机升空迎敌，当他拉起爬高时，由于飞机操纵系统的钢丝绳断裂，飞机失控坠地，结果机毁人亡。

淞沪战役期间，南京中央空军有7个航空队，每队有9架飞机。其中，先后参加空战的有第2队、第4队、第6队，以及广东空军派来的飞机队。广东空军派出的飞机队以丁纪徐、谢莽为正、副队长，有战斗机6架和运输机1架。他们是2月10日从广州出发，经长沙、南京而到江浙前沿的。

淞沪空战一直延至2月下旬，作战范围也不限于上海。美国陆军航空队飞行员萧特随同中国向波音公司订购的驱逐机来华。2月20日，他驾机在上海上空与3架日机周旋，22日在苏州上空不幸被日机击落。2月25日，中央空军第2、4、6队以及广东空军共计32架飞机，由杭州的笕桥机场转移到钱塘江畔的乔司简易机场，他们准备第二天再飞往蚌埠，因为笕桥机场屡遭敌机轰炸，那里已经不能存放飞机了。2月26日清晨，15架满载炸弹的敌机从吴淞口外的航空母舰上起飞，直扑笕桥机场。笕桥机场与乔司机场相距20公里。这时驻在乔司机场的部分飞机起飞迎敌。在这次战斗中，中央空军第6队飞行员赵普明重伤不治，于3月18日与世长辞，中央空军第2队队长石邦藩受伤失去了左臂。

淞沪空战是中日两国空军的首次交锋。从2月5日至2月26日，日机被击落4架，日本飞行员被击毙4人，而中国空军损失飞机5架，牺牲5人。按作战时间的先后，中方5名牺牲或殉职飞行员的顺序是：朱达先、黄毓全、萧特、吴明辉、赵普明。他们之中，到底谁是第一位为国捐躯的中国飞行员呢？萧特是美国人，他当然不算。即使朱达先如浑人先生所说是牺牲了，但他也不是，因为朱达先是印度人。朱早年在印度从事革命活动，因受英国殖民当局的通缉而跑到广州。他是在广东航校第 3 期毕业后才被编入中央空军第 6 队的。这样一来，黄毓全就成了为国捐躯的第一位中国飞行员了。

黄毓全原籍广东省台山县四九区石坂潭乡，父亲黄延瑶，壮年带妻子赴美谋生。1905 年，黄毓全出生在美国加州的玛利斯委。在家中，他排行第六，与四兄黄毓沛一样，十分喜爱飞行。1924 年，美国华侨在芝加哥创办三民飞行学校，黄毓沛在该校任教，黄毓全与后来曾任广东航校代理校长的刘植炎和曾任广州飞机修理厂厂长的梅龙安等人在那里学习飞机工程和飞行技术。1926 年，黄毓全随四兄黄毓沛回国服务于广东空军。1927 年初，他们又一道奉命赴苏联陆军第二航空学校深造。回国后，黄毓全先在广东航校任教官，继而于 1929 年初北上南京，在中央空军服役。淞沪空战时，黄毓全新婚未足 20 天，牺牲时年仅 28 岁。这位出生在异国他乡的炎黄子孙，就这样将自己的热血洒在祖辈生活过的土地上。

尽管黄毓全未曾击落或击伤过一架敌机，但他在敌强我弱的对阵中，奋勇出击，为国捐躯，与战友一道用鲜血和生命拉开了中日空战的大幕，所以 1932 年，台山人民曾在台城镇的石花山上建了一座黄毓全烈士纪念碑。由于年久破损，1984 年，台山县人民政府将碑重建，并增至 8 米高。碑文中称其为"我国空军抗御外辱捐躯第一人"，给予高度评价。

黄毓全烈士纪念碑

三、奇袭运城敌机场

日军攻占太原之后，为了进袭西安、汉中、兰州等西北重地，便在晋南的运城扩建了一个较大的飞机场。这个机场曾被中国空军轰炸过。关于这次轰炸，有关的史书和文章虽有记载，但各不相同。

虞奇在《抗日战争简史》中说，1939 年 2 月 5 日，我国空军第 10 队队长刘福洪率机 4 架轰炸运城机场，停在机场的 20 至 30 架敌机中，被炸毁 10 余架。1987 年，陈晋在《广东文史资料》第 50 辑中发表了《回忆广东空军抗日的空战》一文，文中说，奇袭运城机场的时间是 1940 年 10 月 21 日，此次烧毁敌机 35 架。有的见闻一类的文章则说，这次轰炸约在 1940 年年初，3 架飞机只是到运城转了几圈丢下几颗炸弹就返航了。上述的记载出入较大，而且也较为简略。

美国归侨飞行员刘锦涛是广东航校第 3 期毕业生，1983 年他经访问多位归侨飞行员之后，在《广

日本军机对西安的轰炸

州文史资料》选辑第 29 辑中曾撰《侨居美国的前广东空军人员记述参加抗
战的二三事》一文，对这次轰炸有过较为详细的记载。后来他在美国洛杉
矶又遇到离别很久、当年担任轰炸任务的华侨飞行员马俭进，因此写了
《加侨飞行员马俭进回国抗日记》发表在旧金山的《时代报》上。这样一
来，人们对轰炸敌机场的细节及有关当事人又有了进一步的了解。

奇袭运城机场的飞机是从成都起飞的，
从成都至晋南有相当航程，性能不好的轰炸
机难以胜任。经过两年的抗战，中国空军原
有的中型轰炸机已经剩存不多了，好在当时
内迁西南的韶关飞机制造厂还能够装配伏尔
提 V-12 式轻型轰炸机。这种飞机用美国的
零件按美方设计进行装配，具有续航力长、
载弹量大的优点。1939 年，已有七八架这样
的轻型轰炸机交付成都的轰炸总队使用，才
使这次远航轰炸顺利进行。

奇袭运城敌机场牺牲的刘福洪

轰炸的方案早已制定，这就是派出 6 架飞机分两批出击。第一批 3 架，
第 10 轰炸队队长刘福洪为领队，僚机为马俭进、刘俊；第二批也是 3 架，
以方汝南为领队，刘维城、方镇基为僚机。后来实施这个方案时，第二批
在汉中加油起飞后，因天气突变不能飞越秦岭而被迫返航。所以执行这项
轰炸任务的实际只有 3 架飞机。

1939 年 7 月 25 日中午，轰炸总队副总队长谢莽，在成都的凤凰山机
场转达了航空委员会主任关于袭击运城敌机场的出击命令。谢是广东开平
赤坎潭溪乡人，澳大利亚侨眷，广东航空学校第 3 期学生，曾多次参加空
战。命令下达后，刘福洪、马俭进、刘俊 3 人即驾机离开凤凰山基地。他
们在汉中加油后再飞已是午后。飞机沿秦岭南侧，在崇山峻岭之间向东低

空飞行近 500 公里，到达河南的商南后转而向北飞行。过了黄河不久，运城已可远望。日军飞机排列在运城机场的两旁，机场的指挥官万万没有想到中国的空军会派飞机前来袭击，因而他们来不及命令飞机起飞拦截。刘福洪、马俭进、刘俊驾机高速低空投弹，运城机场顿时烈火熊熊。完成任务之后，他们迎着太阳驾机返航。3 架飞机飞越黄河不久，刘福洪的飞机突然冒烟，旋即坠入山中，这位毕业于杭州笕桥中央航校第 3 期的优秀飞行指挥官壮烈殉国。马俭进和刘俊于当天夜里将飞机降落在西安机场加油检验。第二天清晨，他们驾机离开西安，并于午前安全返回成都的凤凰山机场。

奇袭运城敌机场，是抗战期间中国空军一次成功的军事行动。后来据有关的情报监视哨报告，这次敌人被炸毁和烧伤的飞机有 30 余架，运城机场的指挥官因此而被撤职。关于被炸毁和烧伤的敌机架数，如果没有敌方的查核记录，不容易得到确切的结论。但刘锦涛、马俭进都为当事人，他们的回忆无疑是很有价值的。

在这次执行轰炸任务的三位飞行员之中，返航时坠机牺牲的刘洪福，石家庄市万全县人，黄埔军校毕业后，入中央航校学习飞行；胜利返航后的刘俊，其经历及日后去向尚不清楚。至于马俭进是祖籍广东省台山县白沙乡的加拿大华侨。早年，在航空救国思想的支配下，他在加拿大自费学习飞行，1932 年回国，曾在广东空军第 6 驱逐队服役。1935 年冬被派往德国空军学习航空侦察科目，1936 年年底回国后，任侦察班教官，后来被调到成都凤凰山机场的轰炸总队。马俭进做事果断，技术全面，他和刘福洪、刘俊一道，轰炸运城敌机场，立下了战功。1939 年冬初，马俭进任第 19 轰炸中队分队长。1940 年夏初，他驾驶飞机前往缅甸接"飞虎队"的 9 名美国飞行员返回云南。到达昆明时，因受敌机袭击，不能在机场着陆，只好南飞，在汽油用尽时，被迫降落湖边草坪，造成双臂骨折。伤愈后转业地方，1947 年回加拿大，后来定居美国。

为了纪念我国航空前驱的业绩和殉国的空军将士，1988 年 3 月 15 日，广东省各界人士 200 多人，在广州十九路军淞沪抗日阵亡将士陵园内，举行了隆重的广东省航空纪念碑揭幕仪式。85 岁高龄的刘锦涛和年过七旬的马俭进作为海外特邀代表，从美国专程前来参加。故友重逢，同仰航空前驱，马俭进感慨万千。使他感到欣慰的是，祖国和人民没有忘记他们。

四、击落 8 架敌机的黄新瑞

黄新瑞是抗战期间中国空军的一员虎将，关于他的事迹，史书上是有记载的。

刘伯骥在《美国华侨史》的续篇中说："抗战英雄黄新瑞，台山北坑乡人，在屋仑斐摩上校飞行学校毕业，1934 年回国，在空军服务，骁勇善战，积功升至大队长，曾击落敌机 17 架，有名于时。1942 年 3 月 14 日，成都之役殉职，是役我机损失 4 架，其中 3 架飞行员为华侨子弟。"据查，黄新瑞殉职的成都之役应为 1941 年 3 月 14 日，至于击落的 17 架飞机，是黄新瑞单独击落的还是他与同伴共同击落的，文中似乎不甚明确。显然，这

热血中国飞行员

段不足百字的叙述中，不仅过于简略，而且也有不确之处。尽管如此，史学家刘伯骥把黄新瑞称为有名于时的抗战英雄，则是一个十分恰当的评价。

早年在中国空军服役，后来定居在美国的刘锦涛先生长期致力收集航空英烈事迹。据他提供的资料，人们对黄新瑞这位抗战英雄才有了较多的了解。

黄新瑞

关于黄新瑞的身世，从现有的材料来看，他是广东台山县大江区黄屋村人，生于1914年。父亲黄经护在美国洛杉矶经商，是一位关心时势、爱国爱乡的华侨。孙中山先生在美国从事革命活动时，黄经护曾多次捐款赞助，为革命出力。20世纪初，美国华侨陈宜禧集资800万元在广东省台山县修筑新宁铁路，黄经护又购买不少股金，为家乡的建设作出过贡献。受父亲影响，黄新瑞从小就立下报国之志。上海淞沪抗战爆发后，为了将来能驾驶银鹰捍卫国土，黄新瑞先在洛杉矶中华会馆办的航空学校学习，继而毕业于波特仑的斐摩上校飞行学校。1934年春，他学成回国，在广东空军第2队当飞行员。1937年夏，晋升为中央空军第17中队分队长。

黄新瑞参加空战首开纪录是七七事变之后。关于他前后击落8架敌机的时间和地点，萧强与李德标在其合著的《国父与空军》中曾列一简表介绍，这就是1937年8月15日和8月22日的南京空战；1938年2月24日的汉口空战；1938年4月13日的广州空战；1939年2月24日的南雄空战。特别值得指出的是，在1938年4月13日的广州空战中，黄新瑞一人击落敌机3架，这在中国空军史上是不多见的。

广州空战是以少胜多的战例。1938 年年初，黄新瑞被调往广州，任第
29 中队的中队长。当时，第 28 中队在粤北驻防，这样 29 和 28 中队，一
南一北，共同担负着粤汉铁路南段的空防。这一年的 4 月 13 日，敌人出动
26 架飞机对广州地区和粤汉铁路进行袭击。中国空军的 28、29 两个中队
共有 12 架飞机会同应战，他们击落敌机 7 架，其中有黄新瑞一人击落的 3
架。此后，黄新瑞在战斗中受伤，先后在广州、香港治疗，至 1940 年年
底才康复归队。由于他战绩卓著，因而被提升为第 5 大队的大队长。

抗战期间，四川虽然是大后方，但经常遭敌机偷袭。1941 年 3 月 14
日，日军大批零式驱逐机自东越过沱江向成都扑来。当时第 5 大队队长黄
新瑞、副大队长岑泽銮等奉命率机采取重层配置战术，对敌进行严密戒备。

抗战时中国空军的标语

参加这次空战的中国空军有
第 5 大队的 20 架飞机和第
3 大队的 11 架飞机，他们是
从成都西南的双流机场起飞。
上午 11 时 53 分，敌我双方
在崇庆与双流的上空进行了
半个小时的激烈空战，结果
有 6 架敌机被击落，黄新瑞、
岑泽銮等不幸阵亡。在这次
空战中牺牲的华侨飞行员还
有分队长江东胜。江东胜祖
籍广东省花县平山村，1913
年出生在美国加州的托顿埠，
他是广东航校第 6 期的学生。

黄新瑞为国捐躯一个月

后，他在广州任医院护士的妻子刘惠贤产下一个男孩。这时黄新瑞远在美国的父亲特地为孙子取名"川生"，以志不忘国仇家恨，后继有人。

为表彰黄新瑞战功，后来国民政府的空军曾追晋其中校军衔。

五、被誉为中国战鹰的陈瑞钿

华侨飞行员陈瑞钿曾被国际友人称为"中国的战鹰",这是因为他在抗日空战中英勇杀敌,建树良多。

陈瑞钿于1913年出生在美国俄勒冈州的波特兰市,他的父辈是从广东省台山县大江区赴美谋生的华侨。1931年年底,波特兰的华侨创办了美洲华侨航空学校,18岁的陈瑞钿便报名入学,成为该校第1期的学员。

陈瑞钿

美洲华侨航空学校第1期学员有17名,1932年5月,领到毕业证书的有16名。这一年的8月,第1期毕业生之中的陈瑞钿、黄泮扬、苏英祥、雷国来、张勉之等9人踏上了回国的旅途。回国之后,他们先在上海、杭州、南京的航空部门做短期的考察,继而于11月中旬进入广东航校的华侨特别班受训,1933年下半年被分配在空军中服役。后来,这一批回国的华侨飞行员大多为祖国的航空作出了突出的贡献。黄泮扬担任过空军大队长,抗战期间单独击落敌机3架,并与僚机共同击落敌机 3 架，因而有名于时。1934 年，张勉之在广州因飞机失事遇难；1937 年 9 月 21 日，雷国来在太原空战中牺牲；1937 年 10 月 15 日，苏英祥在山西忻县空战中捐躯，他们为捍卫祖国的领空而献出了自己年轻的生命。

陈瑞钿从广州航校华侨特别班受训后，被分到广东空军任飞行员。1935 年冬，他与马俭进、司徒显、邝焕堂、薛炳坤等 6 人被选派到德国深造，进修的是空军驱逐专科。1936 年秋学成回国时，广东空军已统归南京政府。这样，陈瑞钿便在杭州笕桥的中央航空学校任驱逐科教官。

抗战爆发后，陈瑞钿即驾机参战。关于他的战绩，说法不一。有人说，他单独击落敌机 6 架，与僚机击落敌机 3 架。广东航校第 6 期学员李德标与萧强根据自己的回忆和收集到的资料写成《国父与空军》一书，他说，陈瑞钿在 1937 年 8 月 16 日的句容空战，1937 年 10 月 7 日的韶关空战，1938 年 5 月 31 日、6 月 23 日、8 月 3 日在南昌、武汉的空战以及 1939 年 12 月 27 日的南宁空战中，单独击落敌机 5 架，与僚机击落敌机 1 架。据对抗日空战有研究的同志说，李德标的说法可能较为准确。

抗战开始不久，陈瑞钿即任第 28 驱逐队少尉副队长，队长为陈其光。他们率队驻防在华南、华北的一些要地，多次参加空战。1937 年秋，在山西忻县空战中，陈其光负伤离队，陈瑞钿由副职改任正职，并奉命调防华南。武汉空战发生在南京失守后不久。1937 年年底，日军攻占南京，随后他们以南京和芜湖为基地，派飞机频频向西推进。至 1938 年 10 月底武汉落入敌手之前，敌我双方曾在武汉发生多次大的空战。关于陈瑞钿在武汉空战中驾机勇撞敌机的时间，李德标说是 1938 年 8 月 3 日。为了不失时机地歼击敌人，在武汉这次空战中，陈瑞钿驾机狠撞敌方 96 式驱逐机，结果这架敌机被撞坠地，而他自己的座机也被撞掉一侧翅膀。陈瑞钿跳伞降落在汉口东面的黄冈县内，被乡民救起。在中外空战中，紧急关头以机撞

机的战例并不多见，陈瑞钿决心与敌人同归于尽，表现了大无畏的精神，确实令人敬佩。

1939年初冬，陈瑞钿晋升为第3大队少校副队长，这时他率队驻防在广西的柳州机场。昆仑关空战也有的叫南宁空战，因为它是敌我双方为着争夺南宁而在昆仑关发生的空战。

桂越、滇缅公路和滇越铁路是当时国民政府的国际交通线。在日军控制华东、华南沿海后，西南的这几条交通线就显得更为重要了。为了切断中国西南后方与外界的联系，日军于1939年9月派重兵攻占南宁，并以此为基地，用航空兵轰炸控制滇越铁路和滇缅公路。从这一年的12月18日起，国民政府用5个集团军，25个师，15万的兵力，在空军的掩护下，分3路向南宁发动反攻，战斗打得最激烈的是在南宁东北的昆仑关。为了配合地面部队的反攻，12月26日，一批苏联援华飞机志愿队的轰炸机从湖南衡阳起飞，当天抵达桂林机场。第二天清晨，他们经柳州飞往昆仑关轰炸敌军阵地。作为领航和掩护，陈瑞钿与韦一青、陈业新奉命从柳川机场驾机随苏联飞机队执行战斗任务。陈瑞钿等人驾机飞至二塘上空时，与日本空军一个中队相遇，经过近半小时的激烈空战，击落敌机3架，但己方也付出了很大的代价。32中队分队长韦一青是广西容县人，广西航校第1期学员，在这次空战中阵亡。第8中队副队长陈业新身负重伤，迫降获救。陈瑞钿战至最后，座机中弹，油箱燃烧爆炸，他虽然跳伞成功，但身上大面积烧伤。由于陈瑞钿等人的配合，苏联航空队胜利完成了轰炸任务。经过步兵、战车、炮兵、飞机的协同作战，12月31日，中国军队终于收复了昆仑关。

陈瑞钿被乡民救护后，先送至柳州急救。由于伤势较重，加之国内药物奇缺，陈瑞钿被送至香港养和院治疗，香港沦陷时辗转回到国内，后转美就医。当时美国的波特兰、波士顿、西雅图等地华侨曾为他捐款数千美元。

　　伤愈后，陈瑞钿再度回国，在中围航空公司任驾驶员。1949 年年初，参与空运文物赴台，4 月 1 日驾机送国民政府代表张治忠、邵力子一行 19 人，从南京到北平，参与国共谈判。是年夏天，陈瑞钿离职，携家人返美，在波特兰一个邮局工作。

　　1983 年秋天，年近古稀的陈瑞钿偕夫人应中国民航局的邀请，访问了北京、上海等地。阔别多年，故国重游，与航空界朋友会面，他心情十分愉快。最使陈瑞钿感动的是在北京时，中国民航局领导对陈瑞钿说，你为抗战受过伤，为民航出过力，中国人民是不会忘记的。这位海外游子带着故国的一片深情，又回波特兰欢度自己的晚年去了。

　　1997 年 9 月 3 日，陈瑞钿病逝于美国家中，享年 84 岁。是年 10 月 3 日，美国空军博物馆在陈列中，称他是"中美共同的空战英雄"，其事迹"永远令人敬仰"。

六、虎将黄泮扬

关于黄泮扬，刘伯骥在《美国华侨史》中说，他曾击落日机8架，骁勇善战，名震一时。而萧强与李德标合著的《国父与空军》中则说，黄泮扬在1937年8月15日的句容空战、1937年9月26日的南京空战以及1938年6月16日的武汉空战中，曾单独击落日机3架，并与僚机一道，共同击落日机3架。

这两种说法哪一种更为确切，在没有查阅敌我双方的空战档案之前是不好作出判断的。但黄泮扬是一位抗日空战英雄，这不应有异议，因为战时重庆出版的《中国空军》对他的事迹曾多次作过报道，甚至把他称作中国空军的一员"虎将"。

黄泮扬是广东省恩平县城南区南昌村人，1913年出生。他在谈自己早年立志学习飞行的原因时，说了这么一段经历：7岁的时候，黄泮扬便随父亲离乡别井到了美国。在那里，他耳闻目睹了许多由于国弱民穷，自己的同胞被人欺侮的事件，这时他真想挺身勇斗，以宣泄胸中的怒火。然而匹夫之勇敌不了几个人，为了救国，他决心学习飞行。因为当时飞机被有些人称作"万人敌"的利器，驾机凌空，连地球都被踩到了脚下，无疑能长同胞的志气。

1931年12月，美国华侨在波特兰办了一所美洲华侨航空学校，要招收18岁以上、30岁以下的有志青年入学。黄泮扬闻讯后即前往报考，无奈校方因他年龄不足 18 岁而拒绝招收。后经一再请求，并通过了严格的体检和考试，他终于成为该校第 1 期的学员。

美洲华侨航空学校第 1 期共 17 人，1932 年 5 月毕业。这一年的 8 月，黄泮扬与同班的 8 名同学，以及先前在亚卡斯航校毕业的 3 名青年，一道经上海回国。他们在考察了上海、杭州、南京的航空设施之后，根据陈济棠的电报，于 11 月抵达广州。在广州，这批热血青年先在广东航校华侨班受训半年，尔后被编入广东空军司令部所属的空军服役。1934 年，黄泮扬被提升为分队长后，即奉命赴德国见习高级驱逐飞行。1936 年，见习期满回国，因当时广东空军已统归南京中央管辖，黄泮扬入杭州笕桥航校高级班。毕业后任驱逐机教官，随后任空军第 3 大队的中队长，奉命驻守句容，拱卫南京。

1937 年 8 月，日机来犯，空战频繁。8 月 13 日虹桥事起；8 月 14 日敌机偷袭杭州；8 月 15 日轰炸南京；8 月 16 日又骚扰句容。黄泮扬率队迎敌，参加句容、南京等地空战，开始了紧张的战斗生活。

"泰山不厌拳石，故能成其大；河海不择细流，故能成其深。"黄泮扬时时用这句话来告诫自己，十分注意战斗间隙的飞行训练。他认为，空军驱逐作战，争胜负于须臾，决生死于俄顷，假如没有高深的技术，准确的动作，严格的纪律，就不易克敌制胜。而这一切都不能离开训练。

文武之道，一张一弛。黄泮扬不仅十分看重紧张的军事训练，而且也很注意平素的精神调剂。外国一些政治家、军事家在运筹帷幄、苦虑焦思之后，则泛舟湖上，以畅身心。他对此十分赞赏。黄泮扬酷爱打猎，公余之暇，常带猎枪一支、狼狗一头，出入山间林中，既可娱乐，又能固体。此外，他还喜欢咖啡一杯或红茶一壶，与战友围坐谈天打牌。由于有保卫空的理想和乐观的情绪，尽管空中勤务夜以继日，依然应付自如。

黄泮扬先后驻防和参加空战的地方有句容、南京、衡阳、南雄、汉口、

广州、重庆等地。他不仅杀敌英勇、战绩卓著，而且指挥有方。1938年4月，黄泮扬任第5大队副队长，7月升为大队长。在1939年2月22日和23日这两天的广州空战中，黄泮扬率领机队击落日机15架。

1941年在纪念中国空军抗战三周年时，黄泮扬曾写了长达5000字的《三年来我的作战生活》一文，载入《空军抗战三周年纪念专册》。在这篇文章中，他叙述了自己的飞行生涯和作战体会。

黄泮扬说："我国工业落后，经济困难，要一蹴成功，实为不可能的事。尤其空军，不能马上与进步国家并驾齐驱，生产几千万架的飞机。故此，我们一定要抱定一架飞机当两架三架用或无穷架用。换句话说，要时时保持着以少胜众的精神，则我物质虽缺乏，精神振奋就可以克服一切了。"这位7岁便生活在美国的华侨此番真知灼见，今天读来依然发人深省。

1942年，黄泮扬转入民航。1946年，他还当过时间不长的中国驻英国大使馆的武官。此后，脱离军籍赴香港、泰国经商。尽管其下落没有详细的消息，但故乡人民并没有忘记他。在广东的恩平市建有冯如广场。在"中国航空之父冯如"铜像后面的绿化区有恩平航空名人塑像园，园中安放一架"冯如二号"模型飞机，并置立恩平航空名人十尊半身铜像，其中有张瑞芬、梁汉一、黄泮扬、岑泽銮、梁持旺、卢传铭、卢发喜、潘泽光、潘天佑、冯培德。后人用这种方式来纪念这位空军虎将。

恩平航空名人塑像园中的黄泮扬雕像

七、从南洋回国的华侨飞行员

在中国的古籍中，今天的东南亚，元代以前叫南海或西南海。明代以后，一般人习惯称之为南洋。南洋是华侨人数最多的地区。在这里，尽管航空活动开展得不及美国那么普遍，但受航空救国思想的影响，回国参加空军的华侨青年亦不乏其人。

相关人数的估计

抗战期间，究竟有多少南洋的华侨回国参加空军，现在还没有人做过详尽准确的统计。不过从一些旧的书刊中，我们还可以查到一些零碎的记载。《华侨先锋》第2卷第6、7期合刊的《侨胞救国动态》一文中说，1939年年初，菲律宾有16名华侨飞行员回国参战。《现代华侨》第2卷第10期上发表过林有的《保护祖国领空的华侨英雄》一文，文中说，1940年7月，国内招考空军，仅越南华侨青年回国报名的就有145人之多。当然，报名并不等于录取，但当年南洋华侨青年立志保卫祖国空防的热情可见一斑。《侨务二十五年》一书中说，从抗战爆发至1945年3月，印尼的华侨青年参加中国空军的就有17人。从这些不完全的材料可以看出，抗战期间，按最低的估计，亦有数十名南洋华侨青年在中国空军中服役，这大概是不会错的。

印尼归侨战鹰

从南洋回国的华侨飞行员，有不少人做出了突出的贡献。像马来西亚的陈仲达、林日尊，泰国的韩锦铜，菲律宾的刘领锡等，可惜有关资料甚少。人数较多的是印尼，例如吕天龙、梁添成、陈镇和、刘盛芳、彭嘉衡等就是其中的代表人物。下面对他们做些介绍。

吕天龙，于1910年出生在印尼的邦加岛，父亲是从广西省陆川县到那里谋生的华工。13岁那一年，吕天龙回国升学，在暨南大学附中毕业后，进入暨南大学研习外文。两年后因生活所迫，又回南洋做工。1932年，广西航空学校创办，吕天龙抱着满腔热情回国报考，成为该校第1期的学员。由于品学兼优，他被选送到日本深造，1934年毕业后在广西任驱逐队主任教官及飞行队长等职。

卢沟桥事变后，原属桂系的广西空军接受统一改编。改编后，吕天龙任中央空军第3大队第7中队队长。1938年参加了一系列的空战，例如1月的襄樊之战，2月的汉口之战，3—4月支援台儿庄战役的空战等。1938年3月底至4月初，日军重兵紧迫徐州，台儿庄战事激烈。为了配合地面陆军作战，4月4日，吕天龙率第3大队的第7中队会同第3大队第8中队和第4大队的部分战机，飞往徐州以北轰炸枣庄、峄县一带敌军的后继部队。在完成轰炸任务，飞经徐州外围敌我阵地上空时，吕天龙紧追1架敌方侦察机，迫使这架飞机在窜逃中坠毁。在返航时，吕天龙的右掌被敌人从地面射来的子弹打透。他以惊人的毅力，用左手驾驶飞机胜利飞回归德机场。飞机着陆后，吕天龙已气力用尽，他是在昏迷中被人抬送医院的。这位空中英雄的果敢和勇气，使很多人都十分敬佩。伤愈后，吕天龙先后调兰州、新疆、成都等地空军任职，解放战争时驾机起义，加入中国人民解放军行列，后于 1972 年病逝。

梁添成，祖籍福建南安人，1913 年出生，抗战期间从海外回国报考中央航校，是第 6 期甲班的学员。航校毕业后，梁添成曾先后任中央空军第 4 大队第 22 队和 23 队的分队长，参加过河南封丘、山东峄县、山东枣庄，以及湖北汉口、重庆等地空战。1939 年 6 月 11 日，日军 27 架飞机袭击重庆。当时在重庆上空担任警戒任务的是属中央空军第 4 大队的 15 架飞机。这一天轮到梁添成休假，但他主动放弃假日，与战友一道驾机飞上蓝天。就在这一次空战中，梁添成光荣殉国，年仅 26 岁。梁添成牺牲后，万隆的华侨各界人士曾举行隆重的追悼会，借以寄托对这位抗日英雄的哀思。梁添成的遗骨和 100 多名抗日航空烈士一起，被安葬在南京紫金山北麓的空军抗日航空烈士公墓里。

当年，南洋华侨的爱国热情是十分感人的，这从一些烈士的遗诗以及他们父辈的信函中可以得到充分的体现。

印尼雅加达的华侨青年陈镇和，原是我国早期有名的足球健将。他祖籍福建省龙溪县，1906 年出生于印尼的雅加达，12 岁时回厦门读书，后考入上海暨南大学时，曾多次随中国足球队出国征战。因他肤色暗黑、球艺精湛，故有"黑旋风"的绰号。1932 年"一·二八"淞沪抗战爆发，在国难当头的时

曾为足球名将的飞行员陈镇和

候，陈镇和毅然学习航空，并写了这样一首诗来表达自己的志向：

> 男儿莫惜少年头，
> 快把钢刀试新仇。
> 杀尽倭奴雪旧耻，
> 誓平扶桑方罢休。

在广东航校第 7 期毕业后，陈镇和先后在西南、西北空军服役。曾参加过多次空战，因其表现突出，被任命为空军第 29 队分队长。后来赴新疆哈密接收苏联援华飞机，归途飞过嘉峪关进入星星峡荒漠时，因狂风骤起，油尽迫降，不幸以身殉国。关于陈镇和殉职的时间，众说不一。萧强、李德标的《国父与空军》说是 1940 年，李学民、黄昆章的《印尼华侨史》说是 1942 年 1 月 2 日，而黄严同志发表在《航空史研究》第 24 期上的回忆文章说是 1941 年 1 月 28 日。这些就有待今后进一步查核了。

1939 年 4 月 29 日，印尼华侨青年刘盛芳在陕西的南郑空战中牺牲。当时国民政府有关方面，曾向旅居印尼的刘盛芳父亲发放 1 万元抚恤金，并寄去一封慰问信。刘盛芳父亲刘长英先生在复信中写道，爱子殉国，噩耗传来，内心感到十分悲痛，但"值此抗战时期，国家经济正待张罗之际，实不敢领受，拟请将盛芳恤金，全部捐赠祖国，为抗战军费"。这位老华侨的爱国之情，催人泪下。

魂牵两地的彭嘉衡

在印尼归侨战鹰中，还应该特别介绍彭嘉衡。

彭嘉衡，祖籍广东省兴宁县新圩镇的新丰村，于 1921 年出生在印尼的坤甸。幼年回故乡读书，1937 年，被黄埔军校华侨总队录取；1941 年，进入中央航空学校学习；1942 年，赴美国高级飞行学校进修；1944 年，回国被分配到美国第十四航空队的中美航空队；1947 年，退役回印尼。中华人民共和国成立后，1950 年，进入中央军委民航局工作，曾任副驾驶和机长等职，并参与培训飞行员工作，1986 年退休。

美国第十四航空队的中美航空队，即曾驰名于世的飞虎队。在飞虎队中，彭嘉衡曾参加过64次包括侦察、扫射、轰炸等对日的战斗。仅以1945年为例，他就没有停歇过。春节后的一天，彭嘉衡与战友驾驶10架P40战机袭击长沙的日军仓库、运输车和驻军目标。3月，又与战友驾驶20多架P51战机，飞至南京对大教机场突袭，摧毁20多架日机。4月初，他还执行过轰炸停泊在武汉长江水面上日本军舰的任务。在这次战斗飞行中，他英勇拼搏，低飞至离敌舰只有50米的空中投下500磅炸弹，虽然机尾留下20多个弹孔，但仍能胜利返航。正是由于这些战绩，所以彭嘉衡曾经获得过美国航空最高奖项的"优异飞行十字勋章"。这是在中国大陆唯一获此殊荣的飞虎队员。

1947年彭嘉衡（二排站立者）退伍时与家人的合影

彭嘉衡的"优异飞行十字勋章"

同样，祖国和人民也没有忘记这位战斗英雄。2005年，在人民大会堂举行纪念抗日战争胜利60周年大会，彭嘉衡作为抗日老战士，出席会议并接受国家主席胡锦涛同志的接见。

2010年8月22日，彭嘉衡在北京病逝，享年90岁。前往八宝山为其送行的各界人士有300余人。根据遗嘱，彭嘉衡的"优异飞行十字勋

章"捐赠中国人民抗日战争纪念馆。其骨灰分为两份，一份安放广东兴安老家，一份葬在印尼父母墓旁。

故土是根之所在，而海外的异乡也是魂牵梦萦的地方。彭嘉衡生前曾说过，我大半生在中国，很少在父母身旁。百年后骨灰埋在他们身边，这是要尽孝道。这就是这位抗日战士的故土和异海情怀。

八、"飞虎队"中的美国华侨

1923 年，钱昌柞以"小单翼机的机身长度与其纵向操纵性之关系"为题写的毕业论文，获得美国麻省理工学院航空工程科学硕士学位，此后他便终生从事航空工程事业了。他曾任南京政府航空署技术处处长、中国航空工程学会会长等职，在旧中国的航空技术专家中，拿着最高一级的工资。

钱昌柞不仅埋头技术，而且对航空人才的使用及海外侨务等亦十分关心。抗战后期，钱昌柞曾因公赴美，当时他给国民政府的侨务委员会写过这样一个简短的报告：

> 查美空军修护司令部第十四地勤大队，由美空军征集华侨编组，其中士兵全系华侨，官佐有三分之一为华侨。已派中国服务者有飞机修护一中队二百余员名，电信连一百余员名，现在受训已毕，即日待命开拔者七百余员名，连同已赴华者，约共一千余员名。窃意此辈华侨之属美籍者，约十分之六，其中不乏愿回祖国服务者，观其训练经过，其飞机修护二个中队，能担第三队段修护工作。其他电信汽车等俱另有单位。将来在华服务与本军官兵接触机会甚多，如明其背景，妥予协助，则战时发合国之作战力量，战后并可利用其一部分人才，供建国复兴之驱策。如不善利用，不但本军人员因该侨等属于美军，待遇较高，发生歧视嫉忌，而该侨等在祖国境内服务不获相当之欢迎与谅解，或恐引起失望误会，有碍侨务之进展等情。据此查事关侨务进展，相应函答查照为荷。

上述这份报告，现存南京中国第二历史档案馆。应该说，钱昌柞是颇有眼光的，他希望国内军界和侨务界重视来华美国空军中的华侨、华人技术人员，处理好彼此的关系，多做工作，以便发挥他们在抗战和将来的建国中的作用。这个报告不仅为钱昌柞关心国是提供了一个例证，而且说明在"飞虎队"中有大批华侨、华人服役。

美国空军第十四航空队的前身即为陈纳德将军创建的"飞虎队"。

陈纳德，原名罗伯特·W.普来斯考，1890年出生于美国。第一次世界大战后期应征入伍，在美国空军任飞行员和教官。1937年5月间，来华任中国空军总顾问。后来，他在美国招募了空地勤人员200余人，于1941年8月1日成立援华志愿航空队，驾驶中国政府新买的99架驱逐机，参加中国抗日行列。由于志愿航空队飞机的机头漆成鲨鱼头，队标为带翼的小老虎，所以被人称为"飞虎队"。1942年2月，盟军在中印缅战区组建第10航空队，"飞虎队"被编为第23特遣大队。1943年3月，以"飞虎队"为主，组建了驻华美国空军第十四航空队，陈纳德出任少将司令。此时第十四航空队在第一线的飞机有500架左右。原来的人员不够，又招募了一批，其中包括人数众多的地勤人员。抗战胜利后，陈纳德又利用"飞虎队"的原班人马，搞过一段民航货运，后回美国，1958年病逝。

"飞虎队"在华战绩如何，有关著述说法不一。中国人民解放军空军指挥学院研究部编的《世界空中作战八十年》中说，从1941年12月至1942年7月的半年多里，"飞虎队"以寡敌众，运用灵活的战术，已确认击毁日机286架，自己损失50架。也有资料说这个统计有些偏高，在这半年多的时间里，"飞虎队"击毁日机230架，而自己损失93架。

飞虎队

　　在谈论"飞虎队"时，很多人往往把它和后来的美国第十四航空队连在一起。江东同志收集资料历时 10 年写成《陈纳德和援华美国航空队轶史》一文，连载于《航空史研究》第 22 至 24 期。据他综合的统计资料，抗战期间，"飞虎队"及后来的第十四航空队，累计击落击伤日机 2300 余架。而陈纳德将军在其长篇回忆录《陈纳德将军与中国》中则说，"飞虎队"原先只有 250 人和 100 架飞机，后来第十四航空队鼎盛时期，有空地勤人员 20 万人和 1000 架飞机。这支航空队在亚洲的空战中，自己损失500 架飞机，击毁日机 2600 架。

　　应该说，无论是哪一种统计，"飞虎队"和后来的第十四航空队的战绩都是十分显著的。正因为如此，1985 年，在纪念抗日战争和世界反法西斯战争胜利 40 周年座谈会上，中国人民解放军空军司令员王海同志说："陈纳德将军指挥的美国援华志愿队和美国空军第十四航空队，在保卫我国西南后方城市和滇缅公路方面发挥了积极作用。""许多苏联和美国飞行员，把鲜血洒在中国的土地上，为中国抗日战争和世界反法西斯战争献出了宝

贵生命，中国人民深深怀念他们。"

在"飞虎队"以及后来的第十四航空队中，也有美国的华侨、华人担任飞行员，例如梁汉一先生就是其中之一。

梁汉一，祖籍广东省恩平县圣堂镇的歇马举人村，1917年出生在美国的加利福尼亚州。梁汉一父亲梁道安，早年在美经营中餐馆。故里歇马举人村，从元代建村之后的近700年间，因先后出现过280多名举人而得名。梁道安给在美国出生的两个儿子分别取名汉一和汉杰，是希望他们身居海外不忘故里，能成为汉人中的英杰。

梁汉一，1936年入美国空军学校学习，毕业后在陈纳德麾下任飞行员。1941年随"飞虎队"来华支援抗战，驻守昆明。曾参加过云南、湖北、湖南、广西多次空战。他不仅在对日空战中建功，而且在后来的飞行中见证了中美建交的历史。1972年1月间，美国尼克松总统访华。当时身为美国空军准将的梁汉一，和其他机组成员一道，驾驶美国空军一号，载送尼克松进行破冰之旅，因而受到毛主席和周总理的亲切接见。梁汉一曾于1987年回歇马举人村省亲，2001年病故美国，享年87岁。

当年随美国第十四航空队来华的1000多名华侨华人中，虽然有不少是飞行员，但大多数还是地勤人员。他们担负着维修飞机、通信联络以及运输军需等工作。尽管我们还未看到这些人在华的详细资料，但他们与飞行员一道，为中国的抗日战争作出了自己的贡献。

在广东省台山市的石花山风景区还有一座"飞虎队"纪念亭。亭的中央有一座花岗岩纪念碑，碑上以中英文雕刻记载了飞虎队的战功。这是美国空军第十四航空队，祖籍台山城南村的梁炳聪和十多位美籍华人老战士，于1991年捐款，委托台山海外联谊会修建的。历史永远记载着这群海外中华儿女的功绩。

台山市石花山的飞虎队纪念亭

九、"两航"起义中的陈卓林与刘敬宜

1984 年，在中华人民共和国成立 35 周年的时候，中国民航局以"比翼双飞，鹏程万里"为题写了一篇文章，收在《光辉的成就》一书中。文中对中华人民共和国成立后民航事业发展的主要成就作了这样的概述：

1950 年，我国民航仅有航线 12 条，载运旅客 1 万人，运输总周转量 157 万吨公里。1983 年，国内国际航线 203 条，载运旅客 391 万人，运输总周转量 6.5 亿多吨公里。1983 年与 1950 年相比，航线增加了 191 条，载运旅客增长了 390 倍，运输总周转量以平均每年 20% 的速度递增，33 年增长了 420 倍，而同期世界航空运输总周转量只增长约 40 倍。尽管我国的民航与世界先进国家还有较大的差距，但是发展的速度还是相当惊人的。

万丈高楼平地起。新中国民航事业是在旧中国的中央航空公司和中国航空公司的基础上发展起来的。所谓"两航"起义，就是指 1949 年 11 月 9 日，中央航空公司和中国航空公司全体爱国员工起义的重大历史事件。说到新中国的民航事业，人们不应该忘记美国华侨、原中央航空公司总经理陈卓林先生，因为他与原中国航空公司的总经理刘敬宜先生一起，率领起义，作出了很大的贡献。

军旅生涯

陈卓林，广东省台山县六村人，1892 年出生在一个美国华侨家庭。1920 年年底，杨仙逸根据孙中山先生的指示，曾在广州、香港和美国招收了 20 名热血青年在美国的寇蒂斯莱特航空学校学习，年近 30 岁的陈卓林便是其中之一。毕业后，这批青年相继回国。1923 年 11 月，陈卓林与旅美华侨青年关荣一道，各自带着 1 架飞机回到了当时民主革命策源地广州，从此开始了他的军旅生涯。

到了广州之后，陈卓林先在孙中山的大元帅府航空局里当飞机师，但这段时间并不长。1924 年 9 月，广东军事飞机学校成立，陈卓林即受聘担任飞行教官。他所培养的两期学员中，后来有一些人分别在国民党或共产党的空军中任高级将领。例如第 1 期学员王叔铭，曾任南京政府空军副司令；第 2 期学员常乾坤，曾任中国人民解放军空军副司令员。

陈卓林的军旅生涯，颇值一提的就是他率机参加北伐。1925 年，陈卓林与林伟成被广东军政府派往苏联考察，并购回飞机 8 架。1926 年 7 月 9 日，国民革命军在广州誓师北伐。当时有一支隶属国民革命军总司令部的北伐飞机队，队长就是陈卓林。陈卓林不仅从广东军事飞机学校第 2 期的学员中抽调不少人在前后方担任空中和地面的供给通信等任务，而且率机 4 架开赴前线作战。

在"打倒帝国主义"和"打倒军阀"的口号声中，北伐军首先直驱湖南、湖北的一些兵家必争之地。7 月 12 日攻克长沙，8 月 30 日攻克贺胜桥之后，第二天即开始对武昌的合围。战斗中，飞机队担任的工作主要是侦察敌情、轰炸和扫射敌军。武昌从合围至攻克，共有 40 天。当时飞机队曾在武昌城外的南湖开辟了一个临时机场，为从衡阳飞来的飞机加油、装

弹、维修。飞机从这个临时机场多次起飞，在武昌上空散发印有"打倒军阀吴佩孚，废除不平等条约"等内容的传单，并对守敌的一些军事设施进行轰炸。10月10日，北伐军攻克武昌，俘敌1万余人，至此，两湖战事结束。正如李汉魂在《我是沙场过客》这篇回忆北伐的长文中所说的：尽管围攻武昌的战斗还是点、线、面的攻守概念，但因为有空中攻击手段的配合，立体战争正在萌芽之中。

北伐期间，飞机队在江西境内的战斗中同样发挥了作用。9月19日，北伐军攻克南昌，但由于孙传芳率部反扑，21日被迫退出。为了配合地面部队夺回南昌，陈卓林率飞机队进驻高安。10月31日，飞机队侦察敌情，至涂家埠站轰毁敌人输送后援部队的列车；11月2日，在九江又炸沉了孙传芳司令部所在的"江新"号轮船。在孙传芳率残部退回南京后，11月8日，革命军再度攻克南昌。

尽管飞机队在北伐中建立了功勋，但由于损伤较大而又得不到及时的补给，陈卓林最后只好退回广东。

投身民航

北伐之后，陈卓林长期留在广东空军服役，1935年春，任广东空军参谋长。1936年7月，他随广东空军司令黄光锐率部统归南京中央空军后，被授予上校军衔。由于受国民党派系的排斥，陈卓林在中央空军中地位不高。1940年，他任中国空军驻香港办事处主任，所做的工作主要是解决空军器材和装备的补给问题。1943年，陈卓林担任中央航空公司的总经理，此后便投身民航事业，从而揭开了他的生活的新一页。

中央航空公司的前身是由中国和德国合资筹建、意在沟通欧亚两洲之间航线的欧亚航空公司。该公司成立于1931年3月，总部设在上海，抗战期间曾迁往西安、昆明等地。1936年，拥有飞机10架，定期航线总长约6080公里。这些飞机的座位数最少的只有4个，最大的飞机也只能供15名旅客乘坐。1941年8月，中德两国断交。10月，南京政府交通部下令接收欧亚航空公司的德方股权，这样一来，这个公司就成为由中国人经营的国营公司。1941年12月，太平洋战争爆发，欧亚航空公司停在香港地区的飞机全部被日机轰毁。该公司有4架飞机停在香港以外得以幸存，但由于缺乏备用零件，只有一架飞机勉强维持不定期的飞行。1943年3月，交通部和航空委员会合作，将欧亚航空公司改为中央航空公司。陈卓林就任中央航空公司总经理时，所接手的就是这样一个只有一架飞机的航空公司。

陈卓林不仅有很强的事业心，而且有胆有识，善于经营。抗战胜利后，美军在印度曾留下不少剩余的飞机及器材。了解到这个情况之后，1945年11月，他即通过重庆的川盐银行借贷40万美元，以十分便宜的价格，从印度买进11架运输机。一个月后，便开辟了昆明、重庆、上海之间的航线。1946年7月，中央航空公司从美军的剩余物资中，购得残缺飞机150架和一批零件。他们采用修理和拼凑的办法，又得到一批能驾驶的飞机。

在短短的几年中，由于陈卓林主持有方，中央航空公司有了长足的发展。到1948年1月止，该公司有正驾驶员44人，副驾驶员28人，随机报务员27人，连同地勤人员共有员工2381人。开办航线26条，连接22个城市，航线的总长度约有33550公里。至1949年10月，共有飞机44架，其中，能载客40人、航速达每小时378公里的康维尔-240型（又称空中行宫号）飞机有6架。此时的中央航空公司处于全盛时期。

在历史的转折时刻

正当中央航空公司的业务在迅速扩展的时候，中国正在经历着一场激

烈的变革。中国人民解放军由北向南胜利进军，国民党的南京政府正面临着灭顶之灾。

1948年年底，中央航空公司的总部从上海撤至广州，稍后又撤至香港地区。随总部南下的有大部分飞机及公司员工。这时，一方面由于战局紧张，除了替国民党军残部空运弹药、药品外，没有航线可飞，入不敷出。另一方面上海解放后，市面安定，员工大多有回归之意，因而公司人心浮动，困难重重。

策划"两航"起义，是党中央采纳了华东军委的建议所作出的决定，整个工作由周恩来同志负责。1949年9月的一天，正当陈卓林犹豫徘徊的时候，在第一次国内战争时期，曾参加中国共产党的中央航空公司副总经理查夷平将一位名叫吕明的青年带到他的办公室。吕明早年就读于上海的震旦大学，1939年加入中国共产党，1943年考入国民党空军，1946年从美国学习飞行回国后，曾在杭州笕桥航校任飞行教官。1949年8月下旬，他和查夷平在刚刚解放的北平，向周恩来副主席汇报了"两航"员工的情况，随即经天津乘船抵达香港。在这次与陈卓林的交谈中，吕明和查夷平分析了国内外的政局，并且带来了周恩来同志关于争取"两航"全体起义的指示。

本来，在中国大陆即将解放的时候，陈卓林还是有路可退的。1948年11月，蒋介石曾授予陈卓林宝鼎勋章。蒋迁到台湾后，又多次电召他到台述职，诱之以官禄。然而在历史的转折时刻，陈卓林最终坚定地作出了倒向人民的选择。因为他坚信这一条道路是有着光明前途的。

当时，将总部迁往香港的还有1929年由中美合办的中国航空公司。中国航空公司的总经理是祖籍河南开封、早年曾就读于美国密执安大学航空机械工程系的刘敬宜。吕明传达了周恩来同志的指示后，刘敬宜亦同意。

1949年11月9日，在中国的航空史上是值得纪念的一天。这一天的凌晨，陈卓林与刘敬宜两位总经理，在吕明、查夷平等人陪同下，为了迷惑敌人，携带挂着飞往台北标签的行李，而口袋里却装着两航起义的通电，提前到达启德机场。清晨 5 时，一行 56 人，分乘 12 架飞机，凌空而起向北飞去。其中 11 架先后在天津机场着陆，而陈卓林、刘敬宜等 15 人乘坐的中央航空公司所属的"空中行宫"号，于当天中午抵达北京的西郊机场。外交部副部长李克农和中国人民解放军空军司令员刘亚楼亲往迎接。尔后，在港两千余名中央航空公司和中国航空公司的员工，由陈卓林和刘敬宜领衔，发表了脱离国民党政府，回归祖国怀抱的通电。1949 年年底至 1950 年年底，这些留港人员大多返回内地，并带回万余箱航空器材和物资。

两航起义不仅使残留在西南各省负隅顽抗的国民党军队失去空运接济，而且也推动了香港地区的中国银行、招商局、资源委员会等 27 个单位相继起义，所以中共中央和中央人民政府对此十分重视。

1949 年 11 月 12 日，毛主席向陈卓林、刘敬宜及两公司全体员工发来贺电，称他们"毅然脱离国民党反动残余，投入人民祖国怀抱，这是一个有重大意义的爱国举动"，并希望他们"团结一致，为建设人民航空事业，并为保卫留在香港的祖国财产而奋斗"。同日，中央人民政府政务院总理周恩来宣布中央航空公司和中国航空公司受中央人民政府管辖，并任命陈卓林和刘敬宜分任这两个公司的总经理。过了 3 天之后的 11 月 15 日，周总理还在北京饭店宴请了两航起义的北飞人员。新中国的人民航空事业，就是在这两个公司的基础上发展起来的。

"两航"宣布起义后，当时还有 71 架飞机滞留在香港地区，其中中央航空公司 39 架，中国航空公司 32 架。1950 年年初，中央人民政府政务院委派陈卓林和刘敬宜赴香港处理两航资产问题。尽管陈、刘二人据理力争，但由于英美势力的介入，最后这笔资产被美国民航空运公司夺去。陈卓林 1965 年因病在香港地区去世，享年 73 岁。

与陈卓林一起参加"两航"起义的刘敬宜,1897年出生,1917年留学美国的加利福尼亚大学、密执安大学,毕业后在发动机厂当工程师,在美留居7年之久。1924年回国后,在东北大学任教,参与张学良领导的航天部工作。1928年入关后,曾任南京飞机制造厂厂长、国民政府航空委员会参事等职,负责飞机制造、飞行人员培训和飞行海外事务。1947年5月被任命为中国航空公司总经理。

刘敬宜(左)和陈卓林

在与陈卓林赴港处理两航资产事务返回内地后,刘敬宜在1964年当选为全国政协第四届委员。因其子女均在澳大利亚工作,所以1971年他与夫人刘伟英移居澳大利亚的堪培拉。

1973年年初,刘敬宜接到周恩来总理邀请他回国观光的电报,他为此行还拟定了详细的计划。然而不幸的是,临行前的5月10日,刘敬宜因突发脑溢血去世。周总理在唁电中,对他为祖国和人民作出的贡献给予很高的评价,称其"爱国反帝精神永垂不朽"。

蓝天可以作证,陈卓林和刘敬宜的爱国精神和光辉业绩,已载入史册,长留神州大地。

十、征服高山的雄鹰潘国定

在中国 960 万平方公里的土地上，山地、高原和丘陵占了 65%。全世界海拔超过 8000 米的山峰共 19 座，而在中国境内和国境线上的就有 7 座之多。山脉纵横不仅给陆路交通带来许多困难，而且也给航空发展设置了不少难以飞越的屏障。

中国航空界有一位在高原山地飞行方面颇有建树的飞行家，他就是美国归侨、全国政协委员、北京航空联谊会副会长潘国定。

"驼峰"线上

第二次世界大战期间，大西洋航线、阿拉斯加航线和"驼峰"航线是当时世界上三条最难飞的航线。而这三条难飞的航线之中，最险恶的则要数"驼峰"航线了。

"驼峰"并非指某一具体地理名称。这条航线从中国的陪都重庆以及西南名城昆明等地起飞，到达印度阿萨姆邦的汀江及加尔各答，因为途中要飞越无数

潘国定在机场

连绵起伏，像骆驼那样的山峰而得名。

抗战中期，沿海口岸都被日军占领和封锁，中国与国际的通道仅剩下一条滇缅公路。1941年年底，太平洋战争爆发，随后日军迅速攻占南洋的新加坡、马来西亚以及南亚大陆的缅甸，这样一来，战火将这条通道也堵死了。"驼峰"航线的开辟，是当时战局发展的需要。

潘国定，祖籍广东省新会县，1915年5月28日出生于香港。父亲潘梓源长期在香港经商，他希望子承父业，将来在商界出人头地。然而1935年5月，这位年满20岁的热血青年，在上海暨南大学仅读一年后，便怀着航空救国的理想，远渡重洋到了美国。在那里，他一边做工一边学习，先后就读于华盛顿州立大学、美国寇蒂斯礼特航空工程学院和圣特玛丽亚飞行学校。1939年底，潘国定回到战火纷飞的祖国，进入中国航空公司担任飞机驾驶员。两年之后，便参加了著名的"驼峰"航线的飞行。

"驼峰"航线所经过的横断山、喜马拉雅山等山脉，山高均在4000~6000米以上。而当时的飞机一般只能达到5000米。由于受机械性能的限制，飞机只好航行在两峰之间的山谷中。一旦遇到雷电或风暴，飞机不能爬升云端，也不能绕行或低飞，更无机场可以着陆。途中唯一的导航台，由于高山阻隔，常常起不到导航的作用。在这样恶劣的条件下飞行，其惊险程度可想而知。"驼峰"航线是由美国航空队和中国航空公司共同承担的。据不完全的统计，美方共损失飞机468架，牺牲人员至少在1000人以上；中国航空公司损失飞

潘国定与家人

机 46 架，牺牲飞行员和随机人员 168 人。在长 840 公里、宽 80 公里的航路地带中，飞机残体散落在陡峭的山崖上，因而被人们称为"铝谷"。天气晴朗的时候，飞行员甚至可以凭着地面上闪光的飞机碎片作为航标。

从 1942 年 5 月至 1945 年 9 月，通过"驼峰"航线，从中国空运到印度的物资有 24.7 万多吨，从印度运到中国的物资有 50.8 万余吨。在 3 年多的艰难岁月里，潘国定竟在"驼峰"航线上飞行了将近 500 个来回，他战胜了死神的威胁，胜利地完成了飞行任务，为空运战时急需物资作出了突出的贡献。

印度的重要港口加尔各答，是空运物资的集散地，日军在行将灭亡的时候进行疯狂的反扑，这座城市也受到了威胁。为了防备"驼峰"航线受到破坏后，不至于使国际航运中断，国民政府交通部决定开辟另外一条航运线。1945 年 7 月 18 日，潘国定和祖籍广东台山、早年在美国马里兰州学习飞行的陈文宽以及通信工程师华祝，驾机从成都凤凰山机场起飞，执行试航任务。他们首先向西飞行，途经甘肃的兰州，新疆的乌鲁木齐、伊犁等地。在稍事休息之后，继而南飞，由南疆的莎车出境。经过一番周折，终于征服了喀喇昆仑山，到达印度的新德里。在那里，他们停留了两天后，驾机胜利到达了终点巴基斯坦的卡拉奇。

潘国定机组这次驾驶的 C-53 型飞机只有两个发动机。在此 3 个星期前，美国空军曾派一架装有 4 个发动机的 B-24 轰炸机从卡拉奇出发，试图飞越喀喇昆仑山进入新疆，但没有成功。潘国定机组试飞成功，表现了高超的飞行技术和惊人的胆略，令盟国空军刮目相看。尽管这条航线后来实际并未发挥作用，因为此时离日军投降只有一个多月，但它沿着古丝绸之路打通了一条新的国际航线，这在中国航运史上留下了有意义的一页。

拉萨之航

潘国定参加了震惊中外的"两航"起义。1949年11月9日，停泊在香港启德机场的中国航空公司和中央航空公司的12架飞机，宣布脱离国民党政府向京津地区飞去。潘国定驾驶的"空中行宫"610号，是这次特殊飞行的领队长机。乘坐这架长机的，有这次起义的领头人中国航空公司总经理刘敬宜和中央航空公司总经理陈卓林等人。

"空中行宫"610号刚从美国买入不久，时速370公里，是当时最好的飞机。起义成功后，1950年7月29日，这架飞机被毛主席命名为"北京"号。是年8月1日，新中国民航正式通航，潘国定驾驶"北京"号从广州起飞，首先开辟了广州—武汉—北京—天津的航线。6年之后，他又驾驶这架"北京"号，胜利完成了北京至拉萨的试航任务。

西藏是个令人神往但又十分神秘的地方。拉萨有1300多年的历史，可外界游人到过这座高原古城的为数甚少。这是由于有喜马拉雅山脉、昆仑山脉、唐古拉山脉和横断山脉四面阻隔之故。新中国成立前，整个西藏没有一条公路，运输全靠人背畜驮。新中国成立后，人民政府开始修筑川藏公路和青藏公路，并于1954年年底建成通车。为了进一步密切内地与西藏的联系，中央又决定开辟北京至拉萨的航线，并在1956年在拉萨修建了一个临时的机场。这个海拔4300米的机场，说它是世界上最高的机场是当之无愧的。在潘国定试航之前，只有空军副师长韩琳驾机从青海的玉树飞进拉萨一次，至于民航飞机，则从未在那个被世人称为"世界屋脊"的地方做过试航飞行。

试飞是1956年5月28日开始的。潘国定在这一天率6名机组成员，驾驶"北京"号飞机先抵四川西部的一个机场，同机的还有两名电影摄影师，几名森林勘察员和一名记者。第二天，这架飞机开始向西飞行，它飞越邛崃山、掠过金沙江，然后由唐古拉山口进入西藏。在西藏高原飞行要遇到四道难题：第一是风大，在时速 160 公里的顶风中飞行，航向不易掌握；第二是山高，唐古拉山脉的山峰，一般在 6000 米上下，山高云重，难以飞越；第三是天冷，飞机在零下 17℃的高空飞行时，汽化器往往会结上冰块，如果不采取应急措施，就会发生严重故障；第四是缺氧，高原反应，令人呼吸困难，动作迟缓，这给操纵带来许多不便。然而这些困难，他们都一个个克服了，潘国定机组驾驶飞机终于平安降落在拉萨机场，从而揭开了西藏民航的新篇童。

说潘国定是征服高山的雄鹰，他是当之无愧的。

新中国成立后，潘国定历任中央人民政府民航局机航处总飞行师，空军第二航空学校副教育长，中国民用航空局顾问，中国航空学会第二、三届理事，全国政协第五、六、七、八届委员。1984 年北京航空联谊会成立时，他被推举为名誉会长。

1999 年 1 月 12 日，潘国定在北京逝世，享年 84 岁。时任全国政协主席兼统战部长的王兆国同志，代表中央有关部门，向其家属表示慰问，并充分肯定他毕生为发展中国航空事业作出的贡献。

结束语
历史丰碑

1909 年，冯如驾驶着自己设计、制造的飞机飞上蓝天，从而揭开了中国近代航空史的第一页。从那个时候算起，至 1989 年正好是 80 年。80 年当中，如果从发展的阶段来看，大体可以分为新中国成立之前和新中国成立之后这两个时期。两个时期各自都有 40 年，我们不妨就航空航天的一些主要项目作一个简要的比较。

姜长英教授曾经做过一个统计，他说在 1949 年以前的 40 年里，中国制造的飞机总数大约是 600 至 700 架。其中大部分是仿造或装配的，属于自己设计、制造的飞机大概不会超过总数的十分之一。而据有关部门的统计，新中国成立后，中国航空工业突飞猛进地发展，累计研制生产歼击机、强击机、轰炸机、运输机、教练机、无人机、直升机等 25 种、55 个型号的飞机 1.3 万余架，此外还有 5 万余台的航空发动机和大量飞机的机载设备。仅就从飞机的生产数量来看，后 40 年是前 40 年的 20 倍。

至于航天技术和航天工业，那完全是中华人民共和国成立后才开始起步的。1970 年 4 月 24 日，我国成功地发射了第一颗人造地球卫星，令人们惊叹不已，因为当时世界上掌握这项技术的只有苏联、美国、法国和日本。从 1970 年至 1989 年，我们又发射了 25 颗人造卫星和风暴一号以及长征一号至四号 5 种运载火箭，均获成功。随着航天事业的发展和国力的增强，中国人驾驶由自己设计和制造的航天飞船到太空遨游，已经为期不远了。

由此可见，新旧中国的航空航天事业是不可同日而语的。尽管如此，过去包括海外侨胞在内的许多前辈，为实现飞天的理想所作出的贡献，是不能够也是不应该忘却的。因为今天是昨天的继续，历史是不能割断的。

广东是华侨从事航空救国活动的主要地方。为了表彰华侨和其他爱国人士为我国早期航空事业的发展所作出的卓越贡献，广州市人民政府建立了广东省航空纪念碑，并于 1988 年 3 月 15 日上午举行了有 200 多人参加的揭幕仪式。

广东省航空纪念碑

纪念碑坐落在广州的十九路军淞沪抗日阵亡将士陵园内。碑顶为楣拱石结构，楣拱石下是以"洛士文"号飞机为图案的浮雕。碑身高 4.3 米，碑的正面镌刻着徐向前元帅书写的"广东省航空纪念碑"碑名，北面镌刻着孙中山先生在 1923 年为大元帅府航空局题写的"航空救国"四个大字，南面为"广东航空纪念碑志"，西面刻有 266 名航空英烈的名字。

由广州市人民政府于 1987 年 7 月 17 日立石镌刻的《广东省航空纪念碑志》的全文是这样的：

我国航空事业在广东创办最早，前驱者功勋卓著。一九○七年，旅美青年冯如，以"壮国体、挽利权"为宗旨，在美国旧金山创办广东制造机械工厂研制飞机，得旅美侨胞鼎力赞助。一九○九年九月，冯如研

制带有降舵双翼飞机成功；一九一一年四月归国继续从事航空建设事业，其功至伟，后因飞行表演失事牺牲，年仅二十九岁。一九二三年，大元帅府航空局局长杨仙逸主持研制成功我国"洛士文"号飞机，乃孙中山先生"航空救国"思想之成果。一九二四年，孙中山先生指定在广州大沙头开办航校，先后培养飞行员五百二十七人，不少飞行员在东征、北伐，特别是在抗日战争中英勇奋战，屡立战功，捐躯报国，名垂青史。

新中国诞生后，在中国共产党和人民政府领导下，我国航空和航天事业已跨进国际行列，前驱者图强夙愿，终于实现。

为纪念我国航空前驱者业绩和殉国空军将士，特立此碑，永垂不朽。

名字镌刻在纪念碑上的255名航空英烈中，有79名是华侨，大约占总数的三分之一。他们来自美国、加拿大、日本、新加坡、印尼、泰国、越南7个国家，其中以美国为最多。这79名华侨是：

航空先驱10人：冯如、李一谔、朱卓文、杨仙逸、林福元、胡汉贤、蔡司度、张惠长、陈庆云、黄光锐。

华侨抗日阵亡人员23人：黄毓全、黄波、苏英祥、廖兆琼、黄元波、刘龙光、冼长城、张益民、雷国来、容广成、关万崧、张森、黄新瑞、江东胜、林觉天、刘福庆、梁松宁、王文星、岑庆赐、刘铁树、黄华杰、谭国材、陈桂民。

华侨执行战时任务殉职人员15人：容兆明、方景山、林均能、邓秀生、谭笑俨、翁荡雁、冯国廉、谭寿、陈锡庭、郑云、余见友、李仲唐、张泽溥、陈桂林、谢荃和。

华侨在训练中失事牺牲人员15人：李逢煊、马维英、张爱同、雷家波、杨添森、张勉之、黄琪、陈信源、陈景庭、蔡炳球、邓燮勋、梁伟如、黄普伦、曾传鎏、李吉星。

对我国航空事业有建树，病故及遇难遇害人员16人：刘省吾、陈桂攀、叶少毅、陈艺、吴顾枝、马瑞麟、陈应权、詹道宇、林伟成、胡锦雅、吴建文、梅龙安、陈卓林、杨官宇、丁纪徐、周宝衡。

纪念碑落成后，引起海内外各界人士的关注，前往凭吊的人络绎不绝。1990 年 4 月，广东航空联谊会顾问孟力同志曾给笔者来信说，当时由于时间仓促，致使纪念碑上的名单出现了一些误漏。后据来信和查证尚有 30 余名应列上，其中包括华侨关荣、刘植炎等人。他们拟打算将来立一副碑补上。

安息吧！为祖国的航空事业作出过突出贡献的华侨英烈们，你们的业绩犹如这座丰碑，永远留在后人的心中。

主要参考书目

［1］新民:《飞行史话》,香港:商务印书馆香港分馆,1974年。

［2］张鸿:《古代飞行的故事》,北京:中华书局,1981年。

［3］郝应其:《航空二百年》,天津:天津科学技术出版社,1983年。

［4］航空工业部中国航空工业史编辑办公室:《航空工业史料》(近代史专辑)第1至9辑,《航空工业史料》第3、4辑。

［5］(英)约翰·W·R·泰勒、肯尼思·芒森:《世界航空史话》,北京:解放军出版社,1985年。

［6］李成年、唐彦生:《世界空战》,长沙:湖南人民出版社,1986年。

［7］广东航空联谊会:《孙中山"航空救国"思想学术讨论会专辑》,1986年。

［8］关中人:《航空女杰故国行》,中国航空史研究会、广东省恩平市政协文史委员会,2001年。

［9］广东航空联谊会:《广东空军抗日空战史料专辑》。

［10］姜长英:《中国航空史》,西安:西北工业大学出版社,1987年。

［11］航空工业部航空工业史丛书编辑委员会:《两航起义史略》。

［12］中国人民解放军空军指挥学院研究部:《世界空中作战八十年》,上海:上海科学普及出版社,1988年。

［13］赵荣芳等:《杨仙逸和他的一家》,1988年。

［14］关中人:《中国妇女航空钩沉》,广东省中山图书馆、广东省妇女

联合会、恩平县政协文史组，1988 年。

［15］中国人民解放军空军司令部空军史编辑室：《中国空军史料》第6、7 辑，1987 年。

［16］王苏红、王玉彬：《中国大空战》，北京：昆仑出版社，1988 年。

［17］赵荣芳：《中山文史——香山航空人物录》，政协广东省中山市委员会文史委员会，1988 年。

［18］李成年、唐彦生：《空中角斗士》，北京：蓝天出版社，1989 年。

［19］白凤昆：《梦飞天》，北京：蓝天出版社，1989 年。

［20］西北工业大学：《航空史研究》第 20 至 27 期。

［21］中国第二历史档案馆有关华侨捐机档案，全宗号：二，案卷号：8745。

［22］（英）李约瑟：《中国科学技术史》，《中国科学技术史》翻译小组译，北京：科学出版社，1978 年。

［23］冯家昇：《火药的发明和西传》，上海：上海人民出版社，1962 年。

［24］冯自由：《革命逸史》，上海：商务印书馆，1947。

［25］广东省社会科学院历史研究所等：《孙中山全集》第 1 至 11 卷，北京：中华书局，1985。

［26］陈嘉庚：《南侨回忆录》，南洋印刷社。

［27］《南洋年鉴》，南洋商报出版社，1939 年。

［28］福建师范大学历史系华侨史资料选辑组：《晚清海外笔记选》，1981 年。

［29］张宪文：《中华民国史纲》，郑州：河南人民出版社，1985 年。

［30］曾瑞炎：《华侨与抗日战争》，成都：四川大学出版社，1988 年。

［31］任贵祥：《华侨第二次爱国高潮》，北京：中共党史资料出版社，1989 年。

［32］虞奇：《抗日战争简史》，台北：黎明文化事业股份有限公司，1976 年。

［33］周一行：《日本侵华史实录》，台中：惠华出版社，1983 年。

［34］华侨革命史编纂委员会：《华侨革命史》，台北：正中书局，1981 年。

［35］蔡仁龙，郭梁：《华侨抗日救国史料选辑》，中共福建省委党史工作委员会、中国华侨历史学会，1987 年。

［36］刘伯骥：《美国华侨史》，台北：黎明文化事业股份有限公司，1982 年。

［37］李学民、黄昆章：《印尼华侨史》，广州：广东高等教育出版社，1987 年。

［38］黄滋生、何思兵：《菲律宾华侨史》，广州：广东高等教育出版社，1987 年。

［39］谢缵泰：《中华民国革命秘史》，广州：广东人民出版社，1981 年。

［40］华侨志编纂委员会：《华侨志·缅甸》，1967 年。

［41］华侨志编纂委员会：《华侨志·北婆罗洲、婆罗乃、砂捞越》，1963 年。

［42］中国人民政治协商会议全国委员会文史资料研究委员会：《文史资料选辑》第 14 辑，北京：中华书局，1981 年。

［43］广东开平政协文史委员会：《开平名人录》第 2 辑，1988 年。

［44］陈兰生，陈孝奇：《缅甸华侨兴商总会四十周年纪念特刊》，旅缅华侨兴商总会，1951 年。

［45］旅美京华侨救国会：《旅美京华侨救国会纪念册》。

［46］（美）陈纳德：《陈纳德将军与中国》，陈香梅译，台北：传记文学出版社，1978 年。

［47］黄汉纲：《冯如研究》，广东省中山图书馆、恩平县政协文史资料研究委员会，1991年。

［48］黄严、关中人：《广东空军史料选集》，广东航空联谊会，1994年。

［49］关中人、（加）帕蒂·哥莉：《中国航空第一市》，谢昂译，中国航空史研究会、广东省恩平市政协文史委员会，2003年。

［50］刘重民：《台山近代航空人物录》，台山华侨历史学会，1993年。

［51］李文光、赵荣芳：《香山天将》，广州：广东高等教育出版社，1994年。

［52］马毓福：《中国军事航空》，北京：航空工业出版社，1994年。

［53］彭光谦、彭训厚：《援华抗日的美国飞虎队》，北京：中共党史出版社，2005年。

后　记（初版）

书稿完成之后，照例应该写些感谢和说明的文字。

（一）

对航空史，我是十足的门外汉，之所以误入"歧途"，客串一下，完全是一个偶然的机缘。前些年参加李春辉、杨生茂教授主编的《美洲华侨华人史》部分章节的撰写工作，涉及美国华侨早期的航空问题，由于想对这方面有更多的了解，便硬着头皮向当时并不相识的中国航空史研究会副理事长关中人同志讨教。不久，就收到他从千里之外寄来的大堆有关的书籍和参考文章，并获得了许多线索。此后，探讨学术的来往信件竟有数十封之多。就这样，这位治学严谨、交际广泛、待人无私的广东开平同乡，便将我带到一个陌生的领域。关中人同志不仅鼓励我写《华侨航空史话》，而且还在美国洛杉矶考察的繁忙活动中，为此书写了一篇热情洋溢的序言。可以说，没有他的帮助和催促，就不会有这本书。

西北工业大学的姜长英教授是我国研究航空史的老专家。他给我寄来他的专著《中国航空史》和由他主编的《航空史研究》杂志，使我获益匪浅。原北京航空学院党委副书记、现任广东江门五邑大学名誉校长的周天行同志，欣然为本书题写了书名。中国第一历史档案馆副馆长徐艺圃同志，设法从南京中国第二历史档案馆复印了有关华侨捐献飞机的有关档案。北京航空博物馆的航空史顾问陈应明同志在百忙中审阅了全书，提出了许多重要的修改意见。

此外，在我患病期间，许多领导和同志给了我很大的关怀和照顾。从收集资料到编撰成书，前后共有 3 年。在这期间，我参阅了有关的 50 余部书籍和 150 余篇文章，吸收了许多前辈的研究成果，并得到航空航天工业部航史办公室副主任吴永智、中国航空学会科普教育处处长黄道宏、《航空知识》杂志社社长谢础、广东航空联谊会顾问孟力、广东中山市海外港澳人物传办公室主任赵荣芳、厦门华侨博物院副院长陈永定、广东开平市华侨博物馆馆长阚延鑫等同志的指点和帮助。中国华侨出版公司为此书出版给予了大力支持，有关编辑同志付出了辛勤的劳动。所有这些，我将永志不忘。

（二）

研究历史自然不是为了在故纸堆中讨生活，或引导人们向后看，因此，"古为今用"依旧是个正确的原则。我之所以选择华侨航空这个课题，是有自己的考虑。

侨居美国 30 年，后来病逝香港的中国著名现代作家林语堂先生曾写过一副对联，自称是"两脚踏东西文化，一心评宇宙文章"。这副对联十分形象地说出了华侨、留学生这个阶层的人物，在中外科技、文化交流中的特殊媒介作用。

中国人的想象力异常丰富，早在数千年前就有了嫦娥奔月的传说。至于随心所欲地腾云驾雾的描述，在浩如烟海的古籍中更是到处可见。然而直至 1903 年，美国的莱特兄弟发明飞机之前，却没有一个中国人能够实现祖先飞天的梦幻。因为从明代中后期以后，由于外界和内部的诸多原因，

中国的科学技术已经落在别国的后头。翻开中国航空史，第一位飞机设计师，第一位男、女飞行员，都是华侨。华侨之所以能够领此风骚，在中国近代航空起到先声的作用，是他们一方面有强烈改变中国落后现状的愿望；另一方面则接受了许多新的科学技术，能够触摸到世界的脉搏。

中国自鸦片战争以后，列强环视，瓜分豆剖，国不成国。为了使中国摆脱被奴役的地位，能够屹立在世界的东方，许多仁人志士前仆后继，苦苦求索，其言其行，惊天地泣鬼神。中国近代航空的产生和发展也是如此。在这方面，华侨表现出高度的爱国热情。冯如早年在美国"日作营生、夜习西文"，并苦心研制飞机。正如其墓碑志所说，他的目的是"成一绝艺，以归飨祖国"。美国华侨在旧金山办"广东制造机器公司"生产飞机时，就曾响亮地提出了"壮国体，挽利权"的口号。孙中山先生在广州观看"洛士文"号国产飞机试飞成功后，欣然写下的是"航空救国"四个大字。波特兰美洲华侨航空学校的招生章程明明白白地写着："训练航空人才，对外为巩固国防，尽力拒敌；对内为发展航空事业，永不参加任何政争内战。"抗战期间，陈嘉庚先生登高一呼，发动侨胞捐款献机，他说，这完全是为了"唤醒同侨，使知国之当爱"。1987年，83岁高龄的华裔女飞行家张瑞芬女士，在洛杉矶给友人的一个题词中写道："国家兴亡，匹妇有责"。所有这些，都有一个"国"字贯穿其中，这是何等的感人肺腑。有人说，爱国主义是永恒的主题。我想，在国家没有消亡，世界还未进入大同之前，大抵是如此吧。

今天的中国已经和过去完全不一样了。1990年4月7日，中国利用长征三号运载火箭，将美国休斯公司制造的"亚洲一号"通信卫星送入35800公里高的地球静止轨道。中国首次承揽商用卫星发射服务并获得成功，标志着我们在外空技术应用方面已经到了一个新阶段。在科学技术日新月异的今天，我们再去谈论最初阶段的双翼机和单翼机，确实显得陈旧和乏味了。温故是为了知新。尽管今天与过去有很大的不同，但将国门打开，广泛吸收外界先进的科学技术和思想文化，弘扬爱国主义精神，这是一致的。假如读者能从这本书中多少得到一点儿启示，我也就心满意足了。

（三）

关于中国的航空史研究，姜长英教授曾经有过一个十分简要的分析。他说，搞航空的顾不上历史，搞历史的又顾不上航空。由于在这块三不管地段耕耘者甚少，因而研究的成果自然也就不多了。这个分析十分中肯。

广东是华侨从事航空活动的主要地方，然而从清末至中华人民共和国成立的数十年中，称得上专门研究广东航空的文章总共才有三五篇。20 世纪 60 年代以后，陆续出版了一些有关中国航空的回忆文章和专著，不过数量也有限。关于华侨航空这一专题，我谈不上有什么研究。自己所做的工作，只是手里提着"华侨航空"这根"绳子"，将散落在海内外的有关"珠子"串起来罢了。下笔为文，如履薄冰，因为有不少的问题，众说纷纭，求真存实，并不是一件容易的事。虽然"串珠"的工作做得小心翼翼，但串错串漏在所难免，所以恳切希望海内外的航空前辈和学者、同人能给予指正。

1990 年 7 月 20 日于北京

再版附言

我是广东开平县赤水乡大岭村人，祖父为新西兰华侨，外祖父是加拿大华侨，可以说是华侨世家了。我8岁离开家乡，经中山、佛山读小学、中学，继而到北京上大学，毕业到内蒙古赤峰工作8年，后来考研才回到北京。

《华侨航空史话》初版是1991年，当时自己是40多岁的壮年。31个年头过去，现在再版已是年近八旬的老翁。尽管时过境迁，但是故乡终生难忘。

江门市所辖的开平、台山、恩平、新会、鹤山五县，统称为广东江门五邑，这里不仅是著名的侨乡，也是中国早期航空的摇篮。《华侨航空史话》是我学习华侨史的收获。说来十分凑巧，为此书题写书名的原北京航空学院党委副书记周天行同志，以及为此书作序的原中国航空史研究会副理事长关中人同志，他们也是开平人。所以，这本书算是游子们献给故乡的一份薄礼吧。

旧作再版，有些话还要说一说。

首先，初版的《华侨航空史话》只是在文字之前登载16张照片。此次再版，文字前和章节中插入的照片一共达120余张。为此，原广东江门五邑大学的副校长张国雄同志，以及五邑大学广东侨乡文化研究院刘进教授和研究院科研助理吴健婷同志，他们从资料室和冯如纪念馆等处，查找翻拍了不少照片。此外，中国华侨历史博物馆吕咏梅同志也为此做了很多努力。在附言中，要对他们的支持和付出表示感谢。

其次，对修订的资料也要谈一谈。史话并非道听途说，更不能随意编造。作为史学工作者，不仅要言之有理，而且还需持之有据。由于年深日久，众说不一，所以史海泛舟并不是一件轻松的事情。下面举三个简单的例子。

例一，中国始创飞行大家冯如。关于他出生的日期，过去多说是 1883年 12 月 15 日。原广州博物馆副研究员、广东航空联谊会顾问黄汉纲同志，经过询问冯如的夫人和其他后人。他在《冯如研究》一书中，认为应该是 1884 年 1 月 12 日，两种说法虽然仅为一月之差，但他为此也费了一番心血。

例二，1923 年，在广州大沙头航空修理厂配制的教练机"洛士文"号。过去都认为，随孙中山先生参加试飞和命名典礼的宋庆龄，曾大胆坐在驾驶员黄光锐身后，一同凌空并在广州天上盘旋。事隔 83 年之后的 1986年，原广东航空学校第三期毕业生、曾任广东航空联谊会副会长的黄严先生，根据曾参加配制"洛士文"号机械员邝景祥的回忆录音，说宋庆龄在试飞前确实曾登机体验，但因新机试飞存在很大风险，所以随后听从劝说，实际并未随机试飞。

例三，中日空战捐躯第一人的名字。1988 年，建在广州的广东省航空纪念碑上写的是黄毓铨，而 1932 年建在台山县台城镇写的是"黄烈士毓全纪念碑"。有的书和文章，甚至写黄毓荃。三种说法中，虽无族谱、户籍等文书记载，但考虑黄为台山人，其墓碑又建得最早，所以名字还是采用黄毓全的说法。

由此可见，要搞清一些史实并不容易。

原版写作时，我曾参阅和比较过数十本书籍和相关的资料。此次再版，又根据近些年出版的书刊和网文进行修订增删，真是如履薄冰、小心翼翼。

尽管如此，但也难免仍有不确切之处。因此抛砖引玉，是希望得到专家和读者的指正。

再次，还要特别感谢中国华侨出版社高文喆副总编辑。没有她的统筹谋划和精心编排，也不会有此书的再版。

最后再说点希望。

中华人民共和国成立后，不仅航空事业有了突飞猛进的发展，而且1970年成功发射了第一颗人造卫星，1992年又启动载人航天工程，这标志着我们已经进入世界航天先进国家的行列。

在这个伟大的历史进程中，华侨华人和海外留学生这个特殊的群体，因有机会接触到世界最先进的科技，加上思乡怀国思想的驱使，他们同样做出了突出贡献。1999年，中华人民共和国成立50周年之际，被中共中央、国务院和中央军委授予"两弹一星"功勋奖章的23位科学家中，有21位是归国的学者。其中，中国航天事业的奠基人钱学森，曾在美国学习过和工作过20年。曾任中国探月工程总设计师，被誉为"中国卫星之父"的孙家栋，也在苏联学习和工作过7年。

我年老体衰，再去写《中国航天史话》已力不从心，所以真心希望日后，能有侨史工作者去书写这更加灿烂辉煌的历史篇章。

2022年6月于北京